如何使学生成为优秀的思考者和学习者

哈佛大学教育学院课堂思考解决方案

[美] 罗恩·理查德 Ron Ritchhart 著

Creating Cultures of

THINKING

The 8 Forces We Must Master to Truly Transform Our Schools

中国青年出版社 CHINA YOUTH PRESS 中青文传媒

图书在版编目（CIP）数据

如何使学生成为优秀的思考者和学习者：哈佛大学教育学院课堂思考解决方案 /（美）罗恩·理查德著；方建立，李国娇译. —北京：中国青年出版社，2017. 9

书名原文：Creating Cultures of Thinking: The 8 Forces We Must Master to Truly Transform Our Schools

ISBN 978-7-5153-4815-5

Ⅰ. ①如… Ⅱ. ①罗… ②方… ③李… Ⅲ. ①课堂教学－研究 Ⅳ. ①G424.21

中国版本图书馆CIP数据核字（2017）第170202号

如何使学生成为优秀的思考者和学习者：哈佛大学教育学院课堂思考解决方案

作　　者：〔美〕罗恩·理查德

译　　者：方建立　李国娇

责任编辑：肖　佳　于　典

美术编辑：李　甦

出　　版：中国青年出版社

发　　行：北京中青文文化传媒有限公司

电　　话：010-65511270/65516873

公司网址：www.cyb.com.cn

购书网址：zqwts.tmall.com

印　　刷：大厂回族自治县益利印刷有限公司

版　　次：2017年9月第1版

印　　次：2020年1月第3次印刷

开　　本：787 × 1092　1/16

字　　数：237千字

印　　张：19

京权图字：01-2015-5872

书　　号：ISBN 978-7-5153-4815-5

定　　价：39.80元

目录

CREATING Cultures of THINKING

CONTENTS

CREATING
Cultures of
THINKING

前 言

热爱思考的学习群体是什么样的

你有没有融入过一个热爱思考的学习群体？或者说，你是否曾处在这么一种文化中——集体的智慧和个体的独立思考都真实可见，受到重视，并且群体的所有成员每天都提倡和支持思考。这可以是任何类型的学习群体，也可以是一所学校或一间课堂。回想一下过去的某刻，作为一名学习者，你处在这样一个群体中。那一刻，你感觉每个人的思考都受到重视，而且表达思维的方式形象生动，这促使你思考，提升了你的思考水平。

那么，是什么方法或要素塑造了这个群体，并推动它发展？除了思考那些泛泛而谈的特点外，我们更要尝试找出具体的、特定的行为。比如，“有一位得力的领导”，这无法真正告诉我们，到底应该采用哪些措施，才能建设思考的文化。但是“领导者把大家的精力都凝聚在目标上”就是一种促进并维持思考的文化的行为。如果可以的话，你可以试着列举一些具体的实践措施。

你刚刚发掘的这些记忆和行为是一个很好的起点，我们可以从这里探索思考的文化的含义以及建设的方式。对我们来说，思考的文化并不神秘，也不是孤立的。它代表着我们这些学习者最高效的经历。从此类经历中吸取经验，就是过去十五年间我做科研的基础。

这些年来，数千人向我讲述了他们所经历的思考的文化，这些人包括教师、行政管理人员、家长、商人、学者、博物馆讲解员、医生等。在这些受访者列出的思考的文化中，特质都惊人地相似。下面，我简单地列举出一些最常见的回应：

- 群体中，每个人都对话题兴趣浓厚、非常热情。
- 群体有共同的愿景和目标，这个愿景和目标既具有挑战性，也是现实可行的，因此每个人都颇有认同感。
- 每个人的投入都得到认可，因此感到受重视。
- 在探讨想法的时候，有自己的语言和专门的词汇。
- 不仅是领导者，群体中的每个人都在不断提问，并探讨各种想法。
- 领导者会掌控参与情况，让大家共享舞台，以免有成员独占表现的机会。
- 领导者全心投入，从内心深处感兴趣，而且富有激情，是个好学的人。
- 群体成员真诚互动、互相倾听。你感觉自己的发言得到了聆听。
- 我们有时间去思考，并给出回应，组织自己的想法。
- 我们敢于冒险，敢于犯错误。冒险和犯错被看成学习过程的有机部分。
- 有激动人心的群体互动。我们互相倾慕、互相督促、互相扶持。
- 我们的学习与生活紧密相连，有价值，有意义。

浏览一下这个清单，很明显，身处思考的文化中的人，他们的体验和对群体活动的回应往往围绕着几个重要的主题。最常得到的一种回应是，在群体中的学习具有**使命感**。这不仅指明了努力的方向和目标，同时还在群体的奋斗方向中融入了个人和集体的意志。

有了明晰的使命，人们就觉得有了根基，由此可以培养**责任感**，不仅是对当前具体任务的责任，还有对整个群体学习的责任。人们经常说，在思考的文化中，他们感觉自己不仅是全身心地投入到个人的学习中，也会投入到他人的学习中。正是这种责任担当以及对成员间共生关系的认可，才促进了社群意识的形成。而群体中对**公平**的坚守又进一步强化了这种社群意识。人们共同领导、对每个人贡献的重视、无等级划分的结构以及领导者对学习的热爱，这些都是促进公平的重要行为或特征。

可以说，一旦你有了使命感，对眼前的任务和群体都有了责任感，那么你也就具备了**专注力**。当人们在探讨思考的文化的活跃特性时，经常会谈到专注力。一个人会感到无法袖手旁观，每个人都必须参与其中。这或许是由于另外一种特性：**挑战**。人们经常会提到，在思考的文化中，他们感觉受到领导者和整个群体的激励，因此会竭尽全力，做到最好。此外，他们感觉自己的思考不断得到推动。他们没有闲坐一旁，而是一直在学习。

所有这些特性以及使这些特性现出活力的实践措施，它们共同打造了一个动态的群体，群体中的人感觉在共同学习，追求着某种任何人都无法独自实现的宏大目标。这并不是说，人们感觉不到自己个体的成长和发展，而是在强调，他们特别注意个体学习与群体之间的深切联系。简单来说，思考的文化的主旋律是**联系**：与眼前任务的联系、与主题的联系、与领导者的联系、与彼此的联系、与学习的联系。

回想你曾参与的一个思考的文化群体，这个群体给你的感受如何？是积极向上的？是激励人的？你是否渴望再次回到那个地方？在从各个群体中搜集想法的时候，我经常会感到震惊，这些人在讲述自己参与此类群体活动的经历时，表情的非常积极、乐观、兴奋。在讲述经历时，他们充满了活力。成为思考的文化中的一员，这种感觉很好，它能创造能量，能建设群体，能激发我们的潜能，这是我们教育工作者需要记住的。思考的文化并不是一些特定实践措施的集合，也不是对人们参与思考的泛泛期望。思考的文化能够创造感情、能量甚至快乐，可以驱使我们学习进取，激励我们去做那些看起来很难而且富有挑战的脑力工作。

当代教育的新标准

本书讲述的是如何使学校和课堂转型成为学习思考社群。作为教育工作者、家长和公民，我们不能浅尝辄止，而要创造一种环境，可以挖掘人内在的、最好的一面，引领学习进入一种新的层次，推动个人和群体向前发展，实现终身学习。这是所有老师的期望，也是所有学生应得的。

我认为，文化是学校转型并为学生提供最佳学习机会的工具。过去的政策制定者将课程设置看成是转型的工具，天真地认为老师不过是将课程传授给学生而已，认为改变教学成果——核心课程、国家课程大纲、国际大学预科文凭——就能实现他们认定的教育转型。事实上，课程设置是施之于学生的，在学校和课堂文化的动态变化中展现其效果。因此文化才是基础，它将决定任何一种课程设置的效果。

八大力量，在课堂中塑造思考的文化

如果文化是转型的关键，那么我们就必须理解群体文化是如何形成、延续和强化的。我们必须制定一种框架，用于理解和评估文化。文化确实源于群体，也定义了一个群体，但文化不一定是神秘的。同理，尽管确实有一些人天生能够驾驭塑造文化的力量，但是，只要我们理清了这些力量是什么，任何人都可以加以研习，引导一个群体的文化走向更积极的方向。在此，我将点明这八项文化力量并加以概述，在后面的章节中，我将引用多种课堂的案例作更详尽的阐释。

对教学的积极期望

问一问老师对期望的看法，他们通常会说出自己对学生的期望。比如，对学生行为的期望，对学习量的期望，或是对整洁程度的期望。尽管此类期望对课堂秩序来说非常重要，而课堂秩序又是老师所看重的，但是，这些期望难以激励切实的学习进步，而且在某些情况下又恰恰是“防御式教学”的表现，在维持了秩序的同时却降低了学习效果。有助于塑造文化的期望既要能够抓住教育事业的真正要义，也要能够体现教育事业成功所必要的思考方式；不是我们对学生现状的期待，而是我们对学生潜力的期许。

这意味着老师必须要有对教学的期望——比如期望学校成为真正关乎学习的场所，而不仅仅是完成学业、累计分数、取得成绩的训练场。同理，如果我们心怀期望，将理解看作是学习的首要目标，引导学生深入学习，给他们设定更高的要求，而不仅仅将学习局限于知识和技能的获取，那么我们的教学就能更加精深而不是浮于表面。期望学生独立而不是依赖他人，这也需要一种不同的教学方式，在这种教学方式下，要对学生放权而不是加以控制。最后，当老师和学生都有了期望，或者说形成了某种思维模式，认为自己能够通过努力变得更聪慧时，那么挑战和错误都可以成为学习的机会。

引导性的教学语言

言语表达、塑造、传递并固化了我们的大部分经验。利维·维果斯基的作品探索了社会环境下学习的展开，他写道：“孩童对世界的感知不仅源自所见，还来自所闻。而后眼见的事物和行为都外化为言语”。老师通过语言注意、指明和强调任何学习环境下都很重要的活动、思想和观念，在教学过程中引导学生关注这些观念和行动。很多老师都惊奇地发现，当他们开始注意并指出学生的想法和积极的学习方法时，学生就会更多地产生此类行为。

给学生更多时间思考

在学校里，时间是一种稀缺资源，令所有老师都备受制约。在这种压力下，有些老师就减少了让学生思考的时间。但是，给学生思考的时间其实有助于老师更快实现教学目标，因为这样会提高学生的专注度。提问之后等待的时间当然很重要，而在讨论前，给学生更长的时间整理思路和想法也同样重要。老师一定要谨慎，不要让学生仓促地开始复杂的讨论，而要预先给他们时间整理想法，引导他们的思路。老师或许可以先给一点提示，然后在开始讨论之前，给学生一些时间记下想法，在讨论的过程中间停顿一下，汇总整理所学内容。

教师的真实示范

教学示范当然有其重要意义，但并非是真正塑造文化的利器。能够创造文化的示范更加微妙、无所不在、深入骨髓。这种示范要求我们老师有思考者和学习者的姿态。这种示范不能只打着为学生着想的旗号，它必须要真实。一名教师是不是真正对一个话题充满激情，对一种想法感兴趣，能否沉浸于学习中，是否会反思，是否审慎沉着，这些学生都能看得出来。

然而，这样的真实性可能会令老师犯难，特别是在示范勇于冒险、反思和从错误中汲取教训的时候。有些老师试图以学科内容知识上的优势建立自身权威，担心显露了知识上的不足会被看作不称职，这种观点可以回溯到教学即为传授的观念。然而，当教学转变为通过激励思考提高学生专注力之后，老师对知识不足的恐惧也会减弱。此外，老师经常会发现，学生更愿意教师坦诚相见而不是虚张声势。

有效的发展机会

在谈论教学时，语言老师通常会采用课程、活动、任务、单元、作业等一类说法。有时，这些词可能会强化了工作的概念，而不是学习的导向。我们不必刻意思考如何创造机会，只需用心发掘课堂中对学习者有重大潜在益处的方面。这堂课是否利于学生挑战错误观念？能否促使学习者表明立场？能否帮助他们站在不同的角度思考？

强有效的学习机会可吸纳所有学生投入学习，它的门槛很低，但上限很高，因此，所有的学习者都可以达到自己期望的高度。这样的机会使学生能够在全新的环境中，或是在有新的感悟时应用技能和知识。在强有效的学习机会面前，学生不会有为了老师学习的感觉，他们很容易就能体悟到学习对自身的价值。

实际可用的常规

课堂和群体活动中充斥着各种常规程序，局外人难以窥探其中的究竟。因此，新教师向老教师学习课堂程序和组织的时候，往往会遇到困难。管理良好的课堂井井有条，看似很轻松随意，其实都是例行的常规程序使然。要求新教师思考如何创建行为模式，这是很重要的，但是这项工作不能局限于课堂管理的范畴。我们还必须在课堂上建立起学习和思考的常规程序，提供便于学生活动的固定的课堂结构，同时提供学生可以掌控的学习工具。从根本上来讲，程序可以归结为一种行为模式，一个群体运转的外显形态。说得简单一点，常规程序即“在这里我们就是这样做的”。

有效有益的互动

或许最能反映课堂文化的就是课堂内的互动了。这方面通常受到某种神秘力量和个性品格的主宰，但事实却并非一定如此。倾听和提问是积极课堂互动的基础，反过来也可以塑造有益的协作，进而构建起思考的文化。倾听和提问这两种实践的关键在于对学生思考的尊重。当然，这两种实践也同样适用于学生之间的互动，因此老师必须首先示范，向学生传授这些技能。

便利灵活的环境

走进一间教室或一处学习场所，即使学生或老师不在场，你也可以了解在这个地方展开的学习活动，从教学设施的摆放中就能看出对群体互动方式的期望。从墙上挂的摆设就能看出老师或领导者认为什么是重要的，什么需要强调和展示。可以观察环境为哪些学习需求提供了便利，比如教学空间是否利于学习者沟通、讨论、分享、辩论及与其他学习者互动，还是只满足了学生看清黑板的需求？思考一下环境所传递出的信息以及它提供的便利，这有助于我们构建更支持学生学习的环境。

为课堂乃至整个学校带来改变的有效工具

这八种文化力量就是我们帮助学校和课堂文化转型的工具和杠杆。在第一章中，我明确阐述了学校和教学的新愿景，指出了一些方法，可以帮助你更好地理解所在学校和班级的当前文化。之后的八个章节分别阐述了上述八种文化的力量。

尽管我认真思考了章节的编排顺序，将最基础和根本的几种力量（期望、语言、时间和示范）放在先，之后才介绍相对更容易设计和计划的几种力量（机会、常规、互动和环境），但事实上，这些文化力量之间并无等级划分或次序，在群体环境下，所有力量都同时得到展现。因此，你可以随意选择任何一种文化力量开始阅读。不过，我会在后文中援引前面章节的内容，因此按顺序阅读也有其益处。

在撰写每一种文化力量的时候，我吸取了“环球思维文化项目”在澳大利亚、欧洲和美国的合作学校中的案例，通过教师内化教学实践，展现每一种力量。这些教学案例既有启发意义，同时也使我们能够情境化地理解每一种力量对课堂文化的作用。而后，我从这些案例中总结归纳出了一些核心要素或实践措施，在尝试充分发挥每一种文化力量的作用时，所有老师都可以利用这些方法。我这样做，也是在尝试将研究结果与现实教学结合起来，更好地阐明研究成果，我也希望能够藉此使这些研究成果得到推广。

因为本书旨在推动转型而非简单地介绍文化，所以我在每一章节的结尾都提供了一系列行为指南。这些行为可以作为起点，通过这些行为，教师能够更好地理解和应用这一种文化力量。有些情况下，教师团队或许会想要组成行为探究小组，共同合作，一起行动。通过研读、讨论、行为、思考的循环来充分利用本书，这是非常有效的一种机制，或将为整个学校带来改变。

在转型问题上再进一步，我在本书末尾的第十章提供了一系列案例研究。恰如这些案例所展示的，通往思考的文化的道路并不是唯一的。你需要考虑自己所处的环境，然后决定哪些方法是最恰当、最合理的。

显然，本书的写作是以课堂教师和学校领导者为主要服务对象的；但事实上，任何对群体学习感兴趣的人都能在本书中找到需要的工具，借此发现、理解并塑造高效的学习环境，唤醒最好的自己。这些人可以是校外的教育工作者，也可以是商业领域里进行团队管理的人。现在，让转型开始吧。

CREATING
Cultures of
THINKING

第一章

学校的
教学目的和责任
是什么

在《纽约时报杂志》一篇关于返校问题的论辩中，历史学家戴安·拉维奇对教育改革进行了如下评论："教育的最大问题在于，没有人能够就我们为什么做教育达成一致。面对莫衷一是的状况，政策制定者将更高的考试分数定义为良好的教育"。政策制定者对良好教育的定义固然重要，但是他们并非这场论辩的最终裁判人。最终塑造政策的是社会、组织、家长和学生对"好"的定义，这些定义为学校的运转建立了更广泛的基础。正是此类关于教学质量的对话引出了教育标准问题，塑造了老师和学生的生活，定义了一切教育工作的努力方向。我们必须改变谈论教育的方式，正如艾略特·艾斯纳所说："只要学校还将考试分数看作学生成就和教育质量的主要标杆，我们就很难集中精力关注教育中真正重要的方面。"

何为高质量的教育成果

为了更好地理解何为高质量的教育以及社会中学校教育的目的，我们可以做这样一个简单的思维实验。在与世界各地的各类群体对话时——不管这些群体是由家长、老师还是行政管理者组成——我经常以这样一个问题开始："你希望自己教过的孩子成为一个什么样的成年人？"

现在花一点儿时间，想一想你要如何回答这个问题。当我们在学校里教授的孩子长大成人之后，你希望他们是什么样子的？

通常，我会要求参与这个问题的人采用粉笔教学法（用粉笔在黑板上画图说明的讲课方法）。在这种程序下，个体默默地在图表纸上记录下自己的想法，并与大家分享。在分享想法的同时，每个个体也会阅读其他人写下的想法，并通过评价、提问、要求详细阐述、找出不同评价间的联系等方式给予回应。十分钟后，我们就会得出一个非常饱满的学生形象，这个形象是我们这个群体的所有成员希望的学生毕业时的样子。我们希望培养出的孩子健康、专注、善于倾听、善解人意、谦恭有礼、富有同情心、乐于助人、热心于社区活动、坚韧不拔、愿意冒险和尝试新事物、善于提出和解决问题、富于进取心、有好奇心、有创造力、有热衷的事情、思想开放、有分析能力、有全球视野、有适应能力、愿意从错误中吸取教训、愿意写作、有想象力、热情、思虑周密、有批判性思维、能够把握事物间的联系、能够成为终身学习者、如饥似渴的阅读者、理智的消费者……这个清单可以继续列下去，有无尽的阐释和注解，可与多种多样的品质联系起来。

有趣的是，全球各个不同群体所列出的此类清单和图表都极其相似。同样的一系列品质都会反复出现，热爱学习的一些特性经常会得到强调：好奇心、求知欲、好问；还有善于创新的：创造力、解决问题的能力、冒险精神、想象力和求知欲；也有与人协作和相处的特质：协作、善解人意、善于倾听、乐于助人；还有帮助处理复杂问题的：分析能力、联系能力、批判思维；而且通常还有助力我们立身于全球的：全球化公民、社区成员意识、能够意识到自身对环境的影响、有沟通能力。

你会注意到，这其中对传统学习技能提及的很少。这意味着那些技能不重要吗？当然不是，只不过是传统学业技能并不足以定义我们期望送入社会的学生的模样，也无法定义二十一世纪雇主希望聘用的雇员的标准。一家人力资源、教育和实业集团对全美四百多家企业进行了调查，要求雇主列出他们期望潜在应聘者具备的技能排名，包括学习技能和实用技能。专业性、职业道德、协作、沟通、道德标准、社会责任、批判思维和解决问题的能力等实用技能在榜单上比传统学习技能要排得更高。只有在雇佣新近高中毕业的学生时，阅读理解能力这种传统学习能力进入了重要性前五榜单（排名第五）。

老师和家长认为重要的一些品质与职场中表现出的一些品质一样，在其他很多场合也都是需要的。而决定标准化测试成绩、定义毕业标准、成为大学入学敲门砖的传统学习技能在这些清单中并没有明确出现。

由此可以引出一种全新的愿景，使我们认识到何为高质量教育以及高质量教育应该产出哪些成果。尽管用了很多不同的词汇来描述这些品性，对它们的解析也略有不同，但是浮现在我们面前的是一个非常饱满的学生形象：善于沟通，勇于创新，团结协作，能够解决问题的专注积极的思考者。我将这种学生形象看作高质量教育应该承担的愿景。我们必须为了这个目标而教育，努力使每一名学生都达到这样的标准。这样一来，重要的问题便来了：我们如何做才能达到目的——怎样才能实现这个愿景？当前我们的学校都采取了哪些措施，帮助学生实现成为思考者的愿景？我们必须整合、掌握哪些力量，才能真正实现学校的转型？这些便是我将在本书中探讨的问题。

帮助学生培养思考者和学习者必备的性情

我在上述多种清单中提及的品质——反思精神、想象力、好奇心、创造力等——经常被归为**性情**。性情是一个人长期稳定的品性和性格，可以激发人的特定行为。我们说一个人具备好奇心这种特别的性情，是因为经过长期观察，我们发现这个人因自身特点而诱发出的行为模式，比如好问、勤于探索、刨根问底等，与这种特定的性情相符。我们的性情决定了自己是怎样一个人，怎样一个思考者和学习者。我在以前的作品中说过，促使我们成为思考者的性情决定了我们的智力特征。

或许我们不应只将这些性情看作高质量教育的成果，还应该借用泰德·森泽的一个词，将其视为教育的“残留”，即在忘记为考试而做的练习和记忆的知识之后留下的东西。在离开课堂很久之后，我们还保留了什么？2011年7月31日，马特·达蒙在华盛顿举行了“拯救我们的学校”集会。在会上，他强调了这种“残留”的重要性，他说：“现在回顾我的一生，我对自己最看重的方面——我的想象力、我对表演的热爱、对写作的热情、对学习的热爱还有我的好奇心——都源自父母和老师的教育。我刚才提及的这些品质——这些我内心极其珍视、给我带来无尽喜悦和巨大事业成功的品质——那些成就了现在这个我的品质……而这些品质没有一样是可以通过考试测验的。”

这些性情有一个关键的方面，就是无法直接传授或测试。当然，学生或许能够“习得”这些性情，但是不可能凭空发展这些性情本身。这些品格、性情必须经过长时间的培养，必须经过各种环境的熏陶，才能成为内在习惯，在必要的情境下才能展现出来。**性情必须通过文化来熏陶——即通过在一种文化中浸染来习得。**

俄国心理学家利维·维果斯基最著名的一句名言是这样说的：“孩童心智发展的成熟由周围的人左右。”这句话生动展现了文化熏陶的含义，它的含义是我们希望孩子习惯于哪种精神生活、智力活动和学习过程，就会使他们身处此类环境中。此言揭示了学会如何学习是一种训练，更多时候，我们并非向他人学习，而是在切实的活动中与他人一起学习。如果我们认真思考维果斯基的话，就应该仔细审视一下我们的家庭、学校和课堂，扪心自问我们将自己的孩子置于何种精神生活环境中。他们看到的榜样是什么模样？他们有哪些体验的机会？他们在日常生活中，哪一类思考得到了重视、获得了允许、受到了鼓励？

教学理念的过去、现在和未来

在孩子的智力、性格、品德、性情的塑造和培养中，家长扮演着非常重要的角色。家长是孩子的第一个榜样，也是最重要的榜样。在涉及思考和学习相关的性情方面，学校则在社会中占得先决地位。学校是学习的场所，因此会传递关于何为学习、如何学习以及何为有价值的学习等重要信息。一天又一天，一年又一年，学生听到各种关于学习的故事。文化熏陶是我们通过与外界和社会环境的不断相互作用，将这些信息、价值观还有听来的故事逐渐内化的过程。这个内化过程需要时间，需要我们辨识这些与我们所处环境相一致且不断重复的信息和价值观。

在过去的很多年里，我在关于学校和组织的作品中都曾将文化比作故事。因此，要理解一所学校或一个班级的文化，我们需要看一看每个人讲述的关于学习的故事。信念、信息、价值观、行为、传统、程序等本身并非文化，但却是文化的重要指示物，它们强化了所讲述的核心故事。它们是我们用来识别学习故事的工具。基于这一点，在真正着眼如何实现文化转型之前，我们需要探究三个故事。第一个是老故事——我们在学生时代听到的故事；第二个是现今在学校和课堂上占据主导的故事；第三个是我们希望讲述的新故事。

传统教学对学习意义的扭曲

我们所经历的学校教育各有不同。即便是同一个体的经历，在不同的老师教育下或不同的班级中，或许也会演绎出不同甚至完全相反的故事。我们作为学生时所听到的故事，很可能对我们与自己的孩子、学生间的互动产生积极或消极的影响。

迈克尔在他的学校经历中发现了一个不断重复的主题：

从上学的第一天起，我就不停地听到关于分类、分级和能力的故事。

我们被分成了阅读小组，很容易就能看出谁学得好，谁学得吃力。一年级末，我又经历了另一种分类，这回我落到了后面。我的成绩不好，比同学差了些。也不知道因为什么，第二年我还是在较低水平的阅读小组中。就这样一路来到初中，我被安排在手工班，后来到了高中又被分进了职业教育一类。从来没有人问过我想要什么，只是将各种分类和分级强加到我头上。

对于杰森来说，小学时的经历依然非常生动：

我记得学校是个安静的地方，至少对我而言是这样的。老师不许我们说话。我记得有一次老师问我："你为什么说话？你的作业还做完呢。"我记得自己当时在想，将说话和完成作业联系起来是多么奇怪的事啊。我做事比较慢，从来都不能提前完成作业，也就意味着我永远都不能说话。当然，课间休息可以喘口气。这段时间很真实，但是课堂却不是。

对鲁斯来说，仅仅是一堂课上的一次重要经历就产生了巨大的影响：

我记得一堂特别的代数课。代数是一门全新的、与众不同的课程，它令我非常兴奋。我喜欢代数谜题一般的感觉，比简单的加减乘除有趣多了。有一天上课，老师讲解了一道非常难的问题，我记得自己完全沉浸在那道问题中，尝试着理清老师为何采用他那种解题方法，但看起来好像另外一种解题方法也可以，那是我的方法。我一直苦苦思考，最后终于证明了我是正确的，我的方法也能解出这道题。我鼓起勇气，举手问了这个问题。那个老师说他已经回答过那个问题了，质问我难道没有听讲吗？从那一天开始，在他的课堂上，我再也没有问过一个问题，我对数学的兴趣也没有了，尽管我很擅长数学。我想自己得到了这样的信息：学校就是听老师的话，而不是自己解决问题。

妮可讲述的学习故事我们都很熟悉：

一切都是为了分数和取悦老师。这一点我很擅长，但是我真的觉得自己没有学到那么多知识。我迎合了这个体系，也因此得到了奖励。

麦克斯讲述的故事也大体相似：

一切似乎都是为了速度。我记得计时测验和拼字比赛，一切都有时间限制。如果你能提前完成，就说明你聪明。第一个举手回答老师的问题？聪明。我觉得这就像一场竞赛。

上述只是一些记录的“关于学习的老故事”，他们的经历或许能够与你的在校经历产生共鸣。这些故事的主题尖锐而有力：学校是一个分类的体系，你可能适应，也可能不适应。这里没有可供对话和互动的空间，学习要求个体老实地坐在位子上努力、练习，学习是一场竞争而非协作，速度快就意味着你是聪明的。这里没有提问的机会，取得好成绩就是学习的终极目的。这些主题塑造了学生的经历，框定了他们对学习的认识，在某些情况下扭曲了学习的真意。

尽管在此讲述的故事都不是很积极，但我并不是说所有的情况都是如此。当我问及家长和教育工作者，请他们分享一些自己当学生时的学习故事时，我总能听到一些与安东尼娅的故事相似的内容：

我记得五年级时的老师。她对学习充满热情和兴趣，她总是给我们讲自己经历的新鲜事物或去过的新地方，很有感染力。你会很想学习，因为你想要与她聊聊天，成为她的世界的一部分。这段经历一直伴随着我，她是我成为老师的一个重要原因。

作为家长和教育工作者，我们永远都不能忘记，个人力量可以产生很大的影响。与此同时，整个社会和学校则需要审视目前占主导地位的学习故事，审视这个由学生和老师演绎的故事。长期以来，我们传递了哪些关于学习和思考的故事?

现代教学的真实情况

尽管对于自身的长期教育需求来说，学生并不总是最好的评估者，但他们是教学重点和教学效果的最佳晴雨表。他们了解自己何时全身心参与，何时没有，而且他们也很清楚自己何时在真正学习，何时作为一个个人在成长。从他们发出的声音中，我们才能发现当前在学校中所讲述的关于学习的故事。邀请学生参与有关成果和教育目的的对话，这对所有的学校和老师来说都很重要，因为此举有助于塑造一个让所有人共同奋斗的使命。为了更好地探究学校和班级的学习故事，你需要探查学生是如何看待自己经历的学习故事的。本章末尾介绍了一些实践建议。

盖洛普青年调查请初高中学生选取三个形容词，描述他们在学校里的一般感受。位于榜单第一位的是“无聊”，有50%的学生选择。位于第二位的是“疲惫”，占42%。“开心”和“感到有挑战”排在下一位，有31%的学生选择。然而，应该注意到的是，自认为“高于平均水平”或“接近顶尖水平”的学生更愿意选择积极的形容词，这表明学生经历的学习故事或许会因其能力的不同而有差异。

在一项关于学生小学经历的纵向研究中，我们也能看到同样的经历模式，这是最大的一项纵向研究之一，由国家儿童健康和人类发展研究所组织。这项仍在进行的研究对1364名学生的课堂表现进行了观察，评估了他们所经历的授课类型。最近一次对五年级学生的评估，评估的对象包括956名学生（其中一些学生中途退出了研究），分布在33个州、302个学区（多数为中产阶级）、502所学校（包括公立学校和私立学校）、737个班级。仅以对五年级学生的观察为例，我们发现学生有58%的时间用于基本技能的学习，少于13%的时间用于分析和推理等高层次能力的学习。此外，需要协作的学习任务不足授课时间的5%，在观察的课堂片段中（每个课堂大约6个小时），学生高度参与其中的时间只有不到1%。这些课堂里的景象与丹尼尔 · 平克所描述的很相似：经常是“好孩子”在抱怨，“坏孩子”则肆无忌惮，但是没有一个孩子是专注的。

人们或许会希望情况能随着学生年级的升高变的好一些，但是证据显示的结果则恰恰相反。大学学习评价跟踪了全美24所高校共2300名学生的在校经历，二年级末时，仅有略多于半数的（55%）学生在批判性思维、综合推理和写作等关键衡量标准上有明显提升。

从这些报告中来看，旧故事与我们现在正经历的故事并没有太大区别，二者都强调死记硬背和分数，很多情况下课程设置也不尽合理。有人认为，学校当前对考试和可靠性的强调，不仅没有为学生提供提升的机会，反而减少了学生的机会。当前创造的是一种应试文化而不是学习文化，在这种文化中，我们看到了考试分数的提升，但是学习能力、理解力和专注力则在降低。

正如我们在审视旧故事时一样，对当前故事的探究也仅仅是局部的。当然，有一些学校和课堂讲述的学习故事与众不同，它更吸引人，也更贴近人心。我曾在迪士尼美国教师奖项目中工作过，并联合打造了创造性课堂系列，因此认识了很多非常优秀的老师。我敢肯定你也了解一些优质的学校，认识一些思维灵活的老师。尽管如此，我们也不能就此便认为，在更大范围和更久的时间中，学生在学校和课堂的学习经历已值得我们自我恭维或志得意满。

要将讲述给学生的学习故事揭示出来，这需要一定的勇气、雄心和坚韧，需要踏实勤恳的工作。故事的面纱一旦揭开，我们必须评估这些故事，将其与我们希望学生所能经历的故事相比较。我们在现实中对学生的培养，能否使他们成为我们理想的成年人？要想达到这种效果并非易事，这恰恰是因为我们任由低水平的测试成果塑造了自己对高质量教育的认识。我们演绎的学习故事还会受到自己个人学生时代经历的局限。我们都倾向于保持和固化现状，因为这是我们唯一了解的故事。这样，在我们面前，学校文化及我们所演绎的故事就变成隐形的了。然而，前述几项大规模的研究都有同样的发现，当前占主导的故事并不能很好地服务于学生，也不足以促成我们希望的成果。因此，我们必须思考如何讲述一个不同的学习故事。

转变教学理念，给学校和学生不一样的未来

打造新的故事不仅要求我们重新思考教育的目的和愿景，还要审视作为愿景传递者的学校的运行方式。要改变故事，取得不同的成果——比如上述设定的一些成果——我们必须传递新的信息，讲述何为学习及如何实现学习。在接下来的章节，我们将重点关注如何安排和掌控工作中的群体文化力量，使我们能演绎出一种不同的故事。但是首先，我们必须要想象一种新的愿景，明确这个愿景的精髓所在。

教育倡导者戴维 · 杰克斯也采用了“故事”这个比喻来思考学校及其愿景。他建议我们改变语言方式，从限定性语言改为可能性语言：“创造新的故事要求新故事的作者摒弃消极的‘哎呀但是’思维，而是要问‘如果……会怎样？’”

让我们思考一下新故事下的几种“如果……会怎样”的问题：

- 如果学校少些应试准备，多些人生学习准备会怎样？
- 如果学校不以考试成绩考量成功与否，而是以群体协作的成就考量会怎样？
- 如果学校将培养学生的智力和性格作为最高使命会怎样？
- 如果将教学目标定为对技能和知识的理解和应用，而不是简单的知识获取会怎样？
- 如果学生切实投入到学习中，而不仅仅是顺从学校的安排会怎样？

能够帮助我们重新思考学校、想象新教育愿景的“如果……会怎样”问题清单可以无限列下去。在你和同事探寻这些“如果……会怎样”可以给师生带来的影响时，在此列出的几项可以抛砖引玉，激发新鲜的想法和丰富的构思。此外，你也可以独自或在专业群组中提出自己的“如果……会怎样”问题并进行探究。

本书核心的“如果……会怎样”问题是：**如果我们力图在学校、课堂、博物馆、会议和组织中发展思考文化会怎样?** 认真对待这个问题，要实现学校和组织的变革，意味着要驾驭塑造群体文化的力量，演绎新的故事。我们将在后续章节详细讨论这几种力量，但在我们开始探究“如何做”之前，需要对自己的故事有一点更清晰的认识。我们到底试图达成怎样的成就？只有清晰认知我们所希望传递的核心信息，我们才可能把握这个故事的精髓，这样，我们才能反复对自己讲述这个故事，直到它成为新愿景的核心。

在这个故事中，我们的学校、课堂和组织成为这样的地方：在这里，**群体的集体智慧和个体的思考都能得到重视，实在可见，而且群体的所有成员都如日常程序一般积极思考，提升自我**。这是我们的故事跳动的心脏。在所有与学习者的沟通中，我们必须始终力争使思考得到重视，使它实在可见并得到积极的推动；使思考成为我们设计课程的一部分，成为评估过程的核心，成为授课的必要组成部分；使思考内化于我们所做的一切事情。这些核心行为的每一项——使思考得到重视、实在可见、得到积极的推动——都需要更深入的剖析，以便我们理解自身使命，更好地理解我们必须承担的一切。

在开始的时候，我们必须传递关乎思考价值的有效信息。当然，哪会有教育工作者说自己不重视思考的呢？但事实上，在思考的价值和重要性方面，学校向学生传递的信息矛盾复杂，对于即将到来的任务要求通常很明晰，但对于完成任务需要进行的思考则不尽然。如果我们真正重视思考，就必须明确指出自己所追求的思考是哪些种类的，为什么这些思考是重要的以及它们将如何帮助学习或眼前的任务。我们必须传达出一种认识，即学习是思考的产物，思考并非某种附加的填料，而是我们在学习中必须积极参与和推动的方面。

这么说来，有哪些思考应该得到重视呢？我们追求的到底是什么呢？自然而然地，这些都取决于学习环境，但是从更广泛的角度来讲，我们希望，学生能够熟练掌握的思考技能是他们可以加以利用的，并能增强自身对事物的理解。比如：

- **问问题**，辨识疑惑，对神秘的事物、隐含的意象及学习的概念充满好奇
- 找出不同事物之间的联系，做比较和对比，包括找出学科间的联系以及与之前掌握的知识的联系
- 在不断增加的知识和持续提高的理解力基础上，构建持续发展的理解、阐释和理论
- 从不同的**角度**、视角审视事物，洞悉偏见，培养更均衡的立场来对待话题、想法和事件
- 能够注意、观察并**仔细审视**，以全面感知细节、细微差别和隐藏力量，并观察实际情况，为个人解释和理论提供基础证据
- 辨别、搜集证据，并**利用证据作推理**，以此证明和支持个人的解释、预测、理论、论证和阐释
- 深入钻研，**揭示复杂问题**和挑战性的课题，能透过现象看到本质，可辨别出某人是否仅仅获得了表面理解
- 能够**捕捉事物的核心**或精髓，识别其真实意图

以上并非思考类型的详尽列表。在其他文章中，我和同事更详尽地阐述了高效思考的组成部分，但上面的清单是个不错的起点。此外，还可以从前文识别出的目标中选取几个，深入剖析实现这些目标所需的思考类型。哪些类型的思考利于解决问题？哪些类型的思考能够激励创新和创造性？哪些类型的思考是高效沟通者或宣传者所必需的？哪些类型的思考有利于培养全球竞争力？你很可能会发现这些清单中有一些重叠，但是总会有一些新的思考类型出现。

一旦理清了哪些类型的思考需要鼓励，我们就必须竭力使“思考”

这种难以捉摸的概念变得更加实在可见，这样才能使其与概念、知识和技能等典型的课程一样，变成具体的培养目标。但是我们不能停留在实在可见这个层次。如果我们自己培养出的学生成为专注的学习者，积极的思考者，能够沟通、创新、协作和解决问题，我们就必须积极推动和促进学生思考。这也就意味着，除了对课程内容的理解外，授课的主要目标就是思考的精进。

对思考意义的着力推崇，使多数老师落入一种新的境地，而在此种环境下，老师会丧失部分权力。一方面，任何技能都需要通过磨练才能精进。因此，老师必须创造思考的机会并安排相应的时间——应对覆盖全部课程内容的压力并非易事，但这确实是必需的；另一方面，单纯的练习并不能保证进步和有益的发展。个体进行练习时，还需要他人给予反馈意见并进行辅导。这种辅导需要细致和情境化，并且需要对学生当下的努力进行嵌入式评测。从本质上来说，嵌入式评测属于形成性评测，能够维系和激励学习者的努力。

我很犹豫是否要在这种语境下使用“评测”这个词，因为它带给教育工作者很大的负担。有些人一想到教学过程中评测带来的死气沉沉的效果就感到退缩，这些以学校为单位的各式评测将最有趣的探索课程也变成了需要老师评分的“作业”。显然，这些评测形式并不能真正促进学生思考能力的进步。我们追求的是赛场上教练采用的评测，能够辨别运动员在发展期的哪个阶段，需要做哪些努力才能使能力更进一个层次。这便是教练的作用，同时也是一名高效老师应有的技能。从实际的角度讲，任何人，甚至任何事物都可以传递信息。要切实获得学习上的提高，需要能够集中精神的良好机会，辅以高于自己的专家的敏锐观察和有针对性的提点。

实现教育转型，给学校和学生不一样的未来

在本章中，我清晰地阐释了对高质量教育成果的新定义：培养学生一些必备的性情，使他们成为积极的学习者和有效的思考者，渴望且有能力创造、创新、解决问题。在当今世界，这些成果是想要取得成功的人所急需的。虽然这并非全新的理念，但这种成果并不是很流行，极少引起人们的注意，经常会因为我们对考试分数的过分关注而被推到一旁。然而，这种成果囊括了我们作为教育工作者应有的更高愿景，展现了当我们突破学校官僚作风的限制时所能实现的梦想和取得的成就。它是我们教师和学生激情、能量、动力的源头。

之后我介绍了引导我们实现这个目标的工具：文化熏陶。我们希望学生有怎样的精神生活，就要使他们身处这样的环境中。要实现这一点，首先要辨别、评估我们向学生传递的信息中讲述了怎样的学习故事。本章末尾介绍了一些实践方法。而后我们必须努力改变这些信息，使学生处于新的学习故事中，在这个故事里，思考能得到重视，实在可见，而且群体的所有成员都如日常程序一般积极思考，提升自我。我们必须成为文化的塑造者和信息的管理者，以实现自己的愿景和学校的变革。

但是在一种业已建立的文化中，我们如何实现信息的变化？我们如何为学生和自己演绎一个新的学习故事？我们如何才能理解群体文化的复杂细节，便于我们管理它的能量，并塑造它，讲述自己的新故事？在后续探究八种塑造群体文化力量的章节中，我们将再来讨论这些问题。

活动：反思学校和课堂的现状

• 利用盖洛普青年调查的方法，制作一个包含25个形容词的清单：10个积极的、5个中性的和10个负面的。请学生们从这个清单中选取三个形容词，描述他们在学校里的一般感受或在你的课堂上的感受。其中要包含一个问题，问问学生如何看待自己的学业表现：接近顶尖水平、高于平均水平、平均水平。学生的回答说明了什么？

• 利用"我对这堂课上学习活动的反思"调查（附件A）评测学生对某一堂课上最常展现的思考方式的认识。学生的想法与你的想法契合度如何？

• 揭开学校向教师传递的何为教学的信息。请全体教员以书面形式回答这些问题："对于刚在我们学校开始第一年教学生涯的老师，他或她从这里获取的，关于何为老师的信息是怎样的？他或她辨别出的占据主要时间的职业对话是哪种类型的？根据他或她的观察，自己作为这所学校的老师，会有怎样的职业生涯发展？"以小组形式讨论教员的应答，辨别出其中的主题，然后与更大的群体分享。

• 做一次"学习信息调查"。在一天的时间里，尽可能多地参观你们学校的不同班级课堂，在每个班级停留五到十分钟。此举并非为了评估教师的表现，而是对学生的课堂体验有一个整体印象。要注意学生的专注度和参与度，是所有学生都参与其中，还是仅有少数学生？要注意对智力的挑战程度以及老师对思考的强调。课堂上仅仅是老生常谈，还是切实要求学生深入挖掘、思考？感受一下课堂的氛围，学生是否参与互动？记录下学生是如何学习的：是全班集体学习、小组学习、配对学习还是单独学习。

CREATING Cultures of THINKING

第二章

期望：教师的信念如何塑造学生的行为

期望，名词，指对未来及目标的强烈信念，也可指对他人的要求，或者我们认为采取一定行动就会发生的事。作为塑造文化的力量，“期望”是“信念的集合”或“行为的理论”，它会影响我们为实现目标而努力的程度。期望决定了我们的方向，同时还促使我们朝着目标前进。需要特别指出的是，这种定义背离了教师通常理解的“期望”，即引导和告知他人如何行动的明确标准。我们对学生、自己及学习过程的期望，共同构成了群体文化的基础。

在科罗拉多州郊区的一堂代数课上，凯伦·怀特正在上课，我坐在教室后面，感觉越来越不舒服。前一年我采访凯伦时，希望她能允许我在课堂上旁听观察，当时她向我表示思考在她的教学中非常重要。她参加过多次旨在培养“思维习惯”的职业发展研讨会，在谈及自己为学生设定的目标时，她嘴里不停地唠叨着研讨会的相关术语。她强调学习中元认知的重要性，探讨自己是如何在数学中将书写和问题解决融于一体的。在和她交谈几次之后，我怀着激动的心情，想要看一看这些元素在她的课堂上是如何展现的。然而，在旁听的第一个早上，我很难找到学生真正专注于思考的时刻。凯伦极具条理性，她在教室门前迎接每一位学生，并能够迅速、有效地开始课程。她对所有学生都严格而和蔼，而且课堂管理经验丰富，有老教师的风范。然而，尽管课堂如此井井有条且高效，但还是缺了些什么。为什么她的课堂感觉不像是一个容得下思考的地方？不像一种思考文化？

在第一天，我观察了一堂又一堂课，凯伦对每个班的学生都能做到指导有方，标准清晰。只要学生尝试了，每一道家庭作业题都能得到分数。即便晚交作业也会得到一部分分数，这样学生就总会做作业。每个周末累积的分数都会公开张贴，每一名学生都能知道自己的分数排名。

如果学生有不理解的概念，就直接提问。凯伦向全班保证她是“西区最好的讲解人”，而且她很愿意做第二种或第三种解释，直到学生完全理解。最后，只要完成作业并努力学习，学生就能通过这门课程，不用第二年重修，即使根本不擅长数学的学生也能通过。“思考”在此过程中有所提及，但并没有与眼前的学习直接关联起来。比如，有鼓励“元认知”的反思日记，但是这些日记的用途是记录学生对自己在考试、任务中表现的感想，而不是对学习的细致分析。有学生在课堂外独立完成的“每周问题”，但是这些问题是用来获得更多分数的，而不是学生学习的有机组成部分。

从第一周起，直到整个学年结束，凯伦对学生都始终如一。然而思考仍然似有非有，课堂文化也很难真正算作是思考文化。一堂课以对家庭作业的回顾开始，新内容会得到精心讲解，问题能够得到回答，家庭作业涵盖了新练习题。她信守承诺，每周都会将分数张贴在门旁的布告栏上，学生在刚上课的时候就知道自己的哪一部分任务做的不足或迟交了。有时，好像班级中的每一名学生都会在内心盘算，需要投入多少精力才能很好地完成作业或准备好临近的考试。每一名学生都刚刚好在临界点以下努力，很少越界，由此形成了一种消极、顺从的氛围。

“秩序”“清晰”“可预测”，学生和同事用这些词来描述凯伦的课堂和教学方式。还有一个时常提及的词是“期望”。凯伦对学生的期望非常明确，学生知道在她的课堂上能期望什么。事实上，这些评价与我观察到的情况也是吻合的。凯伦确实有很明确的期望，这些期望得到了有效宣讲，并能持之以恒地坚持下来，这一点很令人敬佩。但是不知怎的，这些期望——凯伦的课堂最清晰的展现——似乎阻碍了思考文化的形成。为什么会这样？为什么对学生行为和表现的清晰期望反而阻碍了他们成长为思考者？

为了理解这种现象是如何产生的，也为了更好地理解期望作为学习群体中的一种文化力量是如何产生作用的，我们必须分清两种不同类型的期望：指令式和信念式。在学校和课堂上，我们经常从成年人对学生行为举止和学业成绩的希望的角度来探讨期望。这些期望是向处于下级地位的人传达的，带有强烈的要求甚至命令意味，其目的在于明确定义对其他人表现的要求。在此要说清楚一点，向学生和下属明确行为准则和任务标准并没有内在错误。高效的老师和领导者一直都是这样做的，恰如凯伦一样。

第二类期望则在一种更深层次、更系统化、最终更有力的层面上发挥作用。有些期望深深植根于我们的信念，关乎事物的本质及世界的运转方式。在学校群体的背景下，这些期望也是工作原理，关乎教导、学习、思考、学校或组织本质。这些是我们“为了”学生怀有的期望。这些信念汇集了我们的精力，引导了我们的行为，定义了我们对万物之理的理解。这些信念构成了我的同事大卫·珀金斯“行为理论”的基础——即我们的行为与取得预期成果之间关系的理论。珀金斯这样解释此类理论的应用：“我们通过这些行为理论，努力应对生命使命的复杂性和不确定性”，他还解释称，它们的力量源自它们的简洁、朴素和效率。它们是我们的“经验法则”和“内心罗盘”，指引我们的工作。这第二层期望对老师或领导者的行为有持续的影响，为他或她表达明确的表层指令提供了坚实基础。

回到凯伦·怀特的课堂：为什么她的指令会阻碍思考文化的形成？为什么尽管她确信自己重视思考，但她对行为标准和成果的清晰说明却不利于创造思考文化？这并不一定是因为她的指令“糟糕”或“错误”，而是因为这些指令背后的行为理论和信念更多地在抑制思考而非促进思考。这样的后果就是，她所发出指令背后的深层次期望，也就是她的行为理论，并不支持思考的发展。从凯伦表面上发出的指令抽丝剥茧，发现深埋其中的信念和行为理论，我们就能看懂这种结果的原因。

从凯伦在分数、成绩和记分方面为学生设定的清晰标准中，我们看到的信念是，必须通过成绩来强迫或诱惑学生学习。在第一章我们提及的多个故事中，这一主题曾反复出现。在凯伦的备课、上课方式中，信念是学习代数主要是为了获取知识，而不是培养理解力；记忆和练习是学代数最有效的方法。“人是通过记忆和练习来学习的”，这种行为理论使凯伦难以激发和促进学生思考。相反，思考只是作为正常课堂节奏中的一段插曲，是她在常规课堂工作中加入的“额外”内容。凯伦极度关注成绩和课程通过情况，即使是“不擅长数学”的学生也不例外。由此传递出一种信息，即我们的能力是基本固定的，有些人只能寄希望于“勉强通过”。一个人或许不理解代数，但是通过努力至少也能通过这门课程。最后，她极力推行秩序和控制——当然，这在任何课堂上都是有价值的，也是重要的目标——但这样一来，凯伦就使天平发生了倾斜，使学生变成依赖于她的消极学习者。

在本章，我将探讨五组信念，它们可以作为行为理论，为我们在学习群体中的期望打下基础。这些信念或是有助于思考文化的形成（尽管不可能确保），或是会成为阻碍发展的挑战。这五组信念如下：

- 让学生如思想家般自主学习vs.让学生如工人般机械学习
- 教学以理解为目的vs.教学以知识为目的
- 鼓励深度学习策略vs.鼓励表层学习策略
- 提倡独立vs.提倡依赖
- 培养一种发展的思维方式 vs. 培养一种固定的思维方式

让学生如思想家般自主学习 vs. 让学生如工人般机械学习

将学习比作工作，学生比作工人，课堂比作工作场所——这一比喻在我们的教育教学观念中已经根深蒂固，也从一开始就体现在了教育的所有方面。它引导了教育的研究，影响了教育方法的设计以及学校的组织方式，并塑造了干预的形式。在教育中，工作这个比喻普遍存在，使其不仅内化于我们的语言，也渗透于我们的灵魂，因此很少会有人质疑。

在工作导向型的课堂上，老师和学生都在关注工作的完成。我们听到学生这样针对工作提问："这需要多少时间？""这些会在考试中出现吗？"没有关乎想法或学习的问题，全都是关乎工作的。之后，老师监督学生工作，要求他们对作业负责，恰如我们在凯伦·怀特的课堂上看到的一样。当然，这其中潜在的假设就是通过工作可以实现学习。然而，一个人对任务的构架往往会决定其如何完成这项任务以及从中学到了什么。

做一个这样的快速思维实验：回想一件上级或领导要求你做的事情，一件你觉得没有任何意义的事情。现在回想一下，你是如何着手完成这项任务的，做这项工作是怎样的感觉。这项工作是为别人做的，而不是为自己，关注点就落在完成工作上，赶紧完成了事，或许还能讨好上司。现在再想象一下相反的例子：想象一个时刻，某个人做了你要求他做的事情，但所做的事情却并非如你所愿。为什么并非如你所愿？很有可能是，这个人仅仅关注了工作，却未理解其目的。

相反，在学习导向型的课堂上，老师和学生将主要的注意力放在学习上，让工作存于学习的环境中，服务于学习。工作是实现目标的手段，而并非最终目标。在现实中，情况会是怎样的？最开始，老师通常会介绍一项任务或作业，强调可能从中学习的内容。这有别于通常对任务及其要求的说明，后者使学生更多地关注任务，而非学习。其后，老师通过与群体和个体的互动维持、支持学习。当任务的目的在于学习时，只要能够达到学习的目标，在完成任务的过程中，老师就更可能地给学生更多的选择和选项。相反，当关注点落在工作上时，由于老师的控制力更强，学生的选择余地通常更小。

在工作导向型的课堂中，老师“监督工作”，确保每名学生都在完成任务和工作：“你做完了吗？”“做到第几题了？”“你准备好做第4道题了吗？”相反，当老师将关注点放在学习上时，他们会花费时间和学生“倾听学习的状况”：“告诉我你到现在为止都做了什么。”“这说明了什么？”最后，从老师对错误和失误的反应及处理方式中，我们能看出学习的导向。在学习导向型课堂中，错误被看作是学习、成长和再思考的机会；在工作导向型的课堂中，要避免失误和错误，因为它们预示着能力的不足。因此，学习导向型的老师通常会提供描述性的反馈意见，说明学习情况，而工作导向型的老师更倾向于给出评估性的反馈意见，判定课堂表现。

明确地分清工作和学习之间的差别，这有助于我们老师和学生将关注点放到学习上。这样使我们能够摒弃“如果使学生忙于任务，他们就能学习”的幼稚理论，接纳更复杂的理论：“如果我们能使学生关注学习，就能更好地监督并帮助他们培养理解力。”

要感知我们的大目标、信念、期望和行为理论对教师行为的影响和塑造，可以参照科罗拉多州一些研究员做的实验。研究人员想要检验关注学习和关注表现/工作两种不同教学方法的效果差异。他们假设，当老师感觉教学受到来自外部权威的压力时，这些老师在授课时更可能采用控制教学策略，因此影响学生的表现。这些研究人员将15位四年级老师随机分到两种教学组中，其中一组得到这样的指令：“你的角色是帮助学生学习如何解决变位词和排序问题，你的工作仅仅是帮助学生学习如何解决这些问题。”我们可以将这个指令归结为工作导向。而后这些老师会给小组学生授课，每组4到7名学生，学生总数为267名。每一堂课都会录像，针对提示、压力、紧张以及评估性批评、表扬的使用等“控制教学策略”进行评估。

研究人员的假设是正确的。在有压力的情况下，老师更可能采用控制教学策略，在教师压力和控制教学策略的双重作用下，学生的表现受到消极影响。要记住一点，没有人告诉这些老师应该如何教学。没有人告诉他们要做引导性教学还是控制性教学；他们得到的只是研究人员对一些期望的简述。在此，不容忽视的是，教学任务的构架塑造了教师的行为。工作导向并不一定会带来糟糕的学业表现，同样，控制教学策略也不是一定会有坏结果。是这二者的结合导致了学生表现变差，由此我们可以看出辅助性期望与有效教学方法结合的力量。我们必须结合二者，同时加以利用。

教学以理解为目的 vs. 教学以获取知识为目的

在谈及学习、教育和教学时，“理解”和“知识”两个词无处不在。我们在进一步探讨之前，必须先定义“理解”的含义及其与“知识”的差异。理解需要知识，但是又不局限于知识。理解依赖对丰富知识的整合和关联，这也就意味着，理解远不是孤立地掌握了一些技能或一系列事实。理解要求我们将掌握的知识融会贯通，使不同的观点互相关联。这种关联和关系网成为了我们的工具，使我们能将想法应用到工作中，将技能应用于创新的环境和新想法的创意中。

在课堂上，这种理解强调要从多方面探究一个话题，建立联系，挑战长期的、固有的设想，探寻应有的可能，创造出学习者的新成果。要在很多课堂上实现这种理解，需要一种全新的、不同的甚至有些激进的课程安排。以理解为目的进行教学并非传统的做法。

当老师第一次尝试教授“为理解而教学”课程时，常常会遭遇困境，因为他们没有向学生指明新的学习要求。在这个课堂上，学习者的新目标、新日程和新期望是很重要的隐藏背景。学生了解获取知识和技能的游戏规则（有些学生做的相对更好一些），他们会不断尝试将这些方法投入到新环境中。学生会感到沮丧，老师会感到沮丧。一切都是因为从一开始，塑造课堂的核心期望、信念和行为理论就没有得到很好的分享、探讨和研究。

或许在你看来，以理解为目的的教学概念、目标和教学方法都说得通，但可能还会有些令人不安，为什么信念集合要设定成互相对立的关系：教学以理解为目的 vs. 教学以获取知识为目的。我们都已经了解到，知识、技能和信息对理解有非常重要的作用，也是理解的必要组成部分。因此，在以理解为目的的教学中，在传授知识的同时，还要期望这些知识能够得到应用、探讨、分析和转化。当以传授知识成为首要目标时，对立的关系才会出现，在很多课堂上，这种情况已经成为常态。出现这种情况时，这种糟糕的做法可能会妨碍学生的理解，甚至也会蒙蔽我们，使我们看不到学生理解的差异。

大量关于科学教育的研究显示，对学生来说，仅仅将信息传递给他们的理解影响是很小的。事实上，当仅仅要求回忆记忆内容时，学生或许可以答出考题的正确答案，但却无法将这些知识应用到应用题或对一般事件的解释上。恰如尼克森所说："关于公式使用和解决书本问题的浅层知识或许可以满足通过标准考试的要求。"

在《超越教化的心灵》一书中，霍华德·加德纳揭示了"知识教学"的这种问题（隐含意为"为传输知识而教学"），它使所有学科中的学习浮于表层，即使最优秀的学生也不能幸免。哈佛-史密松天体物理中心的采访视频佐证了加德纳的观点，这些是最优秀、最聪明的学生，但他们的理解力仍然不足，这不是学生的过错，这是教学的不足，特别是我们作为教育工作者，以传授知识为教学目的的信念和期望造成的后果。

鼓励深度学习策略 vs. 鼓励表层学习策略

我们的课堂应该与学习和集体目标相关，应该注重培养理解力，这两种期望之间当然有其系统性，也有着天然的关联。然而，要记住二者仍是需要努力实现的特定目标，这点很重要。有可能某位老师关注学习高于工作，却把获取知识当作学习的首要目标。因此，尽管二者具有互补性，但是应该把学习和理解这两项目标分开来看。第三种信念集合也与前两组一样，具有天然的对立关系。而且，相类似的，我们也不能认为，实践了前述两种期望之后，这种信念就会自然产生。

假定某人接受了学校是关乎学习的以及学习应该关注理解力的培养这两种期望，那么之后他便会很自然地自问："那么我如何才能使学生实现这样的目标？我需要用什么不同的方法来促进理解力的培养？"在上一部分里，我简要介绍了"为理解而教学"体系，可作为该问题的部分答案。这个体系的核心教育观点在于，个体是通过一系列具有挑战性的、苛刻的"实践"——即通过利于培养和展现理解力的活动——来培养理解能力的。理解这个概念的核心——行为及其延伸——在设计此类实践活动时将起到作用。之后，接纳了以理解为教学目的的老师，不管是否采用"为理解而教学"体系，都将面临一项主要任务，就是回答这个问题：我到底要让学生利用学习的技能和知识做什么，才能帮助他们培养理解力，得以进步？

我曾与很多在教学中采用"为理解而教学"体系的教师共过事，我注意到，人们经常过分顾虑"实践"这一理念，结果编出非常繁杂的任务。这样的做法通常会与"实践绩效考核"相伴，关注点就由培养理解力转为证明对所教内容的掌握。设计成功"理解实践任务"的关键在于，要从上述角度退开一步。尽管实践任务的设计可以很复杂，但并不是一定要这样。理解能力是建立在很多小的实践任务之上的，这些实践任务互相关联，复杂性逐步提升。尽管一项理解力实践任务往往能够提供一个窗口，以查看学生的理解情况，但是，这种评估不一定总要是正式的或总结性的。设计有助于理解力构建的实践任务，其核心在于自我提问：学习者会利用这些信息和知识做什么？我将如何要求他们处理这些信息和知识——是互动、使用、操作还是加以变化？加工的水平才是理解力发展的核心。

在完成任何学习任务、作业或活动的过程中，学习者都有很多策略可以使用，或是自己独立开展，或是在他人的支持下进行。尽管对于此类策略的分类有很多可能的方式，但在认知科学领域，按照加工水平策略进行的分类已有很长的历史。克雷克和洛克哈特认为，对信息加工处理的深度会影响对信息的记忆，由此提出一个从浅到深的连续统一体，以此来划分学生的加工水平。马顿和萨尔乔利用同样的概念，对学生处理文本的能力进行了或深或浅的分类。比格斯以此为基础，提出了一套理解学生学习动机和策略的体系框架。比格斯提出三个层次：表层、深度和通达。范·罗苏姆和尚格用不同的语言表达了类似的构想，认为表层策略具有“复制性”，而那些有助于培养理解力、需要深层处理的则具有“建设性”。我在与教师共事的过程中发现，“表层”和“深度”这种最简单的语言其实更直观有效。这些词语简单且容易把握，可作为行为理论运用。表层策略关注记忆和知识的归集，而深度策略则能帮助学生培养理解能力。

在设计任何学习的片段时，实际的教育工作者都会提示学生采用某种处理模式。这些提示可以明确地在题干中写出，恰如思维习惯的使用一样；或者可以给出暗示性信号，引导学生使用该学习群体中常用的处理模式来完成任务。在关注常规和机会两种文化力量的章节中，我们将会深入探讨此类学习片段的设计策略。

需要重点强调的是，除了这种清晰的方式以外，还有两种有效性稍差的选择，而不幸的是，恰是这两种选择成为了当前的主流。或许最普遍的情况是根本没有任何加工模式的暗示或要求，在这种情况下，教育工作者是基于幼稚的假设，认为只需要提供信息即可，假定学生自己会选用必要的加工方式。此类个体教师应将自己打上演讲者或讲课人的标签，因为真正的老师有责任激励学生学习。如果学生仅仅是坐在那里听完演讲或讲座，或是不经任何加工地完成阅读，他们很难从中学到太多东西。

提倡独立性学习 vs. 提倡依赖性学习

我们已经看到，对学习、理解的期望与使用深度学习策略之间的清晰联系。如果某人能够全面接受理解力培养的理念，那么学习将会成为焦点，在实现该目标时，深度学习策略也将非常重要。与此同时，我们也看到，有的人会尝试推动学习，但却并不关注理解力的培养。同样，有的人可以接纳对理解力的培养，却不一定要采用深度学习策略来促进。鼓励学生独立而不是依赖于教师，这并不像此前几种期望一样互相交错。尽管它不与此前介绍的信念集合相悖，但是，培养独立精神是最清晰独立的目标。

回忆一下科罗拉多州的研究人员所做的研究，他们测查了以学习为教学重点和以表现/工作为教学重点间的效果差异。他们发现，工作导向和控制性教学行为（提倡依赖）的结合与学生表现的下降直接相关。然而，控制性教学（教学更多的是指导性和评估性的）与学习导向相结合则不会造成这种表现下降的情况，反而会带来微弱的提升。此外，在学业表现上受到压力的一组老师，在外部视频分析人员的眼中，看起来更热情，更有趣，更有能力。对此有一种解释，认为社会上广泛存在一种信念，即给学生压力，逼迫他们完成任务，提供高度结构化的支持和工作评估，是一种有效的教学技巧，能够提升学生的动力和学习水平。这种认识通过蔡美儿的国际畅销书《虎妈战歌》得到了流行文化的认可。

因此，命令和控制并不一定会阻碍学习，有时甚至会提升学习效果，至少在与学习导向相配合时是如此的，那么，我们为什么不接受这种方式作为我们的行为理论呢？答案是双重的。首先，利用控制性或鼓励学生依赖性的授课方式有其潜在的缺点。其次，我要说，能够促进学生独立的理念本身就是重要的、有价值的目标。

学生依赖性的潜在缺点有以下几点：

- 问题解决策略的退化
- 重视外在动机
- 学习乐趣的缺失
- 面对困难和挑战时缺乏韧性
- 创造力和积极性的降低

在将学生独立性作为教育的目标来讨论时，有必要先明确我们对独立性的定义。罗斯·达克沃斯和雷莫尔给出了如下的定义："在独立或与他人合作努力完成有意义的事业时，独立学习者有内在的动机，能够反思、足智多谋、行之有效——即便是出现挑战，他们也能不屈不挠。"当然，这个定义中包含了许多家长和老师希望学生具备的品质。将独立性作为目标的其他益处还包括以下几点：

- 面对困难时有韧性
- 思路开阔，愿意接受挑战
- 更积极、专注，有更强的主人翁意识和"动力"
- 内在动机
- 互相依存和独立
- 培养一种内在的学习或优势方向
- 更强的自尊和效能感
- 成长为一生的学习者

培养发展的思维方式 vs. 培养固定的思维方式

此处我们讨论个体对智慧、能力和才能的看法，这是最后一组对课堂、组织或群体文化产生深远影响的信念集合，它和心理学家卡罗尔·德韦克所谓的“思维方式”相关，也影响了这种看法对个人对待学习机会的态度。我们先来探究一下何为思维方式，它是如何培养的，最终又是如何影响学习的。

大约30年之前，德韦克刚成为一名研究员，开始着手探究人如何应对失败。德韦克请研究对象参与一系列挑战性逐步提升的谜题任务，她认为，通过这个实验可以探究个体面对逆境时的韧性以及应对方式。然而，令她惊奇的是，她发现有些个体在这次实验中根本没有经历过失败。并不是这些人都成功完成了所有谜题——她设置的题目研究对象不可能全部解出——而是有些人将这项任务看作是发展脑力、增强解决问题能力的机会。这些个体受到面前挑战的激励，并没有将未能完成任务看成失败。这是怎么回事?

在德韦克的职业生涯中，她一直在探究这些学习者身上发生了什么。在研究过程中，她揭示了个人对天资、能力和智慧本质的信念，其力量塑造了个人面对挑战、应对挫折、看待机会的方式。经过一项又一项的研究，德韦克发现将天资、能力和智慧看作固定不变的人——认为你或有或没有——在面对困难时更容易放弃，也更苛求个人的表现。此外，这些人还会回避学习新事物的机会，他们对个人天资的培养也是出于一种恐惧，害怕失败会使别人觉得他们不似原以为的那般聪明、有才。相反，她的研究发现，“在发展的思维方式下，学生明白，他们的才能和能力可以通过努力、好的教学和持之以恒的态度发展。他们不一定会认为人人天资相同，或是任何人都能成为爱因斯坦，但是他们相信只要努力去做，任何人都能变得更聪慧”。

德韦克在《看见成长的自己》中总结了研究的成果，分享了具备发展思维方式的力量：运动员从失败中重新站起来，继续磨练技艺；首席执行官对他人的意见和挑战保持开放的心态；情侣共同应对困难；艺术家发展自己的天资等。不管背景如何，这些案例背后的思路都在于，在各种情势下关注持续的成长和发展，不要心怀畏惧，不能被击败，不会被困难和挑战打倒。这种有进步性学习方式的人与那些思维固定的人明显不同，固定思维的人会受到符合他们固定认识的情况的吸引，避免那些威胁个人认识的状况。但是，不要将发展的思维方式看作是对世界的过于乐观的认识，或是仅仅告诉自己能够完成了不起的事情。近期对大脑的研究证实，大脑的成长确实是来自学习的结果，人是通过努力才变得更聪明、更技艺精湛的，并在此过程中提升了自己的天资。成长的思维方式恰恰反映了上述关于学习的研究成果。

德韦克在研究中发现，大约有80%的人基本属于两种思维方式之一，二者人数基本相当，剩余20%的人基本介于二者之间。一个人的思维方式也会随着情境的不同而产生变化；比如，有些人认为个人的艺术能力是一成不变的，但是却认为自己的领导能力是不断发展的。

思维方式是塑造个人经验的有效利器，但是人们并非生而有之。通过与他人的互动，思维方式得到了培养，特别是在学习的情境中以及在此类情境下得到反馈和做出投入的影响下。通过在课堂上及从老师、导师和家长处得到的微妙信息，我们的思维方式得到了发展。想要看清一节课堂中是如何塑造发展思维方式或固定思维方式的，我们只需看看德韦克的个人成长经历："我在上六年级的时候，老师按照智商顺序给我们安排座位……尽管我在这方面表现不错，但还是会害怕落后，害怕犯了错误，或者表现无法达到预期的那样完美。"尽管按照智商排列座位看起来很极端，但是，如今很多学校都会按照不同级别来追踪学生，或按照学生的能力去安排座位。

老师和家长还会通过表扬及意见反馈向学习者暗示能力的本质。诸如"你太聪明了""你真是一个优秀的阅读者"以及"你真是太有才气了"之类的评价，尽管本意在于表扬和激励，但还是传递出一种信息，即一个人的能力定义了你这个人，而且这些都是作为一个人的固有的一面。如果一个人接受了自己仅仅是“一个优秀的阅读者”的定义，那么之后他就打开了一扇门，来接受自己“就是不擅长数学”之类的认识。相反，如果针对一个人的努力等可控的方面进行评价，则有利于发展型思维方式的培养，比如：“你确实在这上面下了力气，也有了成果！”“那项任务真的很难，但是你坚持住了，完成了部分工作。”“我注意到，随着你不断给自己施压，你的阅读能力越来越好了。”

在某项作业成绩不好时，固定思维方式的学生，更可能将作业揉作一团或藏起来，以此掩藏失败的证据，但他们藏匿的东西或许远不止于此。在一个基数很大的中学生研究样本中，德韦克和她的同事发现，当考试成绩很糟糕的时候，“固定思维的学生会说好的，他们会认真考虑要不要作弊”。德韦克提供证据证明，这种现象不仅仅是来自文化或世代的原因：“韩国一个电视节目重现了我们关于赞扬的研究，节目显示，在开始一项任务之前被称赞聪明的孩子和成人，与那些完成过程和努力的表现得到赞扬的人相比，在任务中作弊的几率明显更高。”在某些情况下，失败的连锁作用会传递得更远。经过反复的失败和挫折，有些固定思维方式的学生就会接受失败，并给自己打上“我不擅长数学”“我不会画画”“我从来都不擅长运动”的标签。

相反，虽然那些具备发展思维方式的学生也不喜欢坏消息或作业成绩不佳，但是这些很难击败他们。这些学生会请人讲解，会为未来寻求建议和反馈意见，会将学习看成一个持续的过程。这样一来，发展思维方式的学生就更容易关注学习而非工作，将挑战和问题看成学习和发展理解力的机会。在这些行为中，我们可以看到，此类学生具备我们探讨过的各种期望：具有学习导向、关注理解力培养、具备深度加工能力和学习者的独立性。综合来说，这五种信念集合为教师在课堂上的期望打下了基础，同时也是形成他们授课实践的行为指导理论的依据。

活动：培养利于学习的教学期望

● 评估5组信念。对于教育工作者而言，每一组信念集合都存在自然的对立关系，即或许从理性方面考虑，我们想要接纳每组信念中更具促进作用的一面，但是有时又会发现单一的期望很难实现。对你而言，每一组信念中的对立在何处？什么情况会造成对立的出现？你如何解决或减弱这些对立的状况？

● 搜集学生问题的数据。在下一周，特别注意你的学生提出的问题。这些问题是关于学习的还是关于工作的？每一堂课结束时，迅速统计一下，有多少问题是与工作相关的，有多少是与学习相关的。从这项信息来看，你设计的课程和课堂活动在学生中的接受程度如何？你如何提高学生对学习的关注？

● 关注学习。与学生互动，讨论工作和学习之间的区别。告诉学生，因为你的目标总是关注于学习，因此，他们在完成一项给定作业时，如果有不清楚的地方，应该让你知道。你一定要引入新类型的作业和任务，突出其目的以及你希望学生学习的知识。注意自己的语言以及“工作”“学习”这两种词语的使用。

● 识别关键的理解能力。对发展任何事物的切实理解都需要艰苦长效的努力。如果要你挑出三样事情，希望学生与你学习一年之后能够理解，你会挑哪几件？为什么这三样事情值得理解？理解这三样事情对未来的学习有什么帮助？

● 分析理解的经历。找出一个你觉得教授时最能培养学生理解力的的课程单元。分析这个单元的课程，准确找出哪些要素有助于构建学生的理解力。从“为理解而教学”四种要素的角度来探究这个单元的课程。

这些要素是不是很容易与你的备课计划相符？你该如何从该单元选取“行之有效的”部分，应用于其他单元的课程教学中？

• 在课堂中寻找深度和表层学习的情况。快速走访你所在学校的课堂，理清学生在课堂中所面对的期望。此举的目的不在于评估教学，而在于了解学生在处理加工深度时所面对的期望。简单观察一下课堂中对学生加工层次的要求。你可以选择一名学生，在你所在年级的多个课堂中抽样选取，或是针对某个院系进行研究。

• 在作业中寻找深度和表层学习的情况。或独自或与同事合作，搜集一周内某门课程中给学生布置的所有作业。浏览这些作业，确认每一项作业对学生加工层次的要求。有可能某一项作业既有表层加工要求，也有深层加工要求，但还是要尝试确认某项任务时相对的侧重点。

• 定义独立性及有利或阻碍其发展的状况，找出班上最独立的学生，他们有哪些行为，使你认为他们是独立的？将一张纸分为三栏，将此类行为清单列在中央一栏，左边一栏列出一些其他学生很难做到的行为，是什么阻碍了他们？右边一栏列出你做过或可以做的事情，促进中央一栏中列出的行为或为此提供机会。

• 探究学生的思维方式。请学生回答一个简单的问题：“你觉得自己什么时候最聪明？”答案如果与成果或对自身突出才能的证明相关（如“当我在考试中得到‘A+’的时候”或“当我第一个解答出问题的时候”），往往预示着学生是固定思维，而当答案关注过程和随着时间的成长时（如“当我完成某件下定决心要做的事情时”或“当我解决了某个特别难的问题时”），则预示着学生具有发展的思维方式。

• 培养学生的发展型思维方式。有很多资料可供学生接触发展的思维方式。比如，参照“大脑如肌肉”课程计划。通常此类课程关注大脑是如何因学习而成长的。可以在网上搜索“神经元如何工作”，找到这样一段视频。更详尽的教学资源可以在卡罗尔·德韦克的大脑学项目中找到。

CREATING
Cultures of
THINKING

第三章

语言：如何利用教学语言提高学习效果

语言：名词，指沟通的体系，群体用它来商讨约定俗成的意义，形成凝聚力和对想法、行为、行动的理解。作为一种文化塑造元素，语言能帮助我们引导注意力和行动。构成语言的文字和结构不仅具有明确的表面含义，同时还包含深层的关系和联想，并悄然塑造了思维，影响了行为。这就是语言的隐藏力量：巧妙传递一些能够塑造我们思考、自我意识和群体亲切感的信息。

几年前，在丽莎·福沃克的五年级课堂上，我拍摄了一段关于“观察—思考—探究”思维程序使用情况的视频。整个学年，丽莎都在使用这种程序，作为思维透明化实验项目的一部分，她主动要求在实践中证明这种程序，以便他人看到它的效果。当时我的关注点只在于活动本身，确保捕捉到这一程序的各个方面，以便帮助其他教师学习如何使用这种惯例。

利用19世纪末在一所美国学校礼堂拍摄的儿童照片，丽莎轻松、有效地为学生构建了模型，建立了这种程序。在她快速完成总体介绍之后，学生就开始利用这种程序，组队查看世界各地儿童照片的系列组图，同时进行交流。每一组儿童照片都突出了孩子可能经历的某种苦难或不公，并与《联合国儿童权利公约》联系起来。我跟着摄像师在教室里四处查看，欣然捕捉学生在程序的每一步中交流、分享思想的好镜头。在丽莎与配对的学生交流想法时，我们也捕捉了大量好镜头。这堂课非常顺畅，也很有成效。我知道可以用这堂课来有效展现“观察—思考—探究”程序的优点，离开丽莎的课堂时，我们非常满意能够拍摄到这样一堂干净、利落的课。然而，将这一小时长的课程录像资料剪辑成一段六分钟的视频之后，我们才认识到丽莎教学方法的真正力量。

是的，丽莎的备课工作做的很好。她选择的课程内容很好——提前精心选取了材料，课堂目标清晰，有利于更多学生的深入理解。然而，在剪辑的过程中，我们发现了另外一个层面的授课。我能够观察和回顾这堂课的每个方面，最终发现，愈发吸引我的并不是课堂本身，而是丽莎的语言，是她如何有效地引导学生学习和思考。尽管我知道，让自己印象深刻的是丽莎管理课堂时的游刃有余和学生的全神贯注，但是在细致观察了丽莎的语言后，我才真正开始理解，专家教师的这些能力是如何构建起来的。

这便是语言的作用。语言无处不在，它一直围绕着我们，但是我们却很少注意到语言的微妙之处和强大的力量。由于语言时刻都在，因此它在塑造我们的行为、交流、思考、注意力和感受的方式时，往往不能引起我们的注意。我们回顾丽莎的授课过程就能了解这一点。为了塑造学生，她举起19世纪末期的学生照片问："我们看到了什么？"学生辨别出照片中一些实在的事物，比如儿童、旗帜、桌子、站着的人、黑板等。之后丽莎会问全班学生："你们觉得照片里这些学生可能在做什么？"学生立刻开始提出各种可能："他们在唱歌。""或许他们在开全体大会。""或许他们在唱国歌，因为有国旗。"学生说出各种可能，互相启发思考，并与眼见的事物联系起来。这是很好的响应，很高的参与度，很好的集体意识构建，但是，语言在其中起到了什么作用呢？

当丽莎问"**我们**看到了什么？"的时候，她选择的代词"我们"向学生传递出一种微妙的信号，即这个群体在共同完成这个问题，这项活动是合作任务而不是竞争任务。学生据此做出响应，会发现在他人想法的基础上做起来要容易很多。当丽莎问"你们觉得这些学生**可能在**做什么？"时，她选择使用"可能在"而不是"正在"，由此暗示学生寻求不同的答案、可能性和选择，而不是试图明确图片中的活动。结果我们注意到，学生做出了开放式的响应。此外，学生还在他人想法的基础上建立起了个人想法，没有任何人抱怨说“这是我的想法！”由此，协作和集体精神得到了延续。

现在可以肯定的是，这些微妙的语言活动并非灵丹妙药，并不能瞬间将一群不守规矩的学生转变成优秀的、全神贯注的学生。在这堂课之前，丽莎的学生就已经熟悉了“观察—思考—探究”的程序，因此知道课上会出现什么。此外，他们也习惯协同工作。但是，我认为在此前的教学中，丽莎也会使用同样的语言活动。事实上，我敢保证她会的。在丽莎的课堂上旁听过几次后，我知道，在很多次课堂授课和指导中，她都使用了这种语言活动。我们在此看到的，并非词语选择的微小变化带来的巨大转变，而是意图和词语选择的长期清晰对应所展现出的强大力量，它培育了思考的文化。丽莎希望能吸引学生参与到积极意义的构建中，想要鼓励学生在彼此想法的基础上建立自己的想法；因此，选择“我们”这个代词恰好与这种意图相对应。同样的，丽莎力图避免学生在看到照片时过早下结论，希望能鼓励多样化的思考；她选择的词“可能在”恰好强化了这个目标。因此，我们作为教师和领导者的意图、信念、理念都在语言上得到了体现。与此同时，我们的语言也有助于塑造我们及学生的意图，这样一来，审视语言，努力驾驭其能量就变得有价值了。

词语选择并非语言起作用的唯一方式。语言是对话的媒介，因而也是有交互作用的。因此，我们也需要注意此类语言的使用。在学生两人一组学习的同时，丽莎在教室里巡视，并不是查看学生是否在做任务、完成学习工作，而是以一种推动集体理解的方式参与到学生的对话中。在下面一段文字记录中，丽莎加入了洪俊和亚历克斯两人的对话，二者正在看一些儿童被奴役从事体力劳动的图片：

洪俊：（指着）我想他也在做地毯。

亚历克斯：是啊，我敢肯定是这样。我觉得他在滚什么东西，也许是在上色。

丽莎：看起来好像有些线圈。

亚历克斯：是的，线圈。我看过一档电视节目，他们把一些木头工具放到地毯上，然后敲下去，地毯上就有了花纹。

丽莎：把线圈敲下去？

亚历克斯：是的。

丽莎：好的，你在这里写了（指着记录纸），“你看到孩子在工作”，“多数孩子都在制作某种东西”，“孩子看起来都不到15岁”。嗯，这些观察都很好。我同意你的说法，他们看起来和你的岁数差不多或是更小。（读着纸上的内容）“这些孩子看起来都不开心”。

亚历克斯：嗯，有几个孩子看起来不开心。

丽莎的互动性语言传递出了对学生思考的兴趣及对当前任务切实的参与。丽莎与学生交流他们在照片中的发现，共同探讨他们所做的解释。丽莎用学生自己的话给他们反馈，使学生有机会详尽阐释最初的想法，并做必要的修饰，恰如亚历克斯所做的补充：“嗯，有几个孩子看起来不开心。”尽管丽莎会插话补充，但是她会非常小心地不去主导一切。她轻而易举地用一种非评价性方式组织起了反馈意见，指出他们做的良好思考：“嗯，这些观察都很好。”丽莎又继续将谈话转向学生在记录纸上写下的观察和解释。

丽莎：（读着纸上的内容）“不知道这些孩子是否在为自己家工作。”如果他们不是在为自家干活，那么可能是在为谁工作？或许我应该问，你这句话的意思是什么？你说这些是想表达什么？

亚历克斯：比如，也许他们家很穷，需要钱，而他是家里的孩子中最强壮、最年长的一个，所以他也许会去工作。

丽莎：贴补家用。

亚历克斯：是的。

丽莎：好的。或者你有没有想过这可能是他父亲的企业？他在做自己家的工作。我们是不是应该分成这样两部分来看？所以“不知道这些孩子是否在为自己家工作，还是在贴补家用”。因为我看到你也这样说过。

丽莎：好极了，你们从这些照片中看到了很多。

在上述交流中，丽莎以学生写下的内容为出发点，请学生澄清几个问题：“你说这些是想要表达什么？”，由此再次表现出积极倾听的兴趣。想象一下“倾听的语言”似乎有些奇怪，但恰是通过回应性的语言，我们才向他人传递了自己听到的内容以及我们产生的疑惑、联想和可能做的事情。丽莎使用的语言向洪俊和亚历克斯明确表明，自己查看并非是为了纠正他们的应答，而是为了与他们共同实现更深入的理解。在接下来的一段对话中，这个过程更深入：

丽莎：下面这一句特别有趣；你说“我猜他们可能是孤儿”，是什么使你产生了这样的想法？

亚历克斯：他们看起来似乎没有家，还有他（指了指），看起来他好像住在那里。但是，我也说不太清楚。我们只是觉得，他们中有一些看起来好像无家可归。我的意思是说，比如这几个（指了指）——这五个——他们看起来好像有家可归。但是这三个，看起来有点儿……

丽莎：那么，你觉得这种想法的基础是什么？你们看着他们的时候，是什么使你认为他们有家可归的？

亚历克斯和洪俊：他们穿着衣服。

丽莎：对，他们穿着好衣服，是吗？他们看起来有精神。他们看起来干净。你们觉得是不是这些孩子的着装使你们认为……？

亚历克斯和洪俊：他们穿的是脏衣服。

丽莎：是，他们看起来也许没有得到太好的照顾？好，这个想法很有趣。你们觉得他们的父母是否健在？父母会让他们做这样的工作吗？

亚历克斯：如果他们非常穷，那么就很可能会。但是，如果他们有足够多的钱，那么就很可能不会。

在与洪俊和亚历克斯的每一次交流中，丽莎都会提一个问题，引导学生更深入地思考，促使他们探寻自身回应的证据和理由。这样一来，她就给了学生一种代入感，使其成为自身理解的引导者。第一回交流中，亚历克斯说：“我也说不太清楚。”然而，亚历克斯虽然不明就里，但是并没有就此打住，而是继续思考各种可能性，最终组织起一种解释，认为一个孩子的着装或许可以反映他的家庭经济状况的稳定性。在整个过程中，丽莎并没有告诉学生任何信息，也没有直接为他们提供任何新信息。相反，她耐心地引导他们的注意力，推动他们思考。同时还要注意，亚历克斯在交谈时使用了代词“我们”，说明他认可记录纸上的想法是大家共同的成果。

显然，考虑到我们在课堂中大量使用文字、语言和会话，有很多方面都需要注意。相关各领域都有大量研究，包括话语分析、对话分析、认知语言学、语言人类学、修辞批评、概念隐喻理论、沃尔夫理论等。上述每种领域的研究都提供了独特的框架、角度和工具，供研究人员理解语言的运作方式。我们可以从中吸收有益的方面，但同时也不过于依赖某一种理论，由此可以提炼出一系列关键的“语言活动”，能够帮助学校、课堂和组织创造思考文化的创造。这些“语言活动”包括：

- 思考的语言
- 群体的语言
- 身份的语言
- 主动性的语言
- 正念的语言
- 赞扬和反馈的语言
- 倾听的语言

在丽莎·福沃克的教学中，我们已经观察到其中几种语言活动的体现。现在我们将逐个深入探究每一种语言，同时引入其背后的一些理论和相关研究，以此更好地理解每种语言在具体环境中的运转方式，了解它们看起来和听起来的形式以及它能塑造个体和群体学习的原因。恰当的时候，我还将对比某一种特定的语言活动和它的对立活动，这不仅能帮助我们理解哪些语言应该使用，还能认识哪些类型的语言会产生副作用。

此处我们暂时不探讨课堂交流、会话和提问的作用。乍一看，这几个方面很自然地契合了关于语言作为文化力量的探讨，而且从很大的程度上来讲也确实如此。但是，在分析了课堂视频、音频、记录文本，更好地理解了老师的提问、学生的对话和课堂会话对文化的塑造之后，我意识到，这些组合更适合放在交流的文化力量下探讨，而且从某种程度上来说，这与时间要素也有所关联。因此，我将在后文探究这几个方面，并在探究时回顾对语言和时间的探讨。

用语言暗示培养学生的思考能力

我最初开始研究课堂文化时，对于语言促进学生思考的事实还比较敏感，对于思考语言的存在还有些谨慎。显然，思考词语，即用于描述你思考时所做事情或思考结果的词语，数量并不少。只需稍加留意，你就可以找出很多描述思考行动的具体词语：询问、产生、问题、疑问、推理、想象、探究等等。我的同事莎莉·狄希曼和大卫·珀金斯将我对于思考词汇的理解向前推进了一步，提出思考的语言可以按照如下几个方面分类：定义过程的词语（比如证明有理、检查、推理），定义产出的词语（比如一种假设、一个问题或一种判断）以及反应某人对一点知识或想法认知立场的词语（比如同意、怀疑、证实）。在课堂文化研究中，我在分析课堂语言时，除了采用这三种分类外还补充了另外一种：用于描述某人心理状态的词语（比如疑惑、敬畏、惊奇）。

对于课堂而言，这种思考的语言有助于引导行动，为调控我们的行为提供了一种工具。我们不仅希望学生“思考”刚刚读过的文本，我们还希望他们思考这些角色的其他可行行为，预测下一步可能发生什么，提出关于角色动机的问题等。在语言使用的过程中引导学生实现具体的认知行为，此举对于那些有精神专注困难的学生尤其有效。

此外，思考的语言有助于培养元认知，不管是从反思方面还是从计划方面来说都是如此。我们在思考自身思维的时候，不仅是在回顾自己所做的事情或思考的产出，而且还在审视我们使用或未曾使用的过程。具备思考的语言能够帮助我们识别这些过程并加以检查。然而，元认知不仅仅是回顾，它要求我们不断监控和引导个人思维。我们在阅读时，要监控自己的理解，当我们发现理解力下降时，就应慢下来，引导自己进行补救。比如，我们可以重读一遍并发现自己的问题在于词汇量不足，然后查字典找出某个出问题的词汇的含义。有时我们可以停下来，尝试将自己所读的内容与其他所学知识联系起来，从而解决疑惑。这种思维过程的引导过程之所以能够实现，是由于元策略知识的存在——我们可自由使用的关于思考策略的知识。掌握辨别思考过程的语言，这是将其用于实践的必要条件。如果我们不能点明思考过程的各个环节，就难以轻松有效地实现它。

那么，如何培养学生的思考语言呢？最主要的方法是，让他们处在有人使用这种语言的环境中。这是学习者获取任何新语言的方法，不管是母语还是其他本土语言，或是某种特定学科的语言，还是如医学、法律、计算机科学等某种特别技术专业领域的高度专业化语言。但是我们可以有更强的前瞻性和针对性，不仅仅是尝试使用思考的语言，为学生提供浸泡式的体验。经验证，这种方法的关键一步是注意学生在何时何地思考，特别是指明其思考的类型，教师、家长和导师可加以利用培养意识，引导注意力，强化过程。

这种实践方法是如何起作用的呢？首先，我们老师或群体领导者开始意识到自己希望强调和强化的方面。比如，在丽莎·福沃克的课堂上，“观察—思考—探究”程序要求学生仔细看，注意细节，认真观察，做出说明，建立解释，推理，生成替代想法，提供证据，做出联系，提出问题。让学生完成这些事情，这是使“观察—思考—探究”程序成为有效学习机会的关键。学生配对学习的时候，丽莎加入到各个小组中，观察捕捉进行了这种活动的学生。在丽莎与洪俊和亚历克斯的交流中，她做出这些评价：“好的，你在这里说（指着记录纸），‘你看到孩子在工作’，‘多数孩子都在制作某种东西’，‘孩子看起来都不到十五岁’。嗯，这些观察都很好。”她不仅仅告诉学生他们做得不错，而且用语言提醒并指明了他们做得好的某个特定方面：观察。

比起简单尝试使用更多的思考语言，提醒和指明是更为具体的思考语言的实践方法。这也将更有效地建立思考文化。为什么？因为要注意到某件事情，首先它必须进入我们的“雷达”范围。因此，我们要弄清楚，在某一具体课堂上，我们想要寻求哪种类型的思考。想要成功需要哪些类型的思考？我们想要强调什么？我们想要学生将注意力放在什么上？更深切地关注思考，辨别出学习所需，这能帮助我们成为反应更积极迅速的教师。在激活了教学“雷达”之后，我们就能更好地理解并提醒自己所追寻的效果，也能提醒自己何时何地这种效果会有所缺失。一旦缺失，我们就可以介入其中，提供协助，实现高效学习。当追寻的效果出现时，我们可以捕捉到学生当时的思考行为，并使这种行为在学生面前可视化。在课堂或群体中，这种交流建立起一种策略性叙述，强化了对思考的期望，培养了有助于个人的好胜心。

当然，我们也可以利用语言来提醒、指明、强化思考之外的事情，这种做法当然也是恰当的。一位老师也可以用语言让学生与同学协作学习，倾听指导或对自己的工作产生自豪感。所有这些行为都可以得到提醒、指明和强化。更重要的是要注意，不管你提醒和指明的是什么，同时也都在强化它。我们的行为传递了信息，说明了我们珍视什么。如果所有学生听到，我们提请注意的行为是保持安静、专注、完成作业、不要说话或是不能犯错，那么他们就了解到，这些行为是最重要的。相反的是，我们想要确保学生将注意力投入到学习群体和思考文化相关的行为、实践上。

用语言信号建立合作共赢的班级关系

如果你走进丽莎·福沃克的课堂，就能清晰地感受到，这是一个学习的群体，一群人专心致志，以一种协作的方式共同学习，互相学习，而不是互相竞争。仔细听师生的对话，你就会发现，“我们”和“我们的”使用非常频繁。比如下面这个例子，在学生看过各自的一系列照片之后，丽莎召集学生回来：

丽莎：同学们，感谢你们能安静地坐下。接下来，我们将做这样一件事：你们将带上照片、记录纸和“儿童权利”（讲义）。带上这三张纸，坐到黑板前。我们要试试从这些照片中能得出什么结论，你们也将有机会看一看彼此的照片。

起初，丽莎用了“你们”这个代词来表扬学生，然后明确指示了他们接下来要做的事情，这样学生就能辨别出个人需要努力的方向。接下来，她转而使用“我们”这个代词。这种用词的转变说明，接下来的一项工作是协作完成的，并向学生传递出信号，丽莎也将参与到完成这项新任务。要注意，她还明确指出学生需要做的思考：“我们要试试从这些照片中能得出什么结论”。

在上一段会话中，我们可以看到，丽莎的关注点落在每个孩子的活动上，以此引导和推动学生。之后，她又转而使用代词“我们”，预示着她的注意力转移到了作为一个集体的群体上，由此暗示学生跟上她的节奏。在此要特别强调一点：在集体活动时，几乎所有老师偶尔都会使用“我们”这个词。然而，“我们明天开始讲第六章”和“我们将找出关联”二者之间是有不同的，前者指明每个人的一般行为都将转移，后者则指明老师在与群体共同思考和学习。从创造学习型社群的角度讲，“我们”不仅要求老师成为活动的主导者，还要求我们在这项活动的学习过程中成为参与者。

尽管我们倾向于认为，口头和书面交流由帮助我们表达想法的名词、动词、形容词和副词等实词主导，但是潘尼贝克却指出，其实虚词的实际应用比例要比想象中高很多（在我们的言语和写作中占大约30%）。更值得注意的是，大脑对虚词的处理也不同于实词。关于大脑损伤的研究显示，大脑额叶的布洛卡氏区用于处理虚词，而大脑这一区域也恰恰控制着我们的社交技能。这是有道理可寻的，因为虚词依赖于社交联系和共同理解，同时也是我们的关系和关联性的指示器。当说话者提及“这个”或“那个”、“他”或“她”的时候，倾听者必须要共享同样的指向或联系，这样才能理解说话者所讲的内容。

在结束这个话题之前，我们最后再探讨关于代词的一点：我们还会使用代词指代课堂之外的人。你多久会注意到，自己在问学生这样的问题：“你认为**他们**是怎样理解问题7的？”或“在这个问题中，他们会寻求怎样的答案？”这种代词的使用有一种潜在的问题，将匿名的局外人引入到课堂群体中，阻断了学生的学习，它将学习的控制权甩到课堂、教师和学生之外。我认为将关注点放到学习者身上会更有效果：“你认为这个问题背后的主要观点是什么？”“你认为什么答案更适合这个问题？”

尼克·菲奥里认为，这个问题在数学课堂上尤为突出，因为它将控制权置于课堂之外。菲奥里断言：“将一个主题的控制权交给一群没有姓名的朋友，这肯定是不健康的。”不给学生明确说明引述的人是哪些，就不可能建立联系。在学科学习中，如果置身事外，甚至不知道哪些主要人物对学科有所贡献，那么就很难建立起与这种学科的亲密关系。在此我们要建立群体，不能使用无恰当指向的代词，而应该与真实的人物及其贡献联系起来。

全局式教学法：用语言环境打破考试的局限

在《全局学习法》中，大卫·珀金斯找出了多数学校教学的主要问题：我们在教授一门课程时，倾向于从它的要素、片段、主题等方面入手，而不是让学生参与到实在的活动中，比如历史、数学、科学或其他任何学科的"全局式游戏"。珀金斯将这种倾向称作"事实学习"。我们向学生传授关于某一学科的知识，而不是吸引学生融入其中。

尽管有重重阻碍，我还是看到，全球各地的专家教师正在奋勇抵抗这种事实学习的顽疾。这些教师帮助学生明白，自己并非一个学科的局外人而是局中人。他们不仅帮助学生见识了珀金斯所谓的全局，还使他们参与到全局游戏中。这也就意味着，他们不再只是学习历史，而是成为历史学家；不只是学习科学，而是成为科学家；不仅是学习文学评论，而是成为文学评论家。对他们来说，此类思考文化课堂有一种真实感，学习变成了可感知的。

身份的语言是避免事实学习的一种工具，可以帮助学生以某领域一份子的身份见识全局。数十年来，读写教育早已容纳了身份的语言，很自然地按照课程要求将学生称作读者、作者、作家、诗人。这种语言帮助学生进入这些角色，让他们不仅能学到一些基础知识，而且能切实参与在此领域尤为重要的思考和关键过程。学生参与到全局游戏中，虽然有时仅仅是很初级的，但这样一来，我们就能在课堂中使用身份语言向学生传递信息，要求他们采用某种实用的思考方式。

思考下述两种方式，设计同一堂动手实践科学课：(1)"今天我们将学习化学反应”和（2）“今天我们要当一回科学家，探究不同环境下的化学反应”。作为学习者，其中一种设计是否使你感觉更消极？其中一种课程设计是否能激发更积极的反应，所要求的思维过程也很不同？其中一种课程设计是不是比另一种更能令人兴奋？你认为，每一种课程设计下教师和学生各起了怎样的作用？如果我们认可课程设计和安排是有效教学的重要方面，那么我还是认为第二种设计更好。

虽然语言的使用并非魔法，学生不会因为我们在那一天称呼他们为数学家，就一夜之间变成了数学家。但我们的语言传递了意图，暗示了行为。当我们意识到，真正理解一个学科不仅要学习它的内容知识，还要了解它的过程和思考方式时，自然而然地，我们就能够创造机会，培养这些能力。同样，自然而然地，我们会希望学生也担当这种角色，而我们的语言也会随之变化。这样，学生就会希望这门课程的一大内容是为了掌握该课程的思考能力和过程，而不仅仅是为了考试。

在使用身份语言时，我们不仅将学生置于一个特定的角色，要求他们展现一系列特定的行为和操作方式，同时还默默摒弃了其他角色。尤其是，我们摒弃了教师作为信息传递者、学生作为被动接受者的角色。打破这种传统将是一种挑战，很多学生可能会反抗，要求老师“正确教学”或填鸭式传授考试必要的信息。但打破这种传统有一个必要的步骤，就是要学生畅想，要他们担当新的角色。这其中不仅包括以课程为基础的角色（科学家、艺术家、历史学家等），还包括以过程为基础的角色（思考者、研究者、数据搜集者、分析员、评论员、宣传者、发明家等）。

用积极的语言提高学生的主动性

如果我们认同主动性是21世纪教育的一项重要目标，那么我们就需要了解培养主动性的同时，哪些方面得到了真正发展。主动性（有些社会学和心理学研究者将其称作“能动性”）的一个关键方面是，有能力依靠自身智慧和事业心选择、引导活动。这要求我们将对世界的认识看作一系列可以引导和影响的行动，而不能孤立开来或与自身分离。在培养主动性的过程中，一个人看到的世界对其行为有所响应。这种引导和影响包括找出可能的行动、权衡自身潜力、引导注意力、理解因果关系和设定目标等。简而言之，它要求学习有策略性和计划性。

语言与主动性的培养有什么关系呢？我们成年人——领导者、教师或导师——在与学习者交流及对他们提问的过程中，可以利用语言引导学习者的注意力。利用这种方式，老师可以帮助学生辨别、权衡、计划自己潜在的行动。

我们的语言可以引导学生将注意力投入到采用的策略及其结果上，不管学生是否立即注意到这些。诸如“告诉我你刚才做了什么”“你计划怎样解决这件事？”和“下一步你要怎么做？”等简单的质询，可以引导学习者辨别策略并加以明确。丽莎·福沃克的问题“是什么使你产生了这样的想法？”或是更常使用的“你为什么要这么说？”，引导学生看清了自己的推理过程，使他们的思考变得可视化。这样一来，学生就能看到，想法不是突然涌入头脑中的，而是受到个人推理过程的控制、影响和塑造。同样，成年人可以利用语言设计场景，建立明确的因果联系和可能的突发事件。丽莎就创造过这种场景，比如她问亚历克斯和洪俊“你们觉得他们的父母是否健在？父母会让他们做这样的工作吗？”丽莎设计了这个假设的问题，向学生展现了如何查看一些状况对结果可能产生的影响。

麦克劳克林、厄比和兰格曼在对青少年参与群体组织的研究中，探究了青少年加入此类群体过程中语言的变化。这种环境下的研究对于主动性的培养有非常特别的指导意义，因为青少年认为，这些群体组织对他们个人有吸引力。此类群体，比如艺术或戏剧社、男孩女孩俱乐部和运动队等，提供了一种环境，在这里动机、方向、活动和目标往往主要由参与的青少年决定，而不是成年人导师决定的。这种现实世界背景下，参与者往往是自愿的，活动都是自主决定的，因此可以提供一种场所，在此个人可以期望主动性的发展，而现实也确实如此。这项研究表明，参与活动之后的三四周内，学生的语言发生了巨大变化，从无重点、消极、防御性且有时怀着失败主义论调的语言，转变为有计划性、策略性和主动性为主的语言。对于希斯而言，这些语言上的变化，反映了学生在参与活动时的所学以及从成人导师身上习得的内容。我们来深入探究一下这些变化。

首先，学生开始使用假设语言和声明，比如“如果我们这样做，那么……”或“嗯，我们假定这是真的……然后会发生什么？”或“如果我们把钱花在食物上，那么还能剩下多少钱用来买所需的补给？”这种语言有两方面作用：显然它给这些个体和整个群体带来了积极的主动性，另一方面也能应对他们行为的可能结果。对于主动性来说，这两方面都很关键。希斯发现的第二种语言转变是情态动词的使用增多——即“将要”“能够”或“应该”（英语中是“would”“could”“should”）的使用：“我们能够这么做吗？”“这样做行吗？”“我们是不是应该想想别的方法？”这些情态动词表明，学生辨别出了用于思考的多种选项，而且对这些选项进行了权衡。这种情态语言反映了一种可能性思考的发展。

研究中发现了另外两种语言变化，与学生对群体和大世界的参与意识相关。特别值得一提的是，学生开始询问其他成员，希望能得到更明晰的解释。这些解释使他们能够全面理解并权衡这些行为的结果。“好的，你的意思是说如果我们这么做，就会……？”最后，学生使用的语言开始反映他人的角度和语言，比如董事会成员、商业领袖、政府官员、记者或其他有影响力的个体。“如果我们租下大厅，是否需要政府签发许可？”

想要确定我们是使用了主动性和独立性的语言，而不是为学生解围使其更加依靠我们的语言，有一种方法是自问：“谁在思考？”回顾丽莎课堂上的一些语言片段，我们发现，每一个例子中，丽莎的话都保证了学生自己思考。作为教育工作者、家长和导师，我们的目标是鼓励学生成长为思考者，同时使他们将自己看成思考者、计划者和实践者。

用引导的语言提高教学的开放性

语言能否使我们变得更加警觉、审慎和灵活？大量研究表明是可以的。令人惊讶的是，这种语言虽然精微，但对我们的思考影响却是巨大的。特别是留有解释空间的语言和能够留下哪怕一点点含糊意义的语言，它们能够使我们的头脑处于开放状态，避免过早闭合，让我们能追寻可能性，倾听他人提供的信息。丽莎 · 福沃克开始上课的时候，只是简单地问了一句：“你们觉得这些学生可能在做什么？”“可能在”（称作条件语言）这个词的使用向大脑传递出了一点精微的线索，这不一定有确定的答案，但可以大胆推测。由此，丽莎的学生就提出了对照片的多种解释，而不是过早下结论。与之相对，丽莎也可以问“照片里的学生正在做什么？”“正在”（绝对语言）这个词的使用则传递出一种与预期相悖的信息，这样一来学生就必须找到那个正确的解释。

条件词语能够保持大脑的开放和灵活力量，这一认识出现在二十多年前，由艾伦 · 兰格在一项具有开创性的正念研究中发现。正念被定义为一种开放、灵活的状态，在这种状态下，新的类别和可能性更易产生。在早期研究中，兰格致力于探究各种类型的环境暗示，或能引导人们变得更开放、更审慎的行为，或使人们变得更机械、僵硬、无脑的行为。在一项早期研究中，兰格设计了一项实验，在与实验者一起工作的房间里，实验对象发现了一块橡胶物件。在其中一些实验对象面前，实验者称他们面前这个物件“可能”是狗的磨牙玩具（条件语言），而对另外一些实验对象则说这“是”狗的磨牙玩具（绝对语言）。之后，实验者将这个物件放到一旁，开始与实验对象交谈，用铅笔写下他们的应答。某一时刻，实验者称她写错了，需要擦掉写下的内容。当这种情况发生时，和另外一组相比，听过条件语言的实验对象（这个物件可能是狗的磨牙玩具）更可能考虑将橡胶物件当橡皮用。听说这个物件可能是狗的磨牙玩具，实验对象仍然能够保持思维的开放性，一旦情况发生改变，就会考虑换一种新的方式使用这个物件。相反，将物件打上明确的标签则会造成认知的闭合。

现在设想你在一间教室里，一位同学作出了一个绝对陈述，但你却并不赞同，这位同学的话可能会使对话终止。相反，当某人用条件语言表达观点时，在对话中补充你自己的想法就会容易很多。事实上，在“环球思维文化项目”中，我们看到，当老师开始专注于培养学生成为思考者，并使其思想可视化之后，在学生的语言中，这种转变开始自然而然地体现了出来。学生很快就意识到，老师不希望他们努力猜正确答案，而是希望他们能够协作理解复杂问题，构建自己的观点。随着老师示范条件语言的使用，学生也开始用上了条件语言。

此刻你或许会暗自思忖：“对，但是有些事情就是绝对的，还是有对错之分。”现实确实如此，只不过没有我们有时想的那么准确。比如，解决问题的方法往往有很多，而并非只有一种选择。在冒险比赛的例子中，有些道路可能是对的，有些可能是错的。有些时候，队伍之前可能确实到过相同的地方。在此关键的一点在于，使用条件语言的团队能够更好地找到正确的答案，解决迷路的困境，因为他们能够更好地汇总信息，并加以权衡，决定最佳应对方法。条件语言并不意味着要放弃答案，而是放弃过早结束寻找答案的过程。研究人员发现，条件语言的使用能够鼓励人们更具批判性地思考，而不是简单地接受被告知的内容。

通过赞扬和反馈帮助学生进步

几乎在所有的课堂中，你都可能听到老师在授课中时常蹦出赞扬的话语："干得漂亮""做的好""好极了""完全正确""没问题""完美""棒极了"。然而，这些话语或许并不能完善我们的思考。正如研究人员哈里斯和罗森塔尔所指出的，"此类反馈对学生并非有益的；结果对孩子可能不会有什么影响，仅仅是让他们知道自己的答案是对还是错"。另外有人更进一步，称这些词语的使用对学习会有负面影响。芭芭拉·拉里维声称："教师的表扬阻碍了自由表达，造成了对老师的依赖，它推崇一致性，限定学生用取悦他人的能力来衡量自身价值"。当然，恰恰因为同样的原因，希望课堂井井有条的人也将表扬看作一种有效的控制机制。

卡罗尔·德韦克认为，"赞扬与学生对个人智力水平的看法有错综复杂的关系"，因此赞扬某人的能力可能会带来一段时间的自豪感，但最终却会妨害学习。她在大量研究中发现，如果表扬是针对个人的，比如"你真聪明"或"你很擅长这个"，结果可能会固化学生对智力的认识，而不是鼓励了其成长的心态（参见第2章）。德韦克认为，针对个人努力和行为的赞扬——比如"你真的很努力"或"我看得出来你竭尽了全力"——更可能激励持续学习、勇于冒险和迎接挑战的精神。因此，教育工作者需要认真思考，我们赞扬的到底是什么以及为什么赞扬。

哈里斯和罗森塔尔强调，赞扬并非反馈。其中部分原因在于，赞扬包含的信息通常不足。"干得漂亮"很难给人更多的线索去探究。真正的反馈要求我们的用词有指导作用，为学习者提供与眼前学习任务直接相关的信息。此外，这些信息必须能够接收，并具有可操作性，能够指导未来的学习。这就要求，我们的评价要理清已经完成的任务以及需要改进的地方，然后给出指导，帮助学生做出改进。如果我们的话语达不到这样的效果，那么我们的评价可能更像评估而不是反馈。

当然，好的反馈是以具体情境为基础的，对学习者和眼前的任务都有很强的针对性。不过，从现有研究中我们可以提炼一些通用策略，用于塑造反馈的语言。比如，语言要具体，要有描述性并能提供信息，这样才能告诉学习者哪些做得对，未来要继续保持，同时指出他们或许可以采用不同做法的地方。在完成“观察—思考—探究”的程序后，丽莎对安德鲁和米兰达的评价就具备这些特点：“你们观察这些照片得出的结果很好。我能看出来，你们真的在努力寻找照片中情境出现的原因。而且我很喜欢你们利用已有知识、已知事物的方法，利用那些或许是从电视或新闻报道里了解到的信息。”

之后，丽莎引导他们将注意力转移到下一项任务上，又一次强调思考的重要性：“现在你们可以翻过照片，看看这些照片中到底发生了什么。了解真相后，你们要对照下半边（指着记录纸的下半边），对照这些权利，好吗？看看哪些权利得到了尊重，哪些权利被忽视。是什么原因让你这样说？”

注意，丽莎最开始对全体提出了表扬，肯定了学生的努力，“你们观察这些照片得出的结果很好”，但很快转向了具体的方面。她提醒并指明了他们所做的思考（“努力找出照片中情境出现的原因”），接着又指明了几个特定的举动（“利用你们已掌握的知识”）。随后，丽莎将学生已完成的任务与下一个学习任务联系起来：“现在你们可以翻过照片……”所有这些都使用真诚的语调来表达，证明丽莎真正注意到了学生所做的事情以及他们下一步学习需要进行的方面。

用倾听的语言维护教学的长期效果

我最近做了一次演讲，由一群来自澳大利亚一所大学的研究生发起。这个群体的领导者是一名精力旺盛的年轻女子，她全身心投入在校园推行伟大思想的事业中。她的努力和奉献为当地教育工作者和教师带来了非常丰富的职业培训经历。我的演讲有很强的交流性，演讲之后，她问我："我很喜欢你讲的内容，但真正令我惊讶的是你倾听他人的方式。在教学的时候，我觉得这样做非常难。你是怎么做到的？"

我想，很多新老师，或许甚至有些老教师都不太擅长倾听，但倾听是一种表达对他人想法的尊重和兴趣的有效方式。这意味着我们要暂停自己的话，给学生时间和空间表达自己的想法。与此同时，还有一些特别的技能和行为可供我们学习。在宣扬我们每个人都应培养的重要习惯时，史蒂芬·柯维使"首先寻求理解，然后被理解"这个句子变得家喻户晓。这种情感捕捉到了倾听者惯用的一种语言活动：澄清。好的倾听者会问一些真切的问题，澄清一些点，揭开所有可能在这种情境下出现的假设，明确说话者的意图。为了核实自己的理解，好的倾听者可能还会复述说话者所说的话，请说话者核实他们是否正确把握了自己的观点。

一旦理清了一切，就可以根据背景和目标采取一系列行动。比如，一位教师或领导者可能想要将所说内容与其他人的观点或其他探讨过的想法联系到一起。这些联系有助于将各种想法连结在一起，组成对话，而不是仅仅汇集不同说话者毫无关联的陈述。对于在群体中扮演学习促进者角色的人来说，穿针引线都很重要，因为这样有助于创造连贯性，推动学习日程前进。这种连结要求我们倾听说话者头脑中或许尚未完全组织好的关键想法、问题和对事件的表达。通过提醒和指明这些想法，我们为群体做出了强调，并由此推动进一步的探讨。

最终，我们通过倾听促进了对话。在探究交流的文化力量时，我们将进一步探讨课堂对话和演说，但现在有必要再强调几点能帮助形成讨论，且与倾听相关的语言活动。其中一种举动就是挑战提出的想法，并非是从正确与否或精确性的角度，而是从探究的角度展开。此外，我们还可以通过邀请他人加入，进一步推进讨论。

避免不利语言的烦恼：让课堂语言与教学目的相匹配

在本章中，我们看过很多用于支持学习和创建思考文化的语言。然而，我们探讨的这7类语言并非课堂和组织中仅有的语言。还有信任的语言，强调与他人互相支持和相互联系，互相协作实现共同的目标。还有指导的语言，用于指导学生的活动。这种语言关注准确性、明晰性和简洁性，以便我们理解。还有责任的语言，这种语言与主动性语言相似，将我们置于行动的中心，使我们成为代理人而不是受害者。还有构架的语言，用于应对老师或领导者构架的任务，进而影响任务完成者完成任务的方式。还有比喻的语言，展现并塑造了我们关于议题、事件、概念和问题的思考。此外，我们甚至都没有提及肢体语言，这是在课堂上展开论述和对话经常使用的语言，我们将在第八章详谈。

显然，这些可能的语言活动还可以扩展。这项研究令人着迷，因为语言无处不在，几乎塑造了我们与他人所有的交流。我们必须审视语言的使用，看清所传递的情绪和意图是不是自己内心真正的期望。有时，简单的语言调整很容易，比如开始提醒和指明思考。还有一些时候则更难，比如学着控制或避免对学生并无助益的泛泛赞扬，或者是在专注于某一堂课、某一特定内容时学习使用倾听的语言。此外，在现实中监控我们的语言可能很困难。很多语言结构早已内化于心，我们几乎不会注意它们的存在。更加注意我们的语言，努力使它与我们的意图相匹配，这是前进的第一步。

活动：成为课堂语言的熟练使用者

- 提高对你当前使用的语言活动的关注。或许可以给一两堂课录音，然后听一听，找出某种特定的语言活动。你使用的代词是哪些类的？你是否使用了思考的语言？你是否使用了促进讨论的条件语言？等等。或者，请一位或几位信任的同事旁听你的课，做记录员。选择不超过两种语言活动，请他们专注记录，避免过重的负担。

- 倾听学生。他们做陈述时用的是条件语言还是绝对语言？如果他们使用绝对语言，就用条件语言调整他们的话。比如，如果一名学生说“我认为答案是×”，你就可以这样说“杰奎因认为答案或许是×。我们还可以考虑哪些其他可能性？”以此重新架构语言。

- 备课时，列出你希望学生实践的关键思考活动。（参见第一章，有关于几种思考类型的描述）。课前读一读这个清单，选出最重要的思考类型，并加以提醒和指明。

- 用书写的方式练习赞扬和反馈的语言。开始写评价的时候，要指明某一件学生做得很好的事情，并提及一到两件学生下一步要做的事情。在评价结尾写出另一种积极陈述，可以是关于成长、进步及你注意到或希望看到的努力。

- 成为一名更好的倾听者，尝试不去预设他人将要说的话，或自认为理解了他们的意图。在评价前或进一步推进讨论前，至少问一个澄清问题。如果没有想到其他点，可以试试“你是怎么想到这么说的？”这个问题是一个很好的方法，可以了解更多说话者的想法及其形成的过程。

- 要检查你是培养了主动性还是发展了依赖性，可以在与学生交流时问自己一个问题“谁在思考？”如果你发现大部分思考都是自己完成的，就要承认现实，说一些类似下面的话：“抱歉。我感觉好像都是我在思考，这意味着我成为了学习的那个人。我想要你学习。现在我退后，给你们机会告诉我你们的想法、计划和感受。”

- 列一个清单，写出你希望学生踏入教室时所扮演的各种角色。你的清单开头可以是与学科相关的角色，比如科学家、作家、历史学家或艺术家。以此为起点，找出学生可能担当的次级角色，比如编辑、数据收集员、分析员、评论家等。将这个清单张贴在教室里，提醒自己在构架课程和活动时要使用不同身份的不同语言。

CREATING
Cultures of
THINKING

第四章

时间：如何合理利用教学时间，获得最大收益

时间，名词，可看作一种“容器”，它装着可测量的片段，可用来分配或使用，以完成我们的任务。或者也可看作一种实体，借由它，我们可以回忆，梳理，理解自己的经历。还可以看成一个可以计量的维度，我们的经历在这个维度上展开，因此才能说“时光飞逝”“忘了时间”等表现时间数量的话。作为塑造文化的力量，我们要理解时间不同类型的意义。通过梳理事件、构建时刻和反思行为，在各种学习场景间搭建桥梁，来创造一种和谐统一。最后，我们制造、维持、利用全神贯注的时间片段的能力，决定了我们能否为学习和思考提供必要的精力。

这是开学后的第三周，学期初忙着适应新时间表、新老师、新学生和新学年的狂乱日子刚刚过去。学生们努力去适应一组新老师的规矩和风格，尽量达到新功课的要求，但还没有完全习惯这些变化。虽然面临很多新变化，但内森·阿姆斯特朗带的12年级的班级里却充斥着一种坚定的方向感和浓厚的集体专注力。虽然所有老师都努力在一开始就创造一种适合学习的好环境，但内森能够善用他自己和学生的时间，从容应对12年级老师经常面临的特殊问题，这让我感到十分振奋。

对于内森的学生以及全澳大利亚的12年级学生来说，这一年的主题就是备考学年末决定未来的重要考试。这一年，不管是学生还是老师，都感觉压力巨大，谁都不敢偷懒或放松。学生们知道，考试的成绩的好坏将决定他们能否进入心仪的大学。同时，老师们也知道，学生、家长和学校领导都会以他们的学生在考试中取得的分数来评价他们的表现。但是在内森·阿姆斯特朗的教室里，我们看不见这种竞争压力，看不见力求在激烈考试中脱颖而出的迫切，没有全力以赴、紧张备考的氛围，也没有拼命用知识填满学生脑袋的紧张气氛，取而代之的是轻松但专注的氛围。内森究竟是如何做到的？他看待时间的方法究竟有何不同，以至于给他自己和学生都减轻了许多压力？在对他进行了为期一天的观察后，我有了一些答案。

在上第三节课前，内森准备了一条2010年格莱美奖颁奖典礼上女歌手平克演唱《星光闪耀》的视频。当学生进入教室时，视频就在教室前方的白板上像背景音乐一样小声地播放着。内森在教室内到处走动，散发课堂材料，跟进入教室的学生打招呼。我注意到，跟每个学生打完招呼后，他都会马上问一个问题，他问一个学生周末过得怎么样，问另一个学生最近都听什么音乐，问第三个学生体育活动的情况。当学生注意到平克的视频时，内森问道："你们看过这个视频吗？"内森告诉我，每周五他都会给学生发一个视频链接，要求他们在星期一上课前观看。我很好奇内森该怎么让《星光闪耀》和《女人心》联系起来呢?《女人心》是澳大利亚当代剧作家路易·诺拉的作品，讲的是一群精神病院的病人上演莫扎特歌剧《女人心，皆如此》的故事。学生们不久前读了书，现在正在分析这部作品。

在内森的课堂上，和学生的互动与他的备课内容并不是分离的，而是其重要的组成部分。这可不光是充分利用时间和提高效率那么简单，这是要把重要的事情放在首位。花心思培养和学生之间的关系，这是优秀教学的重中之重，而且必须在一开始就处理好。在这件事情上，老师不能拖延，因为一旦错过了关键期，想要再培养和学生的联系就晚了。内森也为学生创造了一种独特的体验，让他们在进入他的课堂时，有时间调试身心，可以与他和同学互动，并为即将开始的新课提高注意力。他的举动看似简单，却让学生知道了他对课堂的全身心投入。学生能看到他做的准备，并能感受到他对每个人的重视。他们准备好了，可以开始学习了。

教室里装点着学生们之前的成果。窗户上贴着剧中角色的图片，图片周围贴满了来自那本书中的话。一面墙上贴着玛雅·安吉罗的照片和她的名言："我意识到，人们会忘记你说的话、你做的事，但他们不会忘记你带给他们的感觉。”桌椅被分成六部分，方便按照开学时分好的六个学习小组进行活动。学生进入教室时，会快速找到他们小组的座位坐下。这种桌椅的布置方式从一个侧面体现了内森的合作式课堂教学法。同时这也是节约时间的一个办法，因为学生一进来就知道自己要坐哪儿，并且知道怎样在没有内森帮助和指导的情况下作为一个团队来工作。

小组同时也是和缺席学生沟通课堂内容的一个途径，缺席的学生可以询问小组队友，而小组队友也可以负责为缺席学生收集讲义和相关信息。当最后一个学生进入教室时，内森冲他喊道：“艾萨克，能帮我关一下门吗？”紧接着内森就开始上课了，他先回顾了一下课堂上教师和学生各自的角色，而不是之前学习的《女人心》的内容。他在屏幕上快速展示了一组图片。第一张图片里，一个老师站在教室的最前面，眼前是一群黑压压的学生。“图片上是什么？”他一边问一边在学生中间走动。“做讲座。”一个学生答道。“我不在课堂上给你们做讲座。如果我确实有信息要告诉你们，我会写在黑板上，让你们看视频，或者给你们发讲义。”第二张图片是一个大勺子，学生马上异口同声答道：“填鸭式教育。”内森问道，“这是我的工作吗？”教室里立刻响起“不是”的合奏。内森点点头，然后补充道：“我也不会让你们像这样学习。”

虽然这不是内森第一次告诉学生，他不会给他们做讲座或像填鸭子一样猛灌考试知识，但值得注意的是，这个姿态不仅体现了内森的教学风格，同时也代表了一种对时间的崭新思考。从传统上来说，教室是一个向学生灌输信息和内容的场所。内森可没说内容不重要或是可有可无，他只是表示自己不会利用课堂时间来传播信息和内容，而是通过其他渠道来实现这一目的，这样一来，宝贵的课堂时间就可以用来从事其他活动了。内森接下来向学生展示的几张图片揭示了他的课堂的实际情形。

“这又是什么？”内森指着屏幕上一张跳伞运动员的图片向学生发问，“这跟学习有什么关系？上面的人是我吗？”一个学生答道：“是我们大家。我们必须勇于承担风险，要有冒险精神。”“要尝试新事物，就算再吓人也不怕。”另一个学生补充说。“我也是这么想的，”内森紧接着说，“作为老师，不能老是按部就班、循规蹈矩。我也要勇于冒险。”下一张图片是电影版《绿野仙踪》里的好女巫格林达。“我为什么要放这张图片呢？”内森问。“嗯，因为你是一个神仙教母？”

内森咯咯笑着问：“你们谁看过《绿野仙踪》？”只有少数几只手举了起来。“好吧，你们的作业就是，如果还没看就赶紧看一遍。看过的人来说说，为什么格林达是一个好老师呢？”“因为你必须不断学习，”一个学生说，“因为她允许桃乐茜犯错误。”在继续之前，内森环视教室后问学生们是否想要看这部电影。学生们纷纷点头，内森说，“我们课后找个时间吧，或者哪天的午餐时间也可以。”

这种关于学习是什么的教学和讨论虽然花了几分钟时间，但花的却很值得，就像某种投资一样。内森希望学生能理解他的行为，并了解自己希望他们扮演的积极主动的角色。他知道在过去，学生们接触过其他的教学方式，也有不少填鸭教育的例子，但他希望自己的新学生能够改变对课堂的期待。通过强调学习的重要性，并且明确指出学习应该是什么样的、应该如何开展，内森降低了学生对即将到来的大考的焦虑。他让他们放心，只要专注学习，就能充分准备、从容应试。

内森按一下遥控，收起了平克的视频，然后开始发出指令：“你们桌上都放着《星光闪耀》的歌词。你们周末都看过这个视频，平克在格莱美上真是大放异彩，现在我要你们想想：这跟《女人心》有什么关系？”他随后解释了活动形式：“我会再放一次视频，刚好是五分钟的时间，看完之后，每个人都要在小组里分享自己的想法。”

就是这样简单，一段话，短短三个句子，一分钟说了这么几十个字，学生们就准备就绪，进入学习状态了：分析、建立联系、构建解释，并寻找具体行为和活动背后的隐喻。内森使用时间的方式使这种简洁成为可能。他在第一节课就提醒学生会有邮件，之后，他通过发给学生的邮件来为学生的思考活动做准备，并给他们的课堂探索提供引子。他的几句简单指令也不过是重新强调了一下学生本来就知道的信息。歌词也不是新信息，只不过为了使用方便而打印出来罢了。

当学生开始独立工作时，内森绕着圈子在教室里走动，这里一耳朵那里一耳朵地听着学生间的对话。学生可以毫不忌讳地提出问题或分享他们刚刚成形的想法。坐在前排的一个女生提出，她正在想那首歌副歌里的“啦啦啦”，她觉得这么简单的东西说不定有深层次的寓意。“她是怎么唱啦啦啦的？”内森问。“非常伤感。”女孩回答。“啊，说不定你要找的线索就在语气里面。”内森说。“有点像失恋的感觉。”女孩接着说。“那她在想什么呢？”内森试探地问。“回忆。”女孩说，满脸兴奋，然后开始写下她的想法。视频结束了，内森示意学生在组内分享想法和发现，并且尽量尝试把每一句歌词都跟《女人心》联系起来。

“让我们以小组的形式来讨论这个问题，”内森宣布说。学生们一抬头，他就解释说，“我没有什么标准答案可以给你们，你们需要倾听彼此的想法。最后，你们还要想想，这些想法跟你自己的想法有什么联系，在哪些方面扩展了你的想法；在哪些方面，我们的讨论又对你的想法构成了挑战，以至于你会觉得，可能要进一步学习才能更深刻地理解《女人心》以及里面的人物和主题。”他接着说，“我对你们觉得困难的地方最感兴趣，因为如果你们没有任何不懂的地方，我们还上什么课，倒不如干脆做课后习题得了。”在这里，内森再一次用简单的指令让学生知道接下来将发生什么，让学生专注于学习而不是完成功课，强调产生理解而不是获得知识。

学生们一行接着一行地研究歌词，一边找出可能的联系，一边又提出心里的疑问。“你相信自己仅用双手就能照顾好爱人吗？闭上眼睛，用心去相信，去相信吧。”内森读出头两行歌词。金妮说：“路易斯信心大增了。”内森顿了顿，评论道，“说的好。”麦克斯举手补充说，“当他们在一片漆黑的剧院里时，他们信任彼此，他们有种互诉衷肠的感觉。”“观察得很仔细。”内森评论道，然后读出下一行：“你有没有向空中抛出过满满一手的闪光片？”

“路易斯就是那只手，闪光片就是他的病人。他要让他们获得自由。”山姆说。梅根回应说：“就好像你做某件事情，原因仅仅是因为你能，而且机会就在那儿。路易斯是很严肃的，但是为了演话剧，他豁出去了。”讨论还在持续着，显然，他们并不在乎所谓的正确答案，学生们关注的是创建有意义的关联，从而帮助他们更好地理解文本，而不仅仅是回答一些阅读理解题。

在讨论了足足二十分钟后，内森把学生们的注意力集中到桌上的另外一张纸上。“我还发了一张上头写着‘联系—扩展—挑战’的纸。”内森宣布，“我希望你们想想我们刚才关于《星光闪耀》歌词的讨论。”他接着解释了记录纸的作用：“在纸上写下你心中歌词和《女人心》之间最显然的联系。然后把注意力转移到刚才的讨论，它在哪些方面扩展了你对这部话剧和里面人物的看法。最后，”内森总结道，“写下你在理解文本的过程中产生的疑问或面临的挑战。”

课堂结束后，我注意到，内森和学生之间的个人对话又开始了。学生问候他，给他讲故事，与他分享一些经历，并告诉他一些他可能不想错过的有趣活动。

整整一堂课的时间，内森的学生都十分专注地学习。学生以团队的方式学习，因此可以汲取彼此的好点子，并且每个人都能参与课堂活动，你想一个人安静地坐着都不行。刚上课时，用于回归师生角色的五分钟可能不算“专注学习”本身，但它为学生的学习行为做了铺垫和预设，因而可以说是一笔聪明审慎的时间投资，为后续的学习活动奠定了基础。

虽然内森的课堂让我激动不已，但更让我惊奇的是当天内森接下来的“个人反馈环节”。从教学的第二年开始，内森开始在每周课后与他12年级的学生见面，给他们每个人单独讲评他们的写作作业。学期刚开始的几周，内森就安排好了与每个学生见面的时间，课前、课后、午餐时间、自由活动课，甚至就连放学后的时间都不放过。而这样有规律的见面时间就自然成为学生各自交作业的最后期限了，学生会带着写作作业来，内森就当着他们的面点评并给分。学生会做笔记或用手机记录“个人反馈环节”的情况，然后会拿到下一篇作业的题目。内森的每一次作业都有明确的训练目标。

一开始听说内森的“个人反馈环节”时，我的第一个想法是，他哪儿来的时间呢？诚然，随着他教的12年级班级数的增加，内森也不得不在原先安排的基础上稍作改动。比如，他现在是每两周安排一轮“个人反馈环节”，而原先的一对一指导也不得不变成一对二了。即便如此，还是需要很多时间。在设计这个系统的时候，内森仔细考虑了他现在使用时间的情况。他用时间投入和成果产生之间的比值来衡量这个活动的效果。同时，他也考虑自己的精力管理，而不仅仅是时间的分配。很少有老师会觉得，带一大沓作业回家批改是一件令人神清气爽的事情。相比之下，内森更愿意多花一些时间去了解学生。此外，感觉自己的努力得到欣赏，而且能够为学生提供实在的帮助，这本身就是一件令人振奋的事情。

内森解释说：“给学生写的作业评语，他们真的会看吗？他们能理解我的意思吗？他们知道如何进一步改善吗？这是我对于作业批改的一些疑问。因此我创造了‘个人反馈环节’系统，就是为了能更真实、更有效地给学生反馈。”他也坦承他在时间分配上的一些调整：“虽然许多教员反映‘个人反馈环节’‘非常耗时’，白天挤不出时间，但实际上最终‘个人反馈环节’是帮我们节省时间的。因为我不需要把12年级学生的作业带回家！”最后，他提炼了一下他想要向学生传达的关于学习的看法：“我用自己私下的时间来辅导学生，这让他们知道，我相信这些作业对他们大有好处，因而值得他们花时间和精力去完成。我在他们身上花了时间，他们知道我愿意把自己的时间投资在他们的学习上，但前提是，他们自己必须愿意花时间学习。”

当我在一旁看着内森和希凡进行他们本学年第一次“个人反馈环节”的时候，我清楚地看到了师生关系的发展、对个人目标的支持和以学生为中心的教学方式。一开始，内森就问希凡这个学期的选课情况和她未来的目标。当她表示她的兴趣在艺术和摄影上时，内森评论：“那么，下次带你的作品来我们的“个人反馈环节”吧，我很想看看你的作品。”然后，他问她觉得英语课怎么样，她回答：“有趣，但也挺有挑战性。我觉得自己不太有条理，经常觉得不知道怎么下笔。”

内森试着问：“你具体是指什么呢？”

希凡解释说：“就是把脑子里的想法写下来。”

内森回答：“不要太着急，一步一步来。到第7周的时候，我保证你就能分析露丝（《女人心》剧中角色）这个角色了。”希凡接着又说她不知道怎么引用，内森立刻回答：“课上我们会讲这个问题的。”

接着，内森向希凡解释了“个人反馈环节”的形式：“每次我们见面时，我都会带上一个档案袋，你的写作作业和其他材料我都会放在里面。所以你打印写作作业的时候，记得给我也打印一份。“个人反馈环节”结束的时候，我会给你布置新的作业。至于每次作业的截止日期嘛，在我们见面之前做好就是了，很容易记住吧。如果到时候你没做好作业，那我们就只能大眼瞪小眼了。”紧接着，他们就开始处理第一次的写作作业，那就是分析《女人心》中露丝这个角色。

手里拿着铅笔，内森开始默默阅读希凡的作文，偶尔会停下，发出关于用词方面的评论，同时也会把意见写在纸上。“作文中用词非常重要，不要老是重复用一个词。你看看，这里还可以用别的什么词？”希凡想出几个替代词，内森接着读："我注意到你经常用人名做句子的开头，如果一篇长文章都是这样的句子，会容易让读者感到疲倦。我们一起回顾一下复杂句型吧，去年你学过复合句式吧？”希凡摇摇头。“真的没有吗？”内森再次确认，然后说道，“那也没关系。我们可以好好说说这个问题。要不了多久，你闭着眼睛都能写复合句式了。你如果看新闻，就会注意到新闻节目主持人都是用复合句式开头的。”

内森一边继续读，一边不时评论：“这个引用非常顺畅，就像爵士乐一样。嗯，这里的例证用得很好。嗯，这里的讽刺也用得很好。”读了一会儿后，内森评论说：“哦，看看这儿，你写道‘露丝是一个顽固的现实主义者’，这是什么意思呢？”希凡弱弱地说：“其实，我也不知道。”内森会意地笑了笑，然后回应说：“我知道，所以我才问的。我想告诉你的是，不要‘偷’别人的话。我们仔细瞧瞧，这不过是花里胡哨的话罢了。”然后，他们两人聊了聊露丝对于细节、真相和活在当下的执着。

内森一字一句地看着剩下的作文，用嘴和笔头做评论，他们两人也一起讨论一些观点。内森经常在作文上标注一些问题，比如复合句式、用词等，但却不急着处理。因为这是希凡的第一次“个人反馈环节”，两人的对话要持续一节课的时间。随着学期的深入，见面时间也会根据内容和需要相应地变化，但今天是第一次，内森的目标就是认识希凡（一名学校的新生），制定目标和确立规矩。

结束的时候，内森和希凡都觉的很振奋，希凡更是有一种信任和释然的感觉。虽然在写作的时候还是有点拘谨，但希凡现在知道内森会帮助她提高。在自己的文章里评价“个人反馈环节”和自己与学生的互动时，内森说明了为什么他相信这种做法的有效性，他写道：“人们都希望感到安全，被周围的人支持、肯定，并有机会发挥自己的潜能。我发现

‘个人反馈环节’能够实现这些需求，而且一年多以来，学生们更愿意挑战自己的思考能力，并在学习中承担更多风险，与此同时，他们也能获得支持和鼓励”。

跟内森相处了一天，我和他探讨了对于教学的看法，他十分看重通过互动和创造学习机会来发展师生之间的关系，这令我印象深刻。这是优秀教学的重要方面，我在后面的章节会再讲述。但让我觉得收获最大的，同时也最具颠覆性的，是内森对于时间的独特思考。

简单回顾内森的做法，我们可以提炼几点关于时间的态度和方法，它们能够帮助我们在学校、课堂和其他机构内创建思考文化：

- 认识到时间体现了你的理念
- 学会以学习为中心和重点
- 为思考腾出时间
- 投资时间，从而获得更多时间
- 管理精力，而不是时间

我们已经看到这些原则如何支撑了内森的教学，并塑造了个体和团体的学习风格。接下来我们要更深入地探讨这些原则，并且了解一些新的研究成果，从而更好地理解这些原则是如何帮助我们善用时间，并从时间的奴隶翻身成为时间的主人。在我们的探索中，我会分析在争取更多时间的时候，我们经常面临的紧张和冲突。然而，我并不能承诺有什么灵丹妙药能一下就化解当今社会施加给我们个人和学校的压力。在接下来的讨论中，我会提供一些认识时间、思考时间的角度和方法，让我们在利用时间这一文化塑造力的征途上，能够走得更踏实，也能更积极主动。

毕业班案例分析：让时间分配体现你的教学理念

有人说，如果要了解任何机构、团体、家庭或个人的理念，你只需要看两件事情：他们的钱是怎么花的，还有时间是怎么分配的。跟踪内森一天后，我清楚地看到，他十分看重师生之间的情谊和教室里的家庭氛围。他舍得在这些事情上花时间，特别是在刚开学的时候，更是不计成本。说到课堂教学，他花费大量的时间讨论，而不是展示知识和信息。而且，讨论的核心在于用这首歌的歌词加深学生对于《女人心》文本的理解，通过精细阅读、创建关联及证据推论来达到这个目的。

值得注意的是，内森不仅仅是"给出发言的时间"；高效讨论包含很多特定的部分，内森都为这些部分留出了时间，它们串联后就能得到想要的结果了。这些部分体现了对良好课堂讨论内涵的深刻理解。对于内森来说，让所有人都能参与讨论，并都能有所贡献，这才是课堂讨论的题中之义。因此，从一开始他就给学生时间进行准备，因为不是所有的学生都可以随叫随答，所以才需要提供准备时间。此外，有准备时间，学生所给回答的质量也能相应提高一些。其次，内森也给了一些组内小规模讨论的时间。这让更多学生可以参与讨论、畅所欲言，并能帮助学生间形成团队默契。这样的安排使内森可以提问那些比较内向和后进的学生："你们小组都分享了什么观点呢？"最后，内森会保证听取每个小组的发言，并且让小组之间进行互动和交流。

当然，内森并没有一股脑儿地把课堂上的每一秒钟都安排好。他只是依照自己的理念来安排课堂时间。他对于时间的分配源自他对教学的目的和机制的理解，而他对于教学的理解则深刻体现了他的教学重点和教育观，这一切塑造了他的行为。正如史蒂芬·柯维在他的第一本时间管理著作《要事第一》里所说的，"看法带来做法；做法带来活法。"柯维说，如果想要不同的结果，我们不应该从改变行为开始，而是该先改变视角和思维方式以及我们看待世界的方法。

然而现实中，老师们并不是事先规划好时间的分配方式的，而是经常临时做决定：我还要让这个讨论再继续一会儿吗？我该讲下一个点了吧，还有三个点没讲呢！“但是，等等。”你可能要说，“我要按照教学计划表走呀，我必须帮助他们准备考试呀，一堂课的时间实在太短了。我很想让他们讨论、探索、培养默契，但是，实在没有时间呀！”这些压力都是真实的。并且，我们对自己分配时间的方式不满意，这也是十分合理的。但关键是，我们的选择，即便是那些我们不满意的选择，也会向学生传达自己对于课堂重心的理解。不管我们是否希望如此，时间的分配都在塑造课堂的文化。

要打破应该做的和正在做的两者间的矛盾，我们需要重新回到理念上，并且后退一步，思考什么才是头等要务。因此，我们需要重新审视自己关于教学目的和机制的固有观念，看看我们都有怎样的指导原则。如果我们认为教书就是灌输知识，而学习也不过是死记硬背，那么我们就会把时间花在这些事情上。如果我们认为完成课表和保持课堂肃静是教学的要务，我们也会在这些事情上投入更多的时间和精力。

高效教学计划安排：始终将学习放在首位

内森的课堂有一个显著特点，就是将大量时间用作“学术专注时间”“学术学习时间”或“互动教学时间”。叫法可能很多，指的都是学生主动专注学习的时间，而不是坐等学习发生或游离于学习环节之外。学生之间的互动、专注时间的长短和学习结果的联系十分紧密，这似乎是显而易见的。然而，对学生的研究发现，和互动学习相比，学生的课堂时间更容易花在非互动活动上——听课、做笔记、做课后习题等。同样的，初级阅读课程也常常被非阅读活动占据，比如写作业。

保罗·克利普斯是蒙大拿州一所中学的科学老师，有一天他突然意识到，自己滔滔不绝的习惯实际上侵占了学生互动学习的时间。现在呢，他在上课时会给自己定8分钟的计时，绝不允许自己一个人说话超过这个限度。这只是确保更多互动学习时间的一个策略。你可能也听过一些别的方法，因为这些方法总能与优质教学相联系，其中就包括尽量减少干扰，确立一般任务的规矩，帮助学生更积极地反馈，关注显性目标，给予反馈，使教学与学生能力和需求相匹配（反馈式教学），鼓励独立自主等。

这些策略都有助于增加互动学习时间。然而，确保学生专注学习的最有效方法并不是什么特定策略，而是换个角度重新思考时间。当我们以让学生专注学习为重心的时候，时间分配的问题就从“作为一名老师，我如何利用有限的课堂时间来实现自己的教学目标”转变为“我如何帮助学生在有限时间内进行最有效的学习”。首先，这种视角的转变让我们把重心从教师转向学生。其次，它让我们重新调整对于时间的认知，让我们从围着课表转——在突发状况、需求和压力上分心——转向以安排要务为中心。而对于老师来说，头等要务就是学生的学习。

这种视角的转变当然不容易。学校是一个充满待办事项的世界，有数不清的要完成的任务、要实现的目标和测验截止日期，我们总是觉得紧张焦虑。我们经常发现，一上课自己就说“我们今天必须……”，因为还有没完成的重要教学任务。要打破这种紧迫感，我们必须整理出几条能帮助自己安排时间的基本原则。通过审视对教学的本质、机制和目的的理解，你自己的原则就会慢慢浮现。下列问题可能帮助这个进程的启动。

- 你希望在跟学生相处一年后，他们带走什么“残留物”？
- 如果你只能教学生六周，什么是你最希望学生能了解的事情？
- 回顾你过去的教学经历，是否有一段时间，你知道全班学生都专注学习而且以学习为乐。当时的感觉和经历是什么样的？
- 如果你能挥一挥魔法棒，让学生获得一个让他们成为高效学习者的工具，你会选择给他们什么？

- 回顾一下过去你认真了解一样新鲜事物的经历。为了加深理解，你都做了什么？
- 回顾你做学生的时候，是否有下课铃声响起，但你却意犹未尽的时刻。当时课堂上到底发生了什么，以至于你下课后仍然若有所思？
- 想想去年你课上学生的学习情况，你希望能有更多时间做的一件或两件事情是什么？
- 回顾你自己的教学经历，你觉得最能激励学习、创造专注和促进深度讨论的因素是什么？

你对这些问题的答案可能揭示了你对教学的基本看法和理解。在你的教学中，你必须把时间给这些元素，而不是仅仅让他们成为你的教学背景音或者一些可有可无的东西，必须让它们成为教学的核心。

最能体现"要事第一"原则的经典寓言故事大概就是"大石块"了。一位哲学教授希望学生能够成为生活的主人，把时间花在最重要的事情上。一天，他一开课就给学生做了一个展示。当学生走入大讲堂的时候，他在自己身前的桌上摆了一个一加仑容积的空玻璃罐子。然后他开始往里面装拳头大小的石块，他十分仔细地摆放它们，让玻璃罐子尽可能多地装下石块。接着他问班上的学生，这个罐子是否已经满了。学生们回答"是的"。

教授伸手从桌子底下拿出一个装着鹅卵石的容器，开始往罐子里加鹅卵石。他一边放鹅卵石，一边摇动罐子，这样就能装下尽可能多的鹅卵石。他再次问学生罐子是否满了，学生们再一次回答"是的"，虽然这次很多人的声音不像刚才那样确信。教授再次伸手到桌子底下，这次他拿出一罐沙子。在把沙子灌入玻璃罐子后，他再次问学生罐子是否满了。学生们都笑了，虽然大概知道了教授的招数，也还是不确定他下一步会拿出什么东西来。教授再次伸手到桌子底下，这次他拿出一个装着水的容器，然后把水倒进了玻璃罐子。

教授继而解释了这个示范的用意。许多学生一开始以为，教授的意思是说你总能在自己的生活里塞下更多的东西，这与教授的用意可谓大相径庭。这个玻璃罐子代表你的生活，而这些大石头就是我们所珍视并对我们意义重大的事情。只有先把大石头装进去，我们才能把其他必须做的事情也装进去，自有一些空隙和边角来容纳它们。相反，如果我们一开始就往罐子里装入水、沙子和鹅卵石，空间马上就被占满了，我们就很难再往里面塞大石块了。

在创造思考的文化的时候，有一些关键原则——即我们的大石块——我们必须保证在学校和课堂上留给它们足够的时间：

- 学习是思考的结果
- 训练和反馈能推动学习并创造好的势头
- 只有在受到挑战，尝试用新的方式突破自己的时候，我们才能真正地学习，才能做到原本在我们能力之外的事情。

在教学上当然还有许多别的重要原则，上面三点很难全部概括。但它们是我们以及其他人在开展“创造思考文化”项目时最倚重的原则。重要的是，你必须自己建一个这样的清单，最好短到你能时刻记在心上，成为你的大石块。这些必须成为你的第一要务，每节课你都要给这些活动留出空间。

在学校层面，一大要务就是为学校里的成年人创造一种专业化的文化。在“思考文化”小组，我们的一个口号就是“要想为学生创造思考文化的课堂，就要先为老师创造思考文化的学校。”在学校里，老师的时间非常容易被学校的琐事占据，比如做计划、安排外出、写报告、执行政策和赶截止日期等。学校领导必须把专业学习时间当作重中之重，当作一块他们要首先放入罐子的大石块。不然，各种琐事就会迅速侵占本该用来学习和交流的时间。同样的，在团队、部门和机构会议上，也应该先处理大石块。

健康的课堂设计：给思考留一些时间

虽然，要理解这些大石块以及它们对学生学习的重要性，我们必须认真审视它们之中的每一个；但对于创建思考的文化而言，有一块特别巨大的石块，我想重点分析一下，那就是“学习是思考的结果”。在第一章，我首次提到这点，这是我们想要向学生传达的学习故事中的一条关键信息。现在我们来看一下，我们分配时间的方式是如何向学生传达“学习是思考的结果”这一理念的。

初步印象、观点和已知信息的回顾都不需要多少时间，但时间是思考的必要配料。复杂的认知过程以及缜密、深刻或创造性的反应都需要时间。虽然的确有研究证明，只要够专注，而且事态紧急，人们就可以顶着压力发挥创造性，比如当初阿波罗13号空气过滤系统故障，机组人员生命危在旦夕，美国宇航局在几个小时内就制定出了简单但有效的解决方案。但大部分时候，时间压力会降低创造性反应。当给思考一些时间的时候，我们实际上是发出了一种信号，那就是我们追求的是原创性的想法，而不是已知的答案。

关于时间和思考问题，最经典的研究来自于玛丽 · 巴德 · 罗伊20世纪60年代开始的关于教师等待时间的研究。罗伊面临的最大挑战是，教师们给出的一般等待时间简直短到难以测量，连秒表都测量不到。必须用专门的电脑程序才能测量课堂录音磁带中暂停的时间。她发现的基准值是，老师提出问题后一般只等待不到1秒就马上点名学生回答问题。罗伊称其为“等待时间A”。学生停止作答不超过1秒，老师就会马上反馈、评论并点名下一个学生回答问题。这个时间被称为“等待时间B”。其他研究者发现，在不同科目、年级，甚至不同文化间，这个短暂的时间大概都是一致的。可以想见，这么短的等待时间，学生不足以准备一个缜密复杂的答案或者为其答案做更多说明。在这样的课堂上，学生学会了玩“猜猜老师想要的是什么答案”的游戏，以此获得老师更多的时间和关注，并且在学习与死记硬背之间划上了约等号。

当罗伊注意到，她研究的一些初级和二级科学课的节奏跟她观察到的常态不同时，重大突破就出现了。在这些课堂上，等待时间A和等待时间B都在3到5秒之间，而不是一般的1秒以内。她论证说，哪怕是这样微不足道的几秒的变化都能改变课堂对话的动态，因为学生有更多的时间思考了——“复杂思考系统的发展需要大量的共同经历和对话。只有通过讲述我们的经历和观察，论证经历的意义和启示，我们的观点才能增加，才能变得精细，并最终产生出新的问题和进一步的探索。”

罗伊用20多年的时间研究了等待时间（包括等待时间A和等待时间B）对学生的影响。她发现长于3秒的等待时间会带来以下现象：

- 学生回答的长度增加，比一般情况下增加300%到700%。而等待时间B的增加，能够有效增加学生对自己答案的阐述。
- 更多的论证和推理。事实上，等待时间增加后，这是普遍现象。
- 探讨可能性的假设性思考增加。
- 学生提问的数量和类型都有所增加。在一般情况下，学生大多提一些程序性问题。等待时间增加后，学生提问的数量增加，而且问题变得越来越有实质性。
- 学生更多地倾听其他学生的回答，并更多地在别人回答的基础上进行发挥。这点受等待时间B的影响尤其明显。
- 学生的参与度更高，信心也更足了，回答“我不知道”和为获得老师认可而给出试探性答案的次数降低。
- 学生的写作成绩明显提高，因为写作需要复杂的认知能力，并且需要认真缜密的思考。

对于不能置身现场的读者们来说，要通过几行文字去体会那几秒等待时间对学生专注力和思考行为的影响，几乎是不可能的。然而，在内森的课堂上，我们可以清楚观察并明确记录等待时间增加所产生的诸多好处，这在前面已经提到了。最直观的就是，学生的回答更加完整和丰富了，而不是掐头去尾的简单答案；学生回答问题时也更加自信和肯定，而不是试探性地猜测老师的心思。参与度大大提升，而且学生们互相借鉴发挥彼此的观点，课堂互动的方式也明显改变了。其结果是，我们看到课堂不再是老师和学生之间打乒乓球一样的你问我答型互动。在内森的课堂上，我们看到实实在在的讨论，学生参与热情极高，讨论激烈，并不时借鉴发扬彼此的观点。课堂变得像一场篮球赛，每个球员都有机会碰到球，而不是简单地和老师之间来回互动。除了前面提到的这些好处外，提供更多的等待时间也改变了师生之间的互动方式和老师提问的类型，我们将会在第八章进一步讨论。

在罗伊研究的基础上，斯塔尔提出了“思考时间”的概念，以此强调课堂上的重点任务，即思考，同时也涵盖了提问后等待时间之外的其他时间。例如，思考时间包括任何“独立不间断的安静时间，借此学生和老师可以有时间进行信息处理、情绪反应、口头反馈等行为”。与等待时间不同的是，思考时间并不一定是像3秒或5秒这样的短暂时间。理想的思考时间应该“能最有效地帮助所有学生完成特定情况下的认知任务”。思考时间包含等待时间，还包含“暂停时间”，这指的是学生接受信息或在回答前分析情况的时间，此外还有完成任务的时间以及使其他学生可以加入对话的回答后等待时间。

思考时间还可以包括为思考问题留出的时间、讨论的准备时间。在让学生展开就《星光闪耀》和《女人心》之间联系的讨论前，内森给了他们5分钟时间。这让学生们在进行小组讨论之前，有时间整理思路并形成新的观点。请注意，内森准确地告诉了他们具体有多少时间，然后用播放5分钟时长视频的方法来计时。在我的研究中，我经常看到老师们跟学生说会给他们多少时间准备或进行活动，但实际上使用的时间却不同。

老师在时间上的言行不一会导致学生低效使用时间或者干脆早早停止活动，因为他们不清楚究竟有多少时间。

提高教学效率：为有效活动合理投入时间

当我们觉得时间不够的时候，我们总是想方设法变得更加高效，在有限的时间内尽可能地做更多的事情，产生更多的成果。然而，对效率的追求并不总能带来我们想要的结果。思考时间的研究恰恰能证明，为什么有时候追求效率反而会妨碍学习。我们必须质疑学校、机构乃至社会上认为做得越快、越多就越好的假设。现在，越来越多的研究开始挑战这种假设，这在一心多用问题上尤其明显。

虽然大脑可以轻松进行两件不太相关的活动，比如边跑步边听音乐，或边熨衣服边看电视，但当进行稍微复杂一些的脑力活动的时候，比如处理信息或者集中注意力时，大脑就必须在多项活动之间切换，而这会让大脑疲倦，因为必须拾起前面活动的线索才能切换回该活动。在这种反复中，信息会遗失，错误会频出。事实上，有研究表明，在被打扰的情况下，完成同一个任务需要的时间要多出50%，而出错率也会高50%。

一心多用非常有诱惑力，研究表明，8至18岁学生中，1/3在做作业的时候会同时做别的事情，而80%的大学生会在课堂上使用社交网络，学校必须认真对待这个问题。研究表明，一心多用，或者更确切地说应该是“注意力分配”，对于记忆力的影响是非常严重的。对于记忆来说，最重要的是新信息处理的过程。如果在这个阶段注意力被分散，记住的信息就不完整，或者根本就记不住。

虽然效率和效果并不是同义词，但从长期来看，对效果的追求几乎总能带来效率的提升。内森在学年初的行动就体现了这点，通过树立规矩，确定学习目标，使用学习小组的方式，内森把学生的专注学习时间最大化，而且使其成为自己教学时间的一部分。内森并不觉得自己花在培养课堂集体意识和塑造课堂文化上的精力与时间是浪费，他觉得这是一种投资，随着学年的进展，巨大的收益会慢慢浮现。用开学初的几天树立规矩，培养集体意识，创建对话模式，关注重要观点并设立理解的目标，这是倡导思考文化的学校的普遍做法。千真万确，我们必须照着这些做法立即行动，不能再拖了。如果要获得长期成功，老师们必须一开始就投资时间来创造一种重视思考、倡导思考的文化氛围。

这种一开始就投资时间，保证以后获得更高效率的做法也同样体现在内森“个人反馈环节”的设计中。在他教学生涯的早期，内森仔细反思了给学生反馈的方法，那就是在作文上写评论并给出分数。大部分英语老师都是这么做的，但他觉得这是一种非常低效的做法。他花了很多时间，透支了许多精力，却无法知道学生是否会认真阅读他的评语，更别提在他的建议的基础上提高写作水平了。但是通过在“个人反馈环节”上投资时间，特别是在学年初期，内森就能帮助学生设定目标，变得更加独立，在写作上挑战能力极限，尝试更多风险，最终学会自我评价，从而确保长期的高效率。多年来，无数的证据表明，内森的教学方法是卓有成效的。在实行“个人反馈环节”前，内森学生的优秀率，即“学习成绩”超过维多利亚教育证书要求的40分，在全州前10%中占到20%，跟他所在学校的其他英语老师无异。但在实行“个人反馈环节”系统的第一年以及之后的每一年，内森学生的优秀率超过了50%。在一所开放式入学，且学生随机分配到各班级的非重点私立学校中，这实属不易。

教学管理成功的关键：调节教师的精力分配

你是否有过这样的经历，当你走进一间教室、一所学校或其他机构的时候，马上就觉得里面的人压力都很大？有时，组内成员自己就会承认说：“我们现在就觉得压力很大。”“我们现在事情太多，忙不过来。”“现在不能再接别的任务了，大伙儿压力都很大呢。”甚至有时，我们以这样的压力为荣，觉得有压力显得我们敬业、专注、不可或缺。虽然压力的成因多种多样，但常常都和时间问题有内在联系，也就是说，在紧张的时间内要应付太多的工作。结果就是，我们经常以为可以通过管理时间来管理我们的压力。

然而，时间管理对于压力管理的作用十分有限。可以说，压力巨大的感受其实是资源枯竭的表现，这里的资源包括体力、智力、情绪或精神力量。因此，要应对压力，其实应该先管理好精力。虽然一天中的时间是固定不变的，但人一天中的精力却是可再生的。

在讨论管理精力、为精力充电以及利用身体自然节奏的方法之前，我想要指出压力，尤其是大范围的集体压力，绝对不是思考文化的特征之一，反而可能是思考文化缺失的结果。在本书的引言里，我曾要求你想想过去在一个充满思考文化的群体里生活、工作的经历。在这样的群体里，个人以及团队的思考清晰可见，并且得到重视和提倡，思考是每个成员每天的常态。我要求你分析，是哪些做法塑造和维系了这样的文化。我还要求你回忆在这样的群体里是什么感受。如果你再回忆一遍这些问题，我想你大概不会用压力这个字眼来描述自己的经历，你更有可能会感到精力充沛、热情洋溢、心情舒畅。虽然，你可能也感受到挑战，被推着前进或承担着巨大的责任，但大部分时候，你也感受到支持并且有能力应对挑战。因此，压力是思考文化缺失的一个重要标志，表明我们的目标和方向被一堆迫切的任务所代替。那我们现在要问的就是，在充满思考文化的群体里，人们如何避免这种压力巨大、不堪重负的感觉？他们是怎么利用时间培养出一种思考文化的？

史蒂芬·柯维创造了一个时间管理模型，把人类活动分成四类。在水平方向的轴线上，他写上“紧迫性”，从左到右紧迫性递减。纵向的轴线上是“重要性”，从上到下重要性递减。一横一竖，分出四个象限：

（1）紧急且重要；（2）不紧急但重要；（3）紧急但不重要；（4）既不紧急也不重要。柯维把第二个象限命名为“优质象限”，在这个象限里，我们做计划，在自己和他人身上投资，预测可能出现的问题，学习新鲜事物，承担风险，当然还有进行创造活动。他说，“增加在这个象限内所花的时间能够提高我们的行动力。忽略这个象限，就会强化第一象限，压力增加，精力枯竭，并给深陷此中的人制造更多的深层危机。”回顾我们对内森·阿姆斯特朗教学方式的观察，他所有的活动几乎都在优质象限里，在这里我们放置大石块，在这里我们投资时间以创造更多时间，在这里我们精力充沛而不是心力憔悴。

从精力支出、精力收获和精力恢复的角度来思考问题，可以让我们重新思考每天做的事情，进而重新思考我们的生活。在《全神贯注的力量》里，作者吉姆·洛尔和托尼·施瓦茨鼓励读者思考两个关键问题：“我现在是怎样使用自己的精力的？我该怎样使用精力以符合自己内心真实的理念呢？”这些都是实用、重要的宏观问题，涉及我们的理念和优先事项。要更清楚地理解精力管理和时间管理的区别，下面的练习非常有帮助。接下来的一个星期，在每天晚上睡觉前回顾一天的精力支出情况。首先，列出一个一天中重要活动的单子。你并不需要参照自己的日程表，也不需要做到100%准确。回顾一天的事情能帮助你更好地评价这一天。看看你眼前的这份单子，用以下三种方法标注单子上的活动：

绿色：“做完活动，我觉得神清气爽。投入的精力，给我带来收获。这个时间花得值。”

黄色：“对我来说，不好不坏吧，既没有觉得让我精疲力尽，也没有让我感觉神清气爽。”

红色：“这活动简直是能量吸血鬼。我不得不强撑着才做完。要是能像看视频一样快进就好了。”

回顾并评价日常活动一周后，检查你的色彩分布情况。什么颜色最多？占比最大的颜色是否符合当天睡前的精力水平？一周中占比最大的颜色是否符合那周的总体精力水平？我们的长期目标就是，使每天活动中让我们觉得精神舒爽的活动比让我们筋疲力尽的多。许多研究表明，这样的活动对我们的生活大有好处。霍华德·加德纳的研究团队发现，“善用时间”的价值是所有人都认可的，而且对于创造个人满足感来说十分关键。虽然他的研究没有直接把“善用时间”和精力管理相联系，但我们不难看出其中的关联。相似的还包括马修·科林沃斯关于幸福的研究，他发现，生活中人们有40%的时间希望能够快进，这意味着总体而言，我们对于自己时间的使用方式已经快要到达不满意的临界点了。改变时间的使用方式，可以给我们个人带来更多的满足感和幸福感，对学生来说也是一样。精力好的人可以获得更多的精力，而压力和负面情绪会创造恶性循环。

当内森看到原先改作文的方式时，他意识到这会耗尽他的精力。他可不愿意每天把作业带回家批改。虽然批改作业和他的教育理念并不冲突，但他相信学习必须是个性化的，师生之间的互动和情谊能让学习事半功倍，可是批改作业对学生个性化学习和师生情谊的帮助都不是很大，反而是项效率低下的活动。当其他老师看到内森的“个人反馈环节”时，他们只是从时间的角度来看，而内森则是从精力的角度来看。他非常喜欢和学生互动，这使他拥有更多精力。最后，在实践“个人反馈环节”多年之后，内森发现，这个安排也让学生获得了更多的精力。随着学年的增长，他们更愿意参与到“个人反馈环节”中，并在这个过程中发挥更多的主动性。

当然，不是所有费神费力的事情都能够一下变成产生更多精力的事情。因此，我们必须建立一套精力回收系统，让我们有机会充电、放松和自我更新。老师如此，学生亦然。在90分钟到120分钟之间，我们的身体就会开始渴望休息和恢复。因此，就算是情况最好的时候，也要安排休息和恢复的时间。可以采取站起来活动、与朋友聊天或者深呼吸的方式。此外，停下休息，做白日梦以及安静独处都可以帮助我们恢复精力。

让计划为学习服务：重新思考时间的教学价值

五十多年前，心理学家约翰·卡罗尔提出，学校必须重新思考时间。本杰明·布鲁姆重拾了卡罗尔关于教学时间对学习效果有关键作用的观点。然而，这中间的十多年里，学校教育并没有发生什么变化。迈克·史莫克指出，学生表现差的原因在于，学校里充斥着许多耗时的伪教学活动。

重新思考时间绝非易事，我们经常发现，自己沦为神圣不可侵犯的时间表的囚犯。领导们总是告诉我们，只要稍微改动一下时间表，都可能带来一连串的麻烦。但是，著名教育家李·舒尔曼曾论述过："一旦摆脱时间的镣铐，你就会发现自己开始思考改善教学效果、学生兴趣、课程设计的方法，你就能看到实实在在的效果。"

当我们不再认为时间仅仅是一天中要用各种活动填满的空白，而是一种传递价值观、塑造学生学习文化的力量时，我们就开始重新思考时间，并开始改变我们认识时间的基本模式了。这时，以一种对学习有利的方式来分配、调度老师及学生的时间，这就变得至关重要了。这也意味着，我们必须清楚了解自己的优先事项，使我们可以不用死死盯着时间表和手头的资源，而是聚焦课堂上必须发生的学习和思考。这种对时间本质的理解，使我们可以更自信、更高效地为思考安排时间，可以在课堂上创造更主动、更专注的学习时间，可以尽早地在重要活动上投资时间，并能够培育、更新学习所需要的能量。

活动：培养看待时间的新视角

- 用“始终将学习放在首位”部分里的那几个问题来探索自己对教学及其机制、目标的深层理解。

- 检查课堂时间的使用情况。给自己的课堂表现录像，或者找一个同事来观察教学时间的使用情况。观察员要记录各项活动所用的时间，比如指令、适应、讨论、讲课、独立作业、团队作业等。持续观察一周就能够收集充分的数据，可以反映出你使用时间的方式。记住，你的目的是增加学生的互动教学时间。

- 开展对学生“专注时间”的检查。找一位观察员来获取每一个学生的相关数据。借助考勤表或座位表，观察员每隔五分钟记录一次每个学生的专注程度。可以使用简单的评价方法：F=专注，N=中性或不确定，D=注意力不集中。以25个学生（字母S表示学生人数）、60分钟课程、每5分钟间隔记录（字母I表示记录次数）的标准为例，我们会获得300个数据点（I×S，此处为［60/5］×25=300）。将观察到的专注次数F加上一半的中性次数N，再除以数据点的总量，即可获得专注比（percentage of engaged time，缩写为PET）。用方程式表示就是：（F+0.5N）/（I×S）=PET。PET总分低于50%则偏低，51%～60%为中等，61%～70%为良好，71%～80%为优秀，80%以上为优异。

- 练习增加等待的时间。最好的方法就是，提问后在心里默数到一定数字后再点名学生回答问题。学生回答问题后，你也要在内心默数，然后再反馈，这样学生就能进一步解释他们的回答，其他学生才有时间插话。记录你观察到的任何效果，是不是有更多的学生举手？学生的回答是不是更长了？学生间的共鸣和互动是不是更多了？等待时间B增加后，学生是否会进一步解释最初的答案？

● 在一个单子上罗列你使用课堂时间的各种方式，这个单子必须反映你自己对于课堂时间使用的思考的高度个性化。举个例子，一个老师可能会写上“展示新程序”“回答学生关于作业的提问”“讲解作业”和“探讨可能性”。另一位老师很可能会写“让学生就座”“检查不同的视角”“探讨可能性”“小组解答问题”和“分析文本”。给单子上的每个项目列一个百分比。这个百分比必须反映你上课的平均情况，而不是某一天的结果，百分比之和是100%。你是不是把时间花在你认为最重要的活动上了？

● 收集学生对你使用时间的方式的观察。在上一个单子上，加入“其他”一栏，然后打印出来分发给学生，让学生在每项活动后面写上一个百分比。这个百分比必须反映你上课的平均情况，而不是某一天的结果，百分比之和是100%。把你的单子和学生的评价进行对比。在学生的单子底下，你也可以加上“为了让我能学得更好，我希望课堂时间能多用在……”，让学生写出自己的真实想法。

● 对一个单元、课程或学年的时间使用进行反思。根据以下提示，写出你的想法：“基于我的认识，我希望这个单元/课程/学年可以多花时间在……为了更好地帮助学生学习，我希望可以多花时间在……”现在向自己解释一下你的答案。你之所以这么写的理由是什么？

● 找到你的“大石块”。什么才是你的重要任务呢？在教学之中，哪些是你给予最多关注的“第一要务”？这将是一个关于价值观、原则和重要事项的单子。可以先用头脑风暴的方法写下一个很长的单子，然后在它的基础上，缩小到最重要的几项，要精简到可以三言两语说出来。

● 确定你的投资方案。你现在将时间投资在哪些方面，从而可以在之后获得更多时间？你现在做的事情中，哪些表面上看起来很有效果，但长期而言却可能是浪费时间？与其他老师分享你的想法，这样可以取长补短，互相借鉴。

- 检查你的精力状况。在一周的时间内，用我们在“调节教师的精力分配”中介绍的方法，记录并反思自己每天的精力使用情况。

- 让你所在学校的学生用同样的方法做精力评估。检查全校数据，看看有哪些趋势。什么活动可以让学生觉得精神饱满，什么样的活动会让他们觉得疲惫？我们又能做些什么？

- 创造一些补充精力的仪式。看看你的日程表，预测什么时候你会觉得精力不支。设计一个十分钟的仪式（绕着教学楼走一圈，深呼吸，和好友喝咖啡）来为自己补充精力。

- 把耗尽你精力的活动改造成为你获得精力的源泉。现在你从事的哪些活动效果并不是很好，而且损耗了大量精力？你有什么法子可以让这些活动变得更令人振奋？

- 尝试一些（对于你来说）新鲜、不同的事情。阅读关于天才小时、20%时间、翻转教学、或“个人反馈环节”的研究，并且在课堂上小试一番。之后回顾你的经历，想想对于你和学生来说，这个时间花得值吗？

CREATING Cultures of THINKING

第五章

示范：学生眼中的老师是什么样的

“示范”作动词时指做出的某种行为或动作，供别人学习或模仿，也指以榜样、导师或高级学徒的身份言传身教。作名词时则指用来模仿或效法的系统、事件。作为文化塑造的力量，示范有隐性和显性两个方面。在显性方面，我们会展示一些技巧、程序和策略，让学生看到我们的思维过程，从而能够效法模仿。在隐性方面，我们的一言一行，学生都看在眼里。他们能感受到我们的激情、兴趣和注意力，他们看得出来，我们是否是真实的思考者、学习者、群体一员和领导者。成年人榜样围绕着学生，让他们看到一个他们或接受或拒绝的真实世界。

每次进入娜塔莉·贝利的教室时，我都能感到那里有一种持续扩展的探寻精神，今天也不例外。现在，教室里学生们正在热火朝天地完成跟“黑三角贸易”相关的学生项目，所谓“黑三角”指的是殖民时代在新英格兰、非洲和西印度群岛之间的贸易路线，这只是文科老师娜塔莉组织的众多长期项目之一。她的五年级学生要么在筹备模拟市政大会，要么在重新设计城市的垃圾回收系统，或者在建设他们自己的紧急避难所，与新英格兰水族馆合作，或给赞比亚的木卡瓦希信托学校图书馆编写书籍，不然他们就在教室后面的大沙发上开读书会，与同学畅谈一本书，或者从一个朋友那儿获得对自己作文的回馈。

在对自己的课程保持信心的同时，娜塔莉并没有太担心考试的问题。虽然她的学生中许多人是有特殊需要的儿童，但她的学生在全州统考中的表现总能超过预期。娜塔莉并没有以考试为中心，她的主要目标是让学生成为优秀的读者和作者，加强他们与当地和世界的联系，培养终身学习所必须的创造力、激情和想象力。要实现这些目标，不光是给学生提供丰富的学习机会那么简单，还要给他们提供示范。回顾自己的教学活动，娜塔莉评论说：“我希望他们知道我真诚、可信，看到我对他们的关心。如果他们塞给我一本书希望与我分享，他们知道我会读完并且给出自己的评价，而且这些评价都是发自内心的。”

马萨诸塞州马布尔黑德市的雪已经化了，在室外晒了一会儿太阳后，娜塔莉的五年级学生回到了教室，空气中有一丝春天的气息。学生们聊着天，娜塔莉也跟一些学生单独聊上几句，不久后学生们就都入座了。从娜塔莉对全班讲话开始，她就展示出了一个思考者和学习者的形象，而不仅仅是一个指导他们活动并监控时间的人。“你们知道吗，有时候我半夜突然想到什么事情，就要起来想个明白。”娜塔莉问道。

“知道。”一些学生一边点头一边回应。

“好的。”娜塔莉接着说，“昨天半夜，我想起白天发生的一件事情，就醒过来了。”只这么一句简单的介绍，我就知道学生对于娜塔莉半夜想事情的习惯并不陌生，学生似乎很了解娜塔莉对思考的狂热和半夜冥思苦想的习惯。她的一番话还为课堂学生提供了背景，因为它揭示了自己教学计划产生的过程。

娜塔莉解释了让她夜不能寐的想法。“昨天，乔希说他读完了他的书，需要一本新书了。他的话像一粒种子落在我脑子里，然后我就想，‘哎呀，不行，我们要做的事情太多了。我要弄一个新的读书会了。’然后我又接着想，‘我们在进度上已经落后了，必须提高进度了’。”娜塔莉用这些话让学生知道，他们的话语和行为对她思考的重要性。她让他们知道，她并不是赶着他们完成一系列事先安排好的课堂活动，她在课堂上的每一个举动都是对他们真实学习需要的反馈。

分享她半夜时面临的苦恼，这让她获得了学生的注意力，并且让他们看到了自己的真诚。她放慢了说话的速度，以一种更平静的语气提示学生这个故事要出现一些不一样的转机了。

“然后我想起有一次自己去野营，那天我们去爬山。我跟着领队走，但我担心自己跟不上，所以我就越走越快。当我们爬到山顶时，领队说他真是累得不行了。他说他从来没有在这么短的时间里走那么多路。我说，‘真的吗?’他说，‘真的，我一直在努力跟上你的节奏！’然后他说他压根儿没有预设速度，只是试图跟上走得最快的那个人的节奏。”

娜塔莉顿了顿，让学生有时间理解这个故事的寓意，然后才回过头来讲她关于跟上学生需求的想法。“然后，我就把自己对于我们进度的思考都写了下来。”

娜塔莉对之前经历的回顾可不是为了炫耀过去的知识。表面上，她的登山故事跟学生对新书的需要或她对学生的指导间没有任何关系，但这个故事自有一番寓意。通过回忆这个故事，娜塔莉告诉我们，生活中经历的意义有时候会大于经历本身。娜塔莉学会的不仅仅是放慢脚步，她还知道了掌握节奏，无言的期待以及有时候压力来自于我们自身，而不是环境或他人。通过追忆这件事情，她让学生们明白了这个道理。我们生活中可能会学到一些更大的道理，都可以用来解决新的问题。有意思的是，娜塔莉并没有一开始就把这里面的道理一字一句地说给学生听，在阐释登山故事的寓意之前，她给学生充足的时间来领悟其中的道理，之后她才揭示这个故事的寓意，并引导学生思考“节奏”和“我们的旅途”，而不是“压力”和“需要”。

萨拉显然是被这个关于夜不能寐、冥思苦想的故事迷住了，她举手提问：“当时是几点呢？”“凌晨2点。”娜塔莉一边回答一边拿出日记本。她打开日记本，找到昨晚的日记，然后把日记本放到已经开启的幻灯机底下，身后的白板上马上显示出昨天深夜的涂鸦：

- 为图书馆写书
- 用诗歌来联系不同文化
- 木卡瓦希学校 & 一起学习
- 《手斧男孩》(盖瑞·鲍森小说)、洞洞鞋、雪、水獭和部落
- 笔友及对文化的学习
- 知道他们（木卡瓦希学校）想要建一座图书馆

- 我们决定给他们的图书馆写书
- 完成我们关于雪的诗歌
- 反思
- 我们必须了解的木卡瓦希学生的情况
- 木卡瓦希学生们需要了解的我们的情况
- 照片、图示，罗恩·伯格和奥斯汀的蝴蝶。修改。
- 思考常规：3-2-1关联法、颜色—符号—图像（CSI）、观察—思考—怀疑（STW）、反馈梯子规则
- 与四年级学生和二年级学生的合作

娜塔莉的学生对她写日记的习惯应该是相当了解的，另外，她似乎也经常与他们分享自己的想法。然而，我还是被这一简单行为的力量以及其背后传达的信息震惊了。首先，她自己写日记，也要求学生通过写日记来记录灵感，娜塔莉为学生树立了学习的榜样。她并不是教学生怎么写日记，而是示范怎么使用日记。她的故事（半夜醒来、发愁、思考、写日记）向学生展示了如何使写日记成为生活的一部分。其次，通过向学生展示并不十分工整的日记，并用红笔标注，她让学生看到了自己有些杂乱的思维过程。再次，她的分享透露着一种真挚、坦诚和脆弱，让师生之间的关系更加紧密。娜塔莉通过示范思考，让学生认识到她对学生学习进度和学习需求的一次一次审视以及对未来方向的一次次摸索，这才有了她的课堂安排，这无疑对教学有巨大的促进作用。

娜塔莉向学生解释日记的内容，她说，“我开始把自己的想法写下来，并回顾今年我们一直在做的事情和已经取得的成果。我想的不是我们进度太慢了，而是我们已经取得的进展和已经学习的知识。我想到了木卡瓦希（娜塔莉做过志愿者的一所赞比亚学校，学生们正在为这所学校的图书馆编写书籍），和我们刚开始的情况。我就把脑子里蹦出来的字词都记下来。”娜塔莉念着她的单子，一项一项地解释和补充上面的内

容。当她做完的时候，她伸出一只手，指向天花板，那手势仿佛在说，“看看我们取得的这些成就。”

倚着摆放幻灯机的桌子，娜塔莉满足地吁出一口气。“你们知道吗？当步伐太快的时候，我们需要放慢脚步，才能看清周围的情况。”她若有所思地说。环视教室后，她接着说：“所以我现在停一下，让你们有时间想想这个过程。我们现在来想想，这一切对你们意味着什么。”她暂停了一下，好让学生有时间思考，然后紧接着说，“跟我说说你们思考的结果吧，使用你们的思考语言。你们怎么评价我们现在的情况和已经取得的成绩？”

当学生们在思考娜塔莉的问题时，她在教室内走动，在学生中间的一个空座上坐下。艾娃举手了，娜塔莉点了点头，艾娃开始回答：“我觉得我们帮助他们（木卡瓦希学校的学生）了解雪的事情非常有意义。我很高兴我们可以通过写作把生活中的一些画面传达给他们。说不定他们也会写信给我们，介绍我们所不知道的事情。”肖恩紧接着说：“我的想法跟艾娃的差不多。我意识到对于另外一个文化的人来说，我们生活中司空见惯的事物可能非常新奇。”娜塔莉借肖恩的话发挥：“我在赞比亚的时候也有这样的感觉。我们觉得一些东西再自然不过了，就会以为所有人都是这么认为的。”

学生的反应让我们看到了娜塔莉之前示范所起的作用。今年年初，娜塔莉在课堂上引入了“反馈梯子”规则，作为给予反馈和呼应他人的结构性工具（详见附录B）。使用反馈梯子的时候，使用者如果有任何不清楚的地方，必须首先提出来，然后他要陈述对工作或思考对象的满意之处，之后再接着说担忧、疑虑和建议。娜塔莉用鱼缸法向学生示范反馈梯子的用法，她与一个小组互动，并让其他学生观察。当与学生探讨问题的时候，娜塔莉也使用了反馈梯子。这让学生明白如何在现实中一步一步地使用这个方法，不仅是老师要求学生使用它，老师自己也在使用，同时也让学生看到了娜塔莉对这个程序的坚持。在学生对课堂活动的评价中，我们看到，他们学会了评价的语言，而且觉得这样的思考语言既实用又积极。

分享继续着，越来越多的学生说出了他们从木卡瓦希学校项目中学到的东西：分享、学习新文化、挑战旧观念。本，一个聪明、成熟的孩子，把话题引向了一个稍微不同的方向，他谈起了为赞比亚学生写关于雪的诗歌的事情："我一开始认为这会很难。我觉得教他们关于雪的知识是非常有意义的，但写诗实在太难了。我知道您说过只要自然流露就可以了，我试着这么去做。"（"我也是这样"，教室里另一个声音应和道。）本解释说，"但写出来的东西看上去非常奇怪。我就是把我想到的都写了下来，结果怎么看怎么不对劲。"

娜塔莉从座位上起来，开始与本对话：

娜塔莉：我问一个问题，你知道你可以反复修改你的诗，并且可以和朋友们讨论，这是否让你觉得安心一些？

本：是的，安娜帮我看了一下，还有肖恩，还有别的同学也帮我看了。我的确获得了许多……许多……（另一个学生悄声说"同伴"）同伴的帮助。

娜塔莉：我能问问他们是怎么帮助你的吗？是就说了句"不错，挺好的"，还是以其他方式？

本：他们告诉我有些词可以换掉，也给我的插图提了些意见。肖恩对我的帮助特别大，他画建筑的方法非常不一样。而我只会画人，画不了房子，所以我就只画人物，画房子什么的总觉得不习惯，太难了。

娜塔莉：啊，那如果下次再有一个新的项目，你或许可以拍些照片，这样可能更符合你的风格呢。这很有意思，因为我还以为，让你们写写关于雪的事情应该是很容易的，没想到你真觉得困难呢。

本：对呀，有点难。

在这个谈话中，娜塔莉并没有小看本还有其他学生的不适感。她反而把讨论引导到可以用哪些策略或资源来战胜一开始的不适感这个话题上。这样一来，本提出的这种不适感反而成为一种示范，让其他学生看到如何处理困难和挑战这种不适感。而本的问题更让学生们看到，就算是最优秀的学生也会面临挑战。正像娜塔莉鼓励的一样，本在学习中不断寻求同伴的帮助，这更表明了学习需要个人努力，也需要团体协作。

娜塔莉把学生的注意力引向他们正在学习的黑三角贸易，并把他们的过去和目前写诗的努力联系了起来。“当我们准备模拟黑三角贸易的时候，你可以写一首诗来概括你所选商品的意义以及它在黑三角贸易中所扮演的角色。为了帮助你产生一些好点子，你或许可以使用一些思考程序来帮助自己理解和收集观点。”娜塔莉紧接着回顾了一些学生可能会觉得有用的思考程序，比如“观察—思考—怀疑”、“3-2-1关联法”和“颜色—符号—图像”等。

为了让学生更直观地看到她的创意过程，娜塔莉大声地把思考过程说了出来，这样学生就能看到整个过程了。“我试过了。我用汤姆 · 菲林斯的一副作品（出自他的书《中间通道》）试的，我盯了半天，然后努力思索。”娜塔莉把他书中的一页塞到幻灯机镜头底下，屏幕上出现一艘钢笔画的船，极具戏剧性。菲林斯的画作使现实场景和鬼魅般的画面结合，仿佛过去的鬼魂就住在画面里一样。“所以，如果我选的货物是奴隶。”娜塔莉说，“如果我就是他，我就要把自己代入他的身体里面，想象在船上会经历什么？”她接着扩展了这个问题：“从那中间通道上经过是什么样的经历呢？我上船之前生活的村庄是什么样的呢？”

娜塔莉心里记得，这个活动的目的是从黑三角贸易中货物的角度来看问题，哪怕这个货物不是活物，她开始大声讲述如何用“观察—思考—怀疑”的思维程序思考。“看这张图片，我看到的是两个张着嘴的人。”说着她指向图片中的两个人，“我在想他们在说什么呢。我看着他们的眼睛，他们的眼里充满了恐惧。他们看上去像要从船上下来，但又好像泡在水里。”她让学生看图片的另一个部分，然后说，“而且，这里好像还能看到月亮，但太阳和月亮都暗淡无光，好像日月食。接着我看了一下船身，船身看上去像一把火枪或来福枪。我不禁想，这个画面里有浓重的死亡气息呀。”因为她的目的是为学生的诗歌捕捉一些情绪和感觉，所以娜塔莉的自言自语也侧重这些元素。详细地分析作品并不是很有必要，因为学生已经读过这本书，对《中间通道》十分熟悉。

从“观察—思考—怀疑”开始，娜塔莉用大声的自言自语向学生展示如何把最初的想法变成语言，从而为诗歌提供一些基础。“好的，我刚才自言自语说了半天。现在我要用3-2-1关联法（3个词，2个问题，1个比喻）思考了。这只是我的诗歌的一些原始想法。”她把幻灯机镜头下汤姆 · 菲利斯的图片换成了自己的日记本，然后读出她记下的321：

捆绑。贫穷。非人道。

我能活下去吗？我想活下去吗？

我是一只在大船肚子里发抖的温顺动物。

“我就是这么开始想这个问题的。你们也可以用其他的思维程序或组合使用几个程序来帮助自己思考。”娜塔莉总结说。在让学生们独立作业前，娜塔莉分享了最后一个示范，那是一本老教材上关于黑三角贸易的打油诗。当她念出这首诗的时候，学生们都睁大了眼睛，不敢相信，还有这么乏味的诗歌。我注意到一些学生听得背都直了。“我知道。”娜塔莉强调说，“这看上去一点都不像一首好诗，你们肯定能做得比这个更好。”

学生们纷纷开始找灵感，有的大声和同伴讨论想法。就像娜塔莉示范的那样，学生们用各种方法产生字词、短语和想法，以此为他们作品的开端，而不是急着写出一首诗。娜塔莉在教室内走动，跟学生讨论他们的想法。当学生们正式开始写诗的时候，娜塔莉用“反馈梯子”的方法与他们互动。

马库斯选的商品是糖浆，他非常想和娜塔莉分享自己的诗歌。当他念完自己的诗后，娜塔莉开始攀登“反馈梯”，她先问了几个澄清性的问题：“你能解释一下你是怎么开始的吗？”她问。马库斯回答说他创造了一张概念地图，把想法都罗列了出来。娜塔莉大声读了一小节他的诗：“我是庞大黑三角贸易的发动机……我被装进小木桶里，运到小船上，开始了一段一点也不小的旅程。”她继续“爬梯子”，回应说，“我很喜欢你使用的修辞手法和感官化的图像。这种重复感很好，你押的头韵也不错。”接着说担忧和问题，娜塔莉指出几行可以更加有力道的诗句。在完成反馈梯子时她指出，“这里或许可以用一些不一样的语言。”虽然他们的对话非常简短，但却给了学生们又一个非常真实的演示。

一天的课程快结束了，娜塔莉停下来和最后一个学生交谈，那是一个特别害羞的男孩，极少在课堂上发言。当看完他的以枪支为主题的诗歌时，她感到惊讶。“我可以分享一下这句话吗？就这一行？”她问。莱恩点了点头，娜塔莉大声地说：“同学们，听听这个。”她稍作停顿就慢慢地读道，“‘我是战争的脊梁。’这个隐喻非常厉害，画面感也很强。”她一边对莱恩说，一边站了起来，再一次向学生示范了她对语言的痴迷和对学生作品的喜爱。

可能很多人都犯难了，怎么才能让五年级的学生对为黑三角贸易写诗感兴趣呢？娜塔莉轻轻松松就做到了，她让这个任务变得新鲜、重要而且有意义。当学生们开始收拾东西的时候，娜塔莉给了他们一些临别反馈：“你们每一个人都做得很好。我迫不及待地想看到这些诗歌最终成形。有那么多的好想法，你们使用语言和比喻的方法也让我惊叹不已。你们的确是进到所选择的货物里面去了。”

娜塔莉课堂上的学习活动非常有吸引力。学生中充满了一种对观点的专注，对世界的好奇，对彼此的欣赏和支持，对自己精神的挑战和一种实实在在的成就感。这是一个学习型的集体，每一个人都因为这个集体变得更加优秀。虽然充满了热情和活力，但她的课堂也是一个让人安静的空间。要了解娜塔莉是如何做到的，我们必须要看一看她是如何进行显性和隐性示范的。老师们经常以为，所谓示范就是展示，就是站在讲台前向学生展示他们要学会的一个过程或程序，这是显性的示范。但是，我们还要展示自己作为思考者和学习者的身份，这是一种隐性的示范。在娜塔莉的教学活动中，我们看到一系列跨越两种示范的活动。用正式一点的语言，可以这样概括：

- 性情示范：做学习和思考的榜样
- 认知示范：使思维过程可视化
- 逐步释放责任：示范独立性
- 互动示范：从例子、做法和反思中学习

因为示范可以说是教学中的一个隐秘纬度，所以理解上面的这些做法对于课堂、学校和其他机构内思考文化的创造是大有裨益的。此外，理解示范教学可以让我们更好地理解即兴教学的力量、微妙性和复杂性，并帮助我们打破教学就是信息传递的错误理念。

展示教师的真性情：我们能给学生的最好东西就是我们自己

早在20世纪70年代，哈佛大学医学院的丹尼尔·托斯特森博士就曾对听众说："我们必须再次强调，我们能给学生的最好的东西，也是唯一能给他们的，就是我们自己。其他所有的东西，他们都可以在书上找到，或者自己摸索，而且学习的效果可能比我们任何形式的教导都要好。"他接着说，"我想，用我们这个时代的话来说，这应该叫'榜样的力量'吧。"

托斯特森在近40年前说的话，今天看来还是非常有预见性的。老师的确是学生的榜样，我们激励他们，我们言传身教，我们向学生展示一个思考者和学习者该有的模样，我们和其他教师一起努力，为学生创造一个让他们成长的学术环境。然而，“榜样”不等同于“完美典范”。没有人是完美的，虽然我们也有自己的个人英雄或精神导师，但很少有人是方方面面都完美的。

避免试图成为“完美典范”的另一个原因就是，这样做和成为真正的思考者、学习者是背道而驰的。学习是苦差事，思考有时候也会进死胡同。思考和学习并不需要完美，反而更需要经常性的监控、评估、修改和反思。甚至可以说，当一切都顺风顺水的时候，我们可能反而学不到东西。错误提供了绝佳的学习机会，我们要让学生理解这个事实。让他们看看我们是如何处理错误，从经验中学习，制定计划，但又不被计划锁死，并进行回顾和反思的。此外，还要让他们看到我们的疑问以及由疑问驱动的好奇心。

罗伯特·弗雷德在谈及富有激情的老师时说，他们“总是在探索和尝试，他们犯的错误一点不比别人少（甚至可能比常人都要多）。但他们面对自己错误的态度跟常人不同：他们选择承认自己的错误，并从中学习，而不是忽略或否定其存在。”弗雷德解释了这些行为对课堂文化的影响：“它们使教室成为一个安全的环境，学生不再害怕犯错，并能从自己的错误中学习。”

当然，让老师示范犯错误可能非常难。因为知识和专长容易给我们权威感、自我意识和身份感，而让学生看到原来老师也会犯错，会让我们觉得有失身份。我们要记住的是，在示范学习的时候，我们并没有放弃任何专业性。恰恰相反，我们示范的是一种希望发展专业性的渴望。如果学生因为发现我们也会犯错或有“不知道”的事情而震惊，我们必须马上告诉他们，再有学问的人都不能避免犯错误，也不可能全知全能。我们以及学生，都必须有一种“纵有不知，求索不止”的精神。

对任何学徒来说，观察和思考学徒生活中的所见所闻都是非常重要的，但学习还可能发生在一个潜意识的层面。最新的神经科学研究发现，仅仅通过观察，观察者就能产生参与感和共鸣，这是人的天性，是由一种叫作“镜像神经元”的神经细胞决定的。这种神经机制是自动自发的，仅仅观察他人进行某种活动，我们大脑中的神经元就能受到触动，产生仿佛自己也在参与这种活动的感觉，只要想想我们看到别人撞了头时的感觉就不难明白了。有趣的是，研究显示我们还能分辨行为背后的动机。在研究中，受试人员对为了要喝水从桌上拿起杯子和为了打扫桌面从桌上拿起杯子的行为做出了不一样的反应。

当我们观察熟人的举动时，镜像神经元的活动最强烈，这也是为什么托斯特森和其他学者发现示范是强有力的教学工具。镜像神经元的研究也能帮助我们理解为什么好奇心如此有感染力以及为什么得到尊重会让我们也变得更加礼貌。我们的大脑结构决定了我们要观察和学习他人。

在娜塔莉的课堂上，她讲述的半夜醒来的故事就是一种性情示范。她的故事背后有一个大主线，是一系列关于学习和思考的信息。她的故事让学生看到，思考者有时候也会忧虑担心。同时，她也展示了如何不陷入这些忧思的方法。她在日记本上记下学生们取得的所有成绩，以此向学生表明，当遇到问题时，应该退后一步看清全局，而不是马上就开始解决问题。同时她也说明了如何挑战一些假设，比如这个故事里的进度问题。此外，她试图找到适合学生的节奏和进度，而不是自己武断地为他们设定一个不切实际的任务表，这让学生看到了如何作为一分子参与团体学习。在课程的后面，娜塔莉展现了她对语言的热爱。通过这堂课以及我参观过的其他课程，我在她身上看到了好奇心、对他人的尊重和对学习的热爱。我也看到，在她的课堂上，学生仿效了她的这些特质。

娜塔莉向学生展示了一个完全真实的自己，让学生有机会向她学习。她并不需要专门为此做计划或者进行课程设计，只需展示真实的自己就行了。事实上，在结束当天课程的时候，娜塔莉还跟我道歉，她说课程并没有像她安排的那样发展，但是却符合她和学生当时的情况，所以她必须顺其自然。这或许是性情示范最难的地方：学生只能学习我们真正拥有的特质。这种示范是装不出来的，但我们可以——而且必须——努力实践它，我们必须允许自己展示最真实的一面。这种真实就是帕克·帕姆的研究及著作《教学的勇气》的主旨。他所说的这种勇气使我们能在课堂上展现真实的自我，并让我们沉浸在教学之中。这意味着我们不仅要展示自己的优点，还不能掩盖弱点和缺陷。

简而言之，如果要让学校成功地示范它在学生中提倡的价值观，学校里的成年人必须实践这些价值观，并满足对它们的期待。因为如果只依靠强制手段，学校永远无法培养尊重、勇气、纪律、好奇心、诚实和正直，最有效的办法就是，学校自身来示范这些性情，并让这些价值观在学校安家。当然，要实现这一目标，需要首先确定我们希望在学生中提倡的价值、性情和行为，然后把镜子转向自己，看看我们是否具备这些品德。

通过示范提高认知力：让思考看得见

新手必须先掌握技术，才能够参与有意义的活动，在今天的教育界，这种观点似乎占了主流。在培训中，学习个体往往接触不到专家或更资深的学习者，他们处理的任务也往往趋于简单化、机械化，目的是为了让他们做好准备，迎接“以后”的挑战；但很多时候，这个“以后”也许不会到来。再者，他们处理的任务可能跟真实世界里专家处理的问题没有任何相似性。这跟学徒制度有明显区别，在学徒制度下，新手会在师父的指导下参与真实的实践活动，而且能够获得群体内其他人的支持。在真实的学徒制度里，学徒在真实的情境中，通过观察、指导和渐进式模仿来学习复杂而重要的技术。因为能够提供真实的学习机会，学徒制度广受赞誉。在下一章，我们会深入探讨真实学习和机会的文化力量。在这里，我想稍微区分一下我们将要讨论的认知示范、传统学徒制度和之前探讨过的性情示范间的区别。

在性情示范部分，我们扩展了传统的学徒制度，提出学习的目标不应该只是掌握某种特定的技术技能，还应该包括专家的习惯、品格、特质和性情等。性情无时无刻不在流露，所以学徒有充分的机会学习。这种示范并不正式，而且随时都在发生，我们经常把它理解为老师或专家的榜样作用。这也意味着，有时候不管是老师还是学生，可能都察觉不到这一微妙的学习过程。

为了给认知示范下定义，我们需要进一步延伸学徒制度的概念，提出成为专家不仅仅意味着掌握专业级别的知识和技能，还应该包括理解专家的思维和认知模式：他们是怎么解决困难的，是怎么做质量评价的，是怎么发现问题的，他们使用了何种决策方法等。然而，这些事情并不像传统学徒制度中的显性行为一样容易观察，甚至比性情示范还要微妙。事实上，认知示范中最需要学习的内容恰恰是最难观察的。结果就是，在进行认识示范的时候，专家或老师必须使用积极、公开的示范方法，正如柯林斯、布朗和哈勒姆所解释的，“在认知示范中，你必须刻意把思维过程推到表面上来，使其显性化。不管是阅读、写作还是解决问题都是如此。老师的思维过程必须让学生看得见，学生的思维过程也必须让老师看得见”。

就像柯林斯等人指出的，认识示范的核心就在于让思维可视化。另外，良好的学徒制度是老师和学生之间的双向道。专家或老师必须毫无保留地向学习者展示自己的思维过程。这种公开的、外显的示范使学习者能够观察、模仿并练习这些思维方法。学生也必须让自己的思维过程可视化，这样老师就能够进行相应的指导、纠正、反馈并提供支持，让学生逐步掌握这些思维策略。

如果不重视理解专家行为背后的思维过程，学习者会很容易关注一些不该关注的东西，养成僵化的程序，或者不假思索地盲目模仿。这让我想起一个同事的故事，这个故事非常微妙地概括了可能发生的问题。同事受邀参加朋友的复活节晚宴。桌上摆满了精致的美食，当女主人端出一盘美味的抹着酱汁的火腿时，客人们都表达了欣喜和赞赏。女主人说，这是按照她祖母的秘方原原本本地制作的。席间客人无不称赞这道菜肴的美味，同事就忍不住向女主人打听这个秘方。

女主人开始细致地讲解这个秘方：切掉火腿的两头，用刀划出细密的道道方便入味，往里面塞入丁香，用慢火烤，每隔一刻钟就抹一遍由杏子酱、波旁酒、柠檬汁、黑糖和奶油制成的酱汁。我的同事盛赞这个酱汁的美味，然后问道，“但是为什么要切掉火腿的两端呢？”女主人皱起眉头，显得有些疑惑，然后慢慢回答：“这个，我还真不知道。我是从妈妈那儿获得这个秘方的。”女主人的妈妈刚好也在晚宴上，就插话说：“我也不知道。我只是看到我母亲准备大餐时都是这么做的。我仔细看她做菜，把每一个细节都记录下来，因为她不是按照什么菜谱做的。”

这好奇心一起来就按不下去了，女主人的妈妈站起身去打电话，让女主人的祖母揭示谜底。她们简单问候寒暄了几句后，祖母马上为大家揭开了谜底：“啊，我每次都砍掉火腿的两头，因为当时用的锅太小了，根本放不下一整个火腿呀。”

因为祖母没有让她女儿看到自己的思维过程，结果她女儿照搬了毫无意义的行为，并把它变成了做火腿的固定步骤。然后，这种做法变成了固定的菜谱，又传给了她的女儿。当然，学习者可以询问专家的思维过程，前提是双方的关系能允许这样的提问，而且学习者能认识到理解行为背后的思维过程的重要性。

我们看到，娜塔莉在构思诗歌时大声自言自语，这给学生们开了一扇窗，让他们得以看见她的思维过程。如果她给学生们一些僵硬的条条框框，比如诗歌要写多少字，要包含哪些元素等，那学生写出来的东西可能会变得肤浅而平淡无奇。但是，娜塔莉看重的是诗歌的真实性，并且为学生提供了像学徒一样观察她的思维过程的机会。所以，她并不是以提出各种要求来开始的，而是通过为学生示范如何为写诗收集灵感和富有寓意的语言。娜塔莉用了汤姆·菲林斯《中间通道》一书中的一幅画来进行展示。她看着这张图片大声自言自语，并大致用“观察—思考—怀疑”的思维程序作为框架。最后，娜塔莉很自然地使用了“3-2-1关联法”思维程序。值得一提的是，学生们非常熟悉这些思维程序。所以她并不需要反复示范，而只是示范如何获得灵感并积累一些有用的语言元素。

娜塔莉的策略有时被称为“自言自语”或“实时示范”。阅读老师在示范阅读理解时经常使用这个策略，有时也称为“互动式理解指令”。这个策略也不限于阅读，数学、行为管理、锻炼大脑的执行能力，甚至烤火腿都可以使用这个方法。简而言之，当学习者在学习像专家一样思考时，这个策略是不二之选。

费舍和弗雷指出，这种“示范并不等同于为学生提供解释或提问学生，而是向学生展示专家面对问题时的思维方式”。示范与传统的说教式教学不同，它有极强的嵌入感和真实感。就像班杜拉所说的，“让示范者一边解决问题，一边大声地自言自语，让学习者看到其思维过程，这样就能帮助他们学习认知技能。”他紧接着提出这对后进学生的重要性：“在解决问题方面，能力欠佳的孩子和成人可以通过观察成功的示范者，学习他们获取信息和评估不同解决方案的方法，学会有效的认知策略。”

依据用可视化思维进行示范的原理，许多研究充分、行之有效的项目被设计了出来。我和同事在哈佛大学教育研究院零点项目中开发的“可视化思维”方法就是其中之一。阿瑟·惠姆贝和杰克·洛奇赫德为提高数学解题能力而开发的“组队解题技巧”是另外一个例子。使用这个技巧时，一人自言自语地说出思维过程，另一人聆听并给予支持。听的人只能使用伙伴提供的思维方法来解决问题，如果出现问题，听的人只是提醒说的人，但不提出解决的办法。这种在别人面前不停说出思维过程的方法，使得思维过程外化和显性化，并得到用心雕琢。假以时日，这种外化的自言自语就能够内化成为一种自我训练和监督。

减少教学辅助：用示范让学生独立学习

学徒制度的目的是，让学徒逐步掌握专家或老师的技术和能力，换言之，也就是获得独立性。对于认知示范或传统的以技术为基础的学徒制度来说，这一点都是成立的。但是这个过程并不是自然而然发生的，而是需要悉心培育的。首先，老师必须将和任务有关的一些认知过程分离出来，并使其在学生面前可视化，有时候还需要给它们命名。在此类最初的认知示范过程后，老师要为学生提供指导和一些框架，让他们可以尝试使用这些策略。最后，当学生的独立性慢慢提高后，老师逐渐退到幕后，并减少对学生的支持，只在练习完毕后鼓励学生进行反思和总结。

帕利沙和布朗提出的互惠教学法就是这个过程的一个好例子。为了分解高效阅读理解的机制，他们提出了四个关键进程：根据文本提出问题，总结文本，进行预测，明辨文本中的难点（这四个进程的顺序并不固定）。最初，老师通过示范教会学生这四个环节，然后在学生使用时提供指导和框架。当学生变得越来越熟练时，老师慢慢减少帮助，让学生逐步掌控全局。最后，在小组内进行阅读任务时，学生就能够使用这一方法，之后这个方法就可以成为一个独立的策略。

这个方法效果强大，其背后有一个非常重要的原因，就是学生学习的认知过程不仅适用于眼前的任务（当优秀的读者面对较难的文本时，会很自然地采取这些策略），而且能够广泛应用于各种各样的文本。所以学生们学到的是一个课堂内外都能使用的方法。相比之下，教学生做一个展示成果的展板，虽然当时可能会觉得特别重要，但其意义却非常有限，更多的是为了取得好成绩，而不是学习一个重要的认知技能。

思维程序的设计和使用——一个我们将在第七章讨论的问题——就符合这样一种让学习者逐步获得独立性的认知示范模式。这些思维程序揭示了高效学习者在一些现实情境中使用的思维过程，并让学习者可以看到这些思维活动。老师可以用这些思维程序帮助学生理解内容或形成观点，但最终的目标是让学生学会独立使用它们。拥有思考的框架、结构和程序，能够帮助学习者独立思考。

我们看到，娜塔莉的课堂广泛使用了这些思维程序。反馈梯子是一个有效的认知工具，指出了构建反馈过程中的一些关键行为。早在学年初，娜塔莉就曾刻意使用鱼缸技巧来向学生示范反馈梯的用法。该技巧需要学生围绕一对或一组学生坐成一圈，实时观察互动过程。而鱼缸内的人必须真实、自然地互动，这样鱼缸外观察的人才能从中学习。观察者被明确要求注意观察整个过程的步骤、转换和语言。有一次，娜塔莉还跟一个学生在鱼缸里进行了写作研讨会，然后学生们互相组队练习。这种练习和示范是课堂上的家常便饭，在与学生交谈的时候，娜塔莉经常使用反馈梯子的技巧，使学生可以不断地学习。此外，反馈梯子也被学生用来做出评论，这让娜塔莉有机会不断指导他们使用反馈梯子。今年春天，当我旁听娜塔莉的课时，学生们已经能相当独立地使用这个结构了。

娜塔莉使用思维程序的方式都比较相似。在介绍并使用数次之后，娜塔莉就让学生自己在诗歌创作过程中独立、灵活地使用这些思维程序。想要知道我们的认知示范是否成功，需要看学生身上体现出来的独立性。如果学生并没有使用我们示范的认知工具，有可能是他们没有认识到工具的作用，也有可能是我们没有给他们机会获得独立性。

这种让学生逐步获得独立性的过程也被称为“逐步放下责任”。虽然这个模式经常用于培养课堂和工作上的独立性，但当然也适合用来提高独立思考的能力。其步骤和认知示范非常相似：(1) 在课程中专门进行示范；(2) 手把手指导，给学习者必要的支持；(3) 高效的团队协作，磨练技巧；(4) 独立作业，使学习者可以展示自己能力。“逐步释放责任”模式的一个重要方面就是，老师必须创造机会，在很长一段时间内逐步让学生独立，而不能期望一蹴而就。这也意味着，该模式必须有一个明确的教学目标，而且每一步都需要老师的精心安排和策划。

提高灵活性：通过范例、练习和反思进行学习

之前探讨的三种示范都主要强调了对学生思维能力的锻炼。通过为学生示范性情特质和认知过程，使其逐步独立自主，我们不仅提高了学生个体的竞争力，同时还塑造了一种群体的思考文化。然而，对于老师来说，这三种示范并不是全部。作为老师，我们有时候要示范认知过程之外的一些东西，比如如何进行某项活动或者练习某项社交技能等。太多技术、程序和行为方面的示范会导致学生死记硬背和盲目模仿，反而会阻碍创造力和原创性思考。小学老师肯定都有这样的经历，美术课上给学生做示范，结果却发现学生们都在照葫芦画瓢。

在创作黑三角贸易诗歌的时候，娜塔莉给学生们做的示范就避免了这个陷阱，这点非常值得注意。首先，娜塔莉的示范集中在创造的过程而不是产品上。她向学生展示了自己是如何开始思考并产生一些有用的语言元素，但她没有直接把诗写出来。虽然她分享了一首关于黑三角贸易的诗歌，但那并不是一首好诗，因为它缺乏深度、共鸣，也没有使用强有力的语言和意象。但是，娜塔莉还是发现了这首诗歌的一些优点，比如里面体现的历史信息和对贸易航线的描述。她使诗歌示范和该过程相结合，向学生说明了他们作品必须包含的元素。

要避免学生盲目模仿，老师们还可以用另外一个策略，那就是提供多个范例。这些例子并不需要每个都十分完美，但却需要有各自不同的长处。通过分析这些范例，学生们可以分辨哪些是高品质作品的元素以及获得这些元素的不同途径，并在自己的原创性作品中组合使用这些元素。当然，有的时候，模仿也是有必要的，比如学习书法、练习某个体育动作时等。只有当要求学生们进行原创性或创造性表达的时候，我们才应该警惕模仿。

这种“你就该这么做”的展示性示范还有一个问题，那就是只要“这么”稍微复杂或微妙一些，这种示范的效果就会欠佳。这种类型示范可以用“互动式示范”技巧来取代，该技巧是“活跃课堂”方法的一部分，活跃课堂是一个旨在促进学生社交和情绪发展的教育项目。互动式示范包括七个步骤：(1) 陈述目的；(2) 示范行为；(3) 详细讨论学生在老师示范时注意到的细节；(4) 一名学生（或小组）按照老师的示范进行示范；(5) 讨论步骤4中注意到的细节；(6) 学生全体练习；(7) 小组反馈。

不难看出为什么这种更加刻意的示范会有效果。它结合了许多有益的教学经验，比如为学习设定目的和情境，对关键指标的分析和关注，有指导的练习，逐步下放责任以及适时给予反馈等。这两轮的“注意到”尤其值得关注，因为这种分析使学生具备了在示范者身上发现关键元素和特征的能力，从而在今后也能不断从示范中学习。这和娜塔莉用鱼缸法示范反馈梯子的情景十分相似。当然，和单纯的展示相比，这种示范要多花一些时间。老师们必须认真思考他们要示范的内容，并决定内容是否值得投资时间以创造时间。比如，示范如何有效地聆听，如何否定别人的观点但不伤害别人的面子，如何带领而不是控制一个团队等，这些都是非常值得投资时间的事情，会带来长期的效益。

榜样的作用：最有效的教学方式

通过观察正式或非正式的示范，学习者有机会“身临其境”，尝试新的角色和行为，并且练习新的处事和思维方式，但他们会习得哪些东西呢？社交认知理论指出，我们更容易习得那些在我们看来能够满足自己某些需要的行为，或者那些我们认为跟自己相似或我们所尊敬的人的行为。这对于我们老师来说有非常明确的意义。首先，如果我们认识到，学习者的一个重大需要就是获得成就感并掌控全局，那么我们在掌控、管理学习和思考方面的示范就会具有吸引力。其次，我们要创建一个学习型社群，并示范对学生的尊重和兴趣，使学生更愿意效仿我们的做法。再次，我们必须了解在学校、教室和机构内，哪些行为会获得学生的认可和奖赏。因为学生最有可能习得那些带来奖赏的行为。

在本章中，我们探讨了不同类型的示范，从非正式的、无处不在的、内化的示范，逐渐到外显的、集中的、方向明确的示范。这所有的类型都可以促进课堂教学；然而，作为一股塑造教室、学校和机构的文化力量，非正式的示范是最有效的。正是这种示范让学生看到我们是什么样的人以及我们所在乎的是什么。正如森泽所说，“学生们正看着呢”。他们看到我们的荣耀，也看到我们的平凡。然而，与其遮掩我们身上学生迟早会发现的弱点、挣扎和缺陷，倒不如向学生敞开真实的自我，让他们看看什么才是持续学习者。

活动：通过示范培养思考、学习和独立性

● 做真实的自己。全身心的教学意味着不仅分享自己的优点和长处，也分享自己的问题和不足。寻找机会，跟学生分享你作为一名学习者和思考者的疑问。

● 明确自己的价值观。如果你能给学生的只是你自己，那么在你们相处一段时间后，你希望他们能从中得到些什么呢？我们不追求完美，我们要做的是想象自己最好的模样，然后努力呈现在现实中。

● 找到你的思维榜样。在你认识的人当中，有谁思考问题、反思学习和分析情况的能力令你钦佩？在你的领域里，谁是思考和持续学习的榜样？谁对教学的思考让你受到启发？这些品质可能集中在一个人身上，但更可能分散在许多人身上。想想这些榜样的行为，他们的哪些特质、态度、思考策略和行为是你最愿意学习和效仿的，然后列一个单子。

● 问问学生，和学生讨论拥有很多知识与知道如何思考之间的区别。然后让学生谈谈他们生活中认识的优秀思考者。让全班学生一起总结优秀思考者所具备的一些特质。

● 观察和分析。采用录像的方式，或者和一位你信得过的同事搭档，观察一堂课，分析其中体现的学徒制度的痕迹。这位老师身上体现了哪些学生可以学习的特质？这位老师在什么时间、什么情境，以什么方式让学生直观地看到了自己的思维过程？是否有一些时候，你看到了他们作为思考者和学习者的光芒？具体是哪些时刻呢？

● 分享好奇时刻。好奇心是驱使我们学习新知的强大动力，也是学习者应该具备的优良品质。用镜像神经元的力量让你的听众产生共鸣，创造和学生分享好奇时刻的机会。所谓好奇时刻，是指在你经历、阅读、

观看或听说什么事情时，脑中产生持续的疑问和惊奇的时刻，换言之，它让你不断地思考。经常与学生分享你的好奇时刻，让学生反思自己的假期，辨别他们自己的好奇时刻。

- 设计一个逆序过程。设想一个你希望学生可以更好地独立完成的事情，想想你自己是怎么进行这个过程的，里面又有哪些关键的思维策略和步骤。给学生作示范，并明确地解释这些步骤。

- 练习自言自语地思考一个难题。要成为一个高效学习者，必须知道在自己不知所措时该怎么做。下次你遇到一个难题时，用大声自言自语的方法给学生示范。这个难题可以是阅读比较难的篇章，分析一个宏大的主题，规划一个大的项目或者任何一个你还没有完整应对策略和步骤的活动。

- 规划“逐步释放责任”的过程。找出一个你希望学生可以更独立地处理的过程。你准备在什么时候给学生示范那个过程？如何创造机会让他们在你的指导下练习？怎样让他们更自主地进行小组学习，并期待他们体现独立性？这些问题都必须提前规划好。

- 锻炼学生的感知力。使用鱼缸法或互动示范的步骤，帮助学生把注意力集中在你希望他们学习的行为上。

- 学会道歉。学会优雅地道歉需要勇气和练习。先想想，过去在课堂上，你有没有令学生失望的表现，这可以是很久以前的经历，也可能是近期的。然后写下你的道歉，你需要 :（1）指出那个事件以及哪里出了问题 ;（2）分享你对自己行为的反思以及为什么你觉得这一行为低于你的个人水准 ;（3）指出你本来应该如何反应。持续进行道歉的练习，直到你可以在课堂上大大方方地向学生道歉。

CREATING
Cultures of
THINKING

第六章

机会：如何创造机会改变学生的学习方式

“机会”作为名词，指做成一件事，或达到某一目标所需的条件和环境，也指让特定行为成为可能的情境。作为一种文化力量，现有的机会可能会制约活动的开展，也可能促进个人和团体的活动。机会有时可能隐藏起来，也可能无人问津，或者逐渐消逝。但在强大的文化中，成长的、进步的、创造性的机会总是随处可见。在思考的文化中，这些机会更加常见，它们影响着这一群体的活动，让所有个体都能参与其中。

通常来说，在谈论自己的工作时，老师总是会提到很多环节，比如单元安排、写作课、准备活动、构思任务、布置作业等。但是，这样的语言太简单，而且很容易互相混淆，和优秀教师的教学目的不相符，教师要创造机会：参与的机会，挑战错误观念的机会，深入钻研、探索发现的机会，创造意义和思考的机会……简单来说，也就是学习的机会。虽然深入研究学习机会时，总要探讨对学生学习成果的要求，但我们的焦点还是应该放在创造成果的教学过程上。这个过程是否具有挑战性？有没有要求学生思考？需要使用哪些资源？如何充分利用这些资源？如何使用信息、内容和知识，才能产生新的、原创性的内容？

虽然，很多学者在研究中用过“学习机会”这个词，但其他人会用一些别的词来突出学生的实际行为。比如，理查德 · 埃尔默和同事用的是“任务”，沃尔特 · 道尔用的是“学术活动”，弗雷德 · 纽曼用的是“真实的智力活动”。道尔、埃尔默和纽曼的观点非常有意义，在本章，我会更深入地讲解这些说法。但是，我却要用“机会”这个词来描述这股文化力量，而不是用“成果”或“任务”，因为：

1. 它让我们关注教学活动中的实际元素，即那些教学过程中必要的，可能出现的行为，而不是学生最后的学习成果。

2. 它帮助我们创建学习型学校，而不是成果型学校。也就是说，学校要关心学习这一个过程本身，而不仅仅关注最后的成绩。

3. 机会的形式多种多样，而教学“任务”只是其中一种，它是一种有特定形式，特定时长的机会。

当然，我必须承认，道尔应用“成果”一词的时间早于成果型课堂和学习型课堂的研究。而且，实际上他还指出，学生为了成绩而过分看重作业，反而不利于老师进行有意义的教学。在详谈前，我想强调自己和道尔、纽曼、埃尔默在大观点上的一致性：要理解学习，我们不能只看在任务要求下学生的学习效果，更要看他们需要从事的活动以及老师是如何要求他们利用身边的资源来摘取学习成果的。学生实际的心理和智力活动才是最重要的，在这个意义上，不同任务的重要性不同，因为它们可提供的学习机会不一样。

老师创造的机会是推进课堂学习的重要工具。没有合适的工具，学习进程会变慢，会失去惯性，有时甚至会停滞不前。如果要理解一个班级的学习活动，我们就应该检查这个班级获得了哪些机会，也就是看看学习者真正参与了哪些活动以及进行活动的方式。下面三个案例体现了这种检查的必要性，让我们可以看到普通课堂教学活动中隐藏的机会。这些案例来自不同的年级和学科，它的成员范围和持续时间也各不相同，因此借助这些案例，我们可以发现那些使学习机会真正有效的核心特质。

建构角色：用数学来理解《奥赛罗》中的伊阿古

“今天谁来扮演伊阿古？”在华盛顿特区华盛顿国际学校的12年级课堂上，汤姆 · 赫曼老师对学生提出了这个问题。过了一小会儿，前排的一个女生举手了，汤姆接着问：“谁来朗读奥赛罗的部分呢？”一个靠着门坐的男生举起了手。两个人开始接着上节课朗读《奥赛罗》第3场第

3幕。这是非常关键的一出戏，狡诈的伊阿古仅仅用纯粹的影射和绘声绘色的描述，就让奥赛罗相信，他的新婚妻子戴斯德蒙娜和深受他信任的副将凯西奥之间有奸情。

当两个学生朗读各自台词的时候，汤姆时不时让他们暂停一下，然后问学生："这个篇章里有什么值得评论的地方吗？你注意到了什么？语言上有什么特点？"这些问题都不是特别容易回答，但汤姆从来不急于提供答案，他让问题在空中发酵一会儿。显然，学生必须自己去打开这部戏剧并理解其中的角色，而不是等汤姆把自己的理解灌输给他们。重点不是学习莎士比亚的这部戏剧，而是学会如何去理解和欣赏他的作品。慢慢的，学生们开始尝试提出他们的见解。"他在使用一些动物的意象。"一个学生提出，接着又说，"但我不知道此举的目的是什么。"一个学生接过话头说："他无法证明他们真的通奸了，所以他就想在奥赛罗脑子里种下这么一个画面。"顺着这个思路，另一个学生补充道："他试图让奥赛罗看到这个情况。但是，这是不可能的。所以他就只能说些含沙射影的话，让奥赛罗发挥想象。"

在这一幕结束的时候，伊阿古已经成功让奥赛罗相信了戴斯德蒙娜和凯西奥对他的背叛。奥赛罗意欲报复他们，他敦促伊阿古说："三日之内，我要听你说……凯西奥已死。"伊阿古面不改色地接受了他求之不得的任务，但却假意求情说："我的朋友凯西奥已是死人一个，都是按您的意思办的。但求您饶夫人不死。"随着这幕结束，汤姆让学生把注意力转移到对奥赛罗这个角色的解读上："从这部戏开始到现在，我对你们怎么看奥赛罗这个角色非常感兴趣。"

汤姆的语言看似随意，其内涵却值得深思。他没有问问题，而是用一个陈述句表达了对学生观点的兴趣。虽然，"从开始到现在，奥赛罗这个角色产生了什么变化"也不算是一个坏问题，但看上去像是在测试学生，而且像一个闭合性问题。学生可能会想，老师肯定是在期待一个特定答案。通过表达对学生想法的兴趣，汤姆和学生可以有更多的沟通，为讨论、分享和对话提供了更多可能。这个方法也可以叫作“低门槛”的邀请，可以让更多学习者参与谈话。

我们可以往回退一步，再次审视汤姆的这句话。他为什么要这么说？像大多数老师一样，汤姆并没有大费周章地设计和安排要说的每一句话。汤姆说的话来自他对教学的期待，即理解、学习和独立性是教学的首要目标以及他对学生想法的真实兴趣。因为五年来，汤姆一直致力于创造一种思考的文化，并且使用“零点计划”中的许多想法来实现这一目标，所以他自然而然地说出了这句话。

汤姆的话音刚落，尼可就说出了自己的想法：“一开始，他看上去像个挺正常的好人。但现在，他变得软弱，也变得没那么可敬了。他看上去很没有安全感。”萨曼莎就刚刚读到的这一幕谈了她的观察：“他仅凭一人之言就认定了戴斯德蒙娜的不忠。”后排有一个学生喊着说：“五分钟都不用呀！”随着谈话的继续，学生们的想法开始转向伊阿古。“我会更侧重伊阿古的技巧，他的确很擅长操控别人，但是奥赛罗也太没有安全感了。”麦克斯说。

汤姆顺着他的话进一步提问：“这是第二个对于安全感的评论了。之前我们学习的部分，哪里有支持这种观点的证据呢？”就是这么一个对证据的简单要求，汤姆把课堂任务从观点的讨论转移到了有理有据的论证。学生接连给出许多证据：“奥赛罗老说自己不太会说话。”“他老是要让戴斯德蒙娜来为他说话。”“他到哪儿都要带着凯西奥。”“对，简直就是电灯泡嘛。”一个学生说。夏洛特回到刚刚的这一幕：“他并没有怀疑妻子不忠的指控，他甚至完全没有质疑伊阿古。”杰森紧接着补充道：“我觉得夏洛特的话恰恰证明了伊阿古操纵奥赛罗的能力。如果不是伊阿古无中生有的本事，奥赛罗才不会如此不堪。伊阿古把奥赛罗引向了歧途。这个例子更多地体现出伊阿古的恶意引导，而不是奥赛罗的真实感受。”

学生们此时陷入了这些角色到底是怎么回事的讨论，对于一部人们世代传颂的伟大戏剧作品，汤姆认为这恰恰是十分重要的。“对于导演和演员来说，这可是大问题。不解决这个问题，这戏就没法演。”汤姆评论说，让学生在这个问题上继续纠结一会儿。在这里我们看到，汤姆刻意让一个巨大、复杂、令人困惑的问题保持一种悬而未决的状态，借此激励学生思考。汤姆已经领着他们跨过了这道门槛，进入他要进一步探索的问题空间。

现在，汤姆把学生的注意力转移到莎士比亚最复杂的一个反派身上。“我现在想重点看看伊阿古。”汤姆解释了他的动机，“我注意到，在谈到伊阿古的时候，你们中很多人都会说‘邪恶’‘他邪恶的行径’等，但你们没有再深究下去。这个字眼你们用得太随意了。”之所以这样说，是要告诉学生，他不是为了应付考试才带着他们阅读教材上的经典戏剧选段。他希望能逼着他们深入思考，去理解文本，并产生自己的独特见解。他明确地说：“我希望你们深究下去，再挖掘地更深一些。”

紧接着，汤姆布置了下一个任务：“现在我要你们花几分钟写下伊阿古的五到六个性格特点。快速写下来，然后我会让你们大声说出来，我会把它们都写在白板上。”为了让学生们的思路更开阔一些，他补充说：“记住，邪恶不是性格的特点。”这同样是一个低门槛的任务，所有学生都能参与。但同时，这个任务又需要一点初级的分析能力，学生必须回顾伊阿古的言行，分析其背后的动机和意图。

当大家都在忙着把想法写下来的时候，一个学生突然问：“如果我们坚持他是邪恶的，而且可以自圆其说，那我们就能用这个字眼，对吧？”

“不行。”汤姆重申了他的立场，接着又问，“你对邪恶的定义是什么？”

“就是故意去伤害别人。”这个学生回答说。

“找一个别的可以概括这个意思的形容词吧。”汤姆告诉他。另一个学生大声问：“富于激情的反义词是什么？”汤姆赶在有人回答前插话：“你是个聪明的姑娘，你自己能想出来的。”这两次互动中，汤姆都示意学生，他希望他们不要满足于简单的答案，而应该更深入地思考，同时也表现出了对他们能力的信心。

两分钟后，汤姆要求学生喊出他们写下的形容词。他给了几分钟时间，让他们写下一些初步的想法，而不是让他们直接给出答案，这样使学生有时间思考这个话题，并且都能对课堂讨论有所贡献。在写下最初的几个答案后，汤姆请求学生配合：“如果开始重复，你们要及时提醒我。”不到五分钟，学生们就贡献了五十多个词：

聪明	狡诈	自以为是
变态	顽强	愤世嫉俗
蛊惑人心	诚实	有魅力
巧舌如簧	精明	神秘
两面三刀	思维敏捷	不道德
投机	进退自如	嫉妒
心怀叵测	无耻	傲慢
怀恨在心	毫无愧疚	装腔作势
危险	有诱惑力	施虐狂
虚伪	自私	仔细
睚眦必报	冷漠	易受影响
吸引人的	有创造力	性格稳定
阴险	歹毒	观察力强
成熟	锱铢必较	自恋

道德沦丧	无所畏惧	心思缜密
真实	阴谋家	言不由衷
泰然自若	表里不一	斤斤计较

放下手中的马克笔，汤姆转身面对学生，他睁大眼睛，大声赞叹："相当了不起嘛。"学生们把自己的想法汇集到一起，任何一个学生独自都想不出这么多，而学生们对角色也有了新的认识，远远超过了个人见解。汤姆接着补充说："我想特地提一点。刚才听你们讨论的时候，你猜我听到几个在白板上出现的词？"一个学生说："我用了'巧舌如簧'。"汤姆点了点头说："但是大部分词都没有出现过。你们应该开始看到伊阿古这个角色的复杂性了。"

我们再次注意到，汤姆说话很有章法。他在评论中提出了一个更大的主题，"伊阿古角色的复杂性"，并把学生的注意力直直地引向这个方面。他可没说，"在你们最后交的作业里，我希望能看到……"或"要从考官那儿获得高分，你们必须使用更加多元化的词汇"。虽然在一个以考试为中心的教学机制里，这样的话也没有什么不妥，但我们必须注意，这样的语言往往会误导学生，因为它所强调的重点偏离了理解的目的。这倒不是说汤姆的学生在参加国际预科证书考试的时候，会因为准备不充分而手足无措。他的学生的考试成绩出奇的高，而且汤姆和同事在各自课堂里提倡思考文化之后，他学生的成绩还进一步提高了。

为了让学生进一步了解伊阿古这个角色的复杂性，汤姆精心设计了一个挑战他们思维极限的独特机会。有了前面低门槛活动的铺垫，并通过提出理解复杂角色的必要性来鼓励学生参与，现在，汤姆希望学生用数学来重构伊阿古这个角色。这节课只剩下10分钟了，汤姆开始解释这个任务："看看这些（他用手指着白板上的词语）。如果你要创造一个伊阿古，你会选哪些词？选五到十个词作为创造伊阿古的原材料。"他又补充说："这个练习很短，所以如果你觉得白板上的词不够用，就写下你需要的词。"

当学生选完词后，汤姆继续说："好的，让我们进入下一个阶段。看着你们写下的词语，我要你们根据这些性格特质对伊阿古这个角色的重要性进行评分，标上1，2或3。"汤姆解释说："3表示非常重要，2表示值得注意，但没有3那么关键，最后是1。它们可以都是3、2或1。仔细想想再写数字。"

我们注意到，这个活动开始有一些区分性了。刚才学生可以使用其他人提供的形容词，但选择形容词并对其重要性进行评分的活动则必须靠自己了。之前简单的分析任务变成了哪些形容词最能概括伊阿古的特性，所以挑战性有所增加。汤姆的下一个动作，再次挑战了他们的思维。

"这个活动并不难，但是需要动一点脑子。"汤姆一边说一边给学生分发练习纸，"简单来说，就是用数学公式的方式表现伊阿古的性格。"汤姆进一步解释说："你们都知道运算次序吗？"被问到一个数学老师反复灌输的概念，学生们不禁都笑了。"用刚才你们给出的数字评价，结合运算次序，创造一个你们认为能够描述伊阿古的公式。我举一个例子，你们一看就明白该怎么做了：

$$\frac{(\text{友好}3+\text{善良}2)-(\text{嫉妒}2+\text{缺乏安全感}2)}{\text{愚蠢}1+\text{粗俗}1}=\frac{5-4}{2}=\frac{1}{2}$$

"记得我会要求你们解释，你们是怎么做出自己的公式的。"汤姆补充说。虽然汤姆举的例子并没有什么高深的数学知识，但前排的几个男生很快就联想到了他们正在学习的数学内容，并用对数函数和导数开起了玩笑。拉斐尔可没觉得这是开玩笑，"我有一个很酷的想法。"他宣布，"选十个形容词，然后看看整部戏中它们的变化。标出变化率，在下面的区域就是他真我表现的程度。”拉斐尔向班上同学解释，“当你觉得他的真我出现的时候，你就找出变化率和拐点。”

汤姆一直在边上听着，这时他问道：“你确定要这么做吗？”还在犹豫中的拉斐尔回答：“可能吧。我觉得挺兴奋的。”“那就做吧。”汤姆说，“那会很酷的。”拉斐尔马上低头在纸上快速记录着什么，同时自言自语：“这可能要写成满满四页的报告了。”坐在他旁边的学生追问：“真的要做吗？”“那当然了。”拉斐尔坚定地说，“这会让我有更深刻的认识。”

学生对老师布置的任务竟然有这样的反应，世上哪个老师不会因此感到欣喜呢？拉斐尔显然是以数学为工具理解各种各样的现象，但他的反应不是凭空而来的。汤姆为学生提供了一个可以深入思考伊阿古这个角色的机会，从而为拉斐尔的发挥奠定了基础。正像我前面提及的，一开始，汤姆就提供了一个低门槛的活动，使每个学生都能参与探索。他创造了一个令人困惑的局面，那就是为了表演或指导戏剧，必须努力去理解角色的动机，然后逐步把学生引向这个问题空间。在写公式的活动中，汤姆创造了一个让学生透过角色语言和行为来深入观察角色自身的机会，让学生分析这个角色，评估他的各种性情特质，考虑这些特质间的关联，并最终看清伊阿古的本质，这并不是通过写短文的形式来完成的，而是通过一个可以自圆其说的公式。这个活动需要动些脑筋，但时间上并不紧迫，其实下节课才需要交出结果。

请注意，这个活动本身有“很高的天花板”，也就是说，对于学生能做什么不能做什么基本没有限制。这使这个活动成为一个开放性的探索机会。因此，我们看到，学生用更高级的数学方法去认识伊阿古的本质，也看到拉斐尔把活动延伸到研究角色的演变上，而不是把角色看成固定不变的。“高天花板”的活动会带来各种各样的可能性，同时也很好地反映了学生的多样性。这样的活动还带给学生一种主人翁的感觉，因为他们能够通过自己的选择塑造这些任务。但这样的活动更适合以理解为目标的学习型课堂，而不是以求知为目标的业务型课堂。如果学生仅仅满足于跨过低门槛，而不尝试去够天花板，那么这样的活动效果往往不好。这也是为什么专注如此重要。汤姆班上的学生认为，这个公式活动是一个扩展认知的好机会，而不是换取分数的作业（实际上，这个作业是不批改的），他们的表现也反映了他们的想法。这点在拉斐尔的评论中可见一斑，他说“这会让我有更深刻的认识”。

华盛顿国际学校案例：结合现代科技创造积极学习的机会

大卫·雷赫邀请我旁听他在华盛顿国际学校的九年级地理课，看看学生们是怎么学习移民这一课题的。大卫还没有到教室，所以我有机会在学生来之前参观一下教室。这是一间位于学校老楼房中的小教室。教室外面，工人们在脚手架上修理这栋老建筑，锤子的敲击声在教室内回荡。显然，学生们都很热衷于他们研究的课题，因为墙上贴满了包含流程图、表格和例子的各种图表。一面墙上贴满了学生画的家族移民史。在教室前面的书架上，我看到一堆地理教科书，就翻开一本来看。

我找到了讲移民的那章，总共不过10页。我粗粗翻阅了一下，里面都是颜色、地图、插图、照片、文字和图表。课文的后面是一个“对照表”，上面是学生应该从这一章中学到的关键词、术语和观点。有了这个单子，学生就不用自己总结了，连笔记都可以省了，换句话说，都不用自己思考了。我猜，学生一旦熟悉了这个资源，他们就懒得再去读平淡无味、冷冷冰冰的课文了。下一页的标题是“问题”，虽然没有提供答案，但是问题后面都提供了参考页码。我觉得上面的问题都显得有点简单、狭隘，没有太大意义，比如以下这个问题：“请说出一个吸引墨西哥工人的州。”我猜这些问题是为学生备考准备的。

在这一页的最下面，是一块写着“技能、理论和模型”的板块。这里没有罗列各种信息，而是指出学生应当学会的能力："解读和使用图表""解读分级统计地图"（我查了一下字典才知道这个词是什么意思，分级统计地图是指根据地理位置，使用颜色和符号标示数量信息的地图）以及最后的"理解移民问题"。终于讲到有意思、有内容、有主题的部分了，然而，这篇移民专题的课文我前前后后看了几遍，也没发现对理解移民问题有任何帮助。我知道，大卫和他的学生只是把这些教科书当作课外资源，因此我更关注他们是如何处理"理解移民问题"这个课题的。

虽然大卫的班级并不使用这个教材，但很多学校不是这样。虽然我们一直都知道，在提高学生认知能力这件事情上，商业出版的教材可谓乏善可陈，但我们却没有努力改善这一状况。我认为之所以如此，是因为这本地理书以及其他类似的教材，都承载了一种错误的教育理念：即教学就是传授知识，而学习就是记忆信息。实际上，如果你在字典里查"教"这个字，就会看到它的定义是"传递信息"。接着往下看，你可能会看到别的解释，甚至能看到"促使某人学习"这样的定义。虽然这个定义的确更接近优秀教学的本质，但你不得不承认，它的确有点晦涩。究竟怎样才能"促使某人学习"？当然不能只靠传递信息，我们必须做的更好。

事先声明，我并不是说信息不重要，对于学习来说，它是有价值的，也是必要的。但获得信息或被告知哪里能找到信息（比如那本地理书上就写着答案在第22页），并不能促进真正的学习。我们必须用信息来思考，并吃透信息。我们必须处理信息，大卫·雷赫要给我展示的正是如此。

学生陆续走进了教室，显然，他们已经做好了准备，要一头扎入大卫和助手凯尔·卡农提供的机会中去，以帮助探索移民问题。大卫还没有开口，学生们已经把iPad和笔记本都拿了出来，纷纷开始工作了。一边墙上的简报板上贴着两个问题，"人们为什么移民？"和"移民会带来哪些影响？”，提醒学生和老师这个单元的主题。为了探讨这两个问题，大卫和凯尔要求学生用一个名为“声线”的iPad应用来创建3到5分钟长的移民故事。“声线”可以让用户在他们选择的文档和图片上添加语音，并使用高亮和动画效果来突出图片中的一些信息，就像是带有动画的播客节目或视频教程。

学生们已经调查了各自家族移民史所体现出的移民规律，并用图表、地图和表格来展示这些信息。大卫和凯尔用这些数据来深入剖析人们为什么移民，并介绍了过去和现在影响移民问题的各种自觉、不自觉的推力和阻力。为期三天的移民故事项目要求学生用他们已经学习的移民知识讲述一个独立的移民故事。一些学生决定讲一个家庭成员的故事，另一些学生决定用自己家族的种族背景讲解特定人群的迁徙规律。大卫不希望学生仅仅交一份报告，而希望他们能像地理学家一样思考和分析事件。

学生继续研究的热情十分高涨，但大卫还是用最初的几分钟让他们了解完成移民故事任务所需要的思维方式。大卫在白板上写道“在你的故事中使用分析”。“你们记住，”大卫开口说，“你们是地理学家，你们必须像地理学家一样思考。”他转身在白板上写道：“知识——地理学家如何测量移民的挑战/好处？他们使用什么样的语言？”大卫又用红色马克笔在“测量”和“挑战/好处”上加了下划线：“记住我们学习过的影响移民的几大因素。”

大卫接着又在白板上的“知识”两字底下写上“分析”。他解释说：“从这个背景入手，对于你们的分析来说至关重要，你们在选择特定故事的时候一定会用得上的。”他一边在白板上写字一边说：“挑战和好处，还有正面和负面的影响都是在何时、何地，以何种方式体现的？”他进一步解释：“在分析时，你必须找出并区分这些影响，还要作出相应的判断。哪些是最重要、最直观的？”大卫把“找出”“区分”和“判断”写在白板上，并用红笔标上下划线。“今天你们研究问题的时候，要时刻记住这些，”他边说边指向这些词，“我知道你们当中有些地理学家已经准备好为“声线”写录音稿了，你们必须要思考这些问题。记住：你的故事要如何展示移民的挑战和好处？”说完，大卫和凯尔把学生分成两组，把其中一组带到了旁边的空教室里，这样每个人都有地方放书本、iPad和笔记本。

我们看到，大卫用几句简单指令让学生将注意力集中在了他要让他们作的核心思考上：分析。然而，大卫也知道，对于九年级学生来说，“分析”可能是很模糊的一个词，所以他为他们把这个过程拆解开来。他反复强调他们要在分析中使用的框架，即地理学家测量挑战和好处的方法以及不同类型移民的归类方法。接着他让学生知道，他们的任务就是用这个框架来套自己选择的故事，从而帮助他们寻找，区分并评价影响。

当我们考虑为学生创造一些机会的时候，必须确保我们自己和学生都把注意力放在过程上，而不是受最终结果的主导。大卫的学生都被他们的故事深深吸引，也十分喜爱他们的iPad，并且享受为各自的“声线”寻找合适图片的过程。这些重要元素都能带来选择、主人翁意识和创造性，但如果让这些内容喧宾夺主，会使学习变得肤浅。好好利用一个机会学习，这意味着让学生专注于他们应该进行的思考，而不是任其发展。那大卫是如何做到的呢？他不仅解释了分析意味着什么，还提供了一个很应景的活动，并让地理学的实际工作方法发挥了作用。

在这一小节课及之后和学生的一对一互动中，大卫都称呼学生为“地理学家”，他用这种表示身份的语言帮助学生进入角色。移民故事这个活动不仅让学生们学习了地理知识，认识了一些地理术语，还让他们学会像真正的地理学家一样解释现象。这是真实性的一个优势，当我们让学生参与真实的学科实践时，该学科的程序和思维方式就起到了核心作用，同时也自然而然地结合了相应课题的知识、技能和术语。

参观大卫关于分析技能的小课时，我不禁想起新加坡教育部的一项倡议，叫作“少教，多学”，该倡议旨在减少老师说话和提供信息的时间，好让学生有更多机会真正理解内容和学习，而不是单单准备应试。这项倡议的最后结果我不得而知，考试的压力和对学生的要求可能还是没什么变化。但是，他们能认识到以灌输为教学、以应试为目的的教育方式和教育本质间的巨大差异，这本身难道不值得喝彩吗？虽然我不能为新加坡的这项倡议作推广，但我的确在大卫·雷赫的课堂上看到了“少教，多学”精髓的体现。他意识到，必须让学生接触和使用内容，而不是仅仅阅读相关主题的文章。同时他也认识到，真正的学习在于学生自己的行动，而不是老师做了什么。“少教”这种教学哲学的意义在于，让老师专注于为学生创造机会，鼓励老师退居幕后，把学生推向台前。

密歇根中学案例：用社会环境提高教学的深度

迈克尔·梅德文斯基希望打破“学校”音乐和“真实”音乐间的壁垒。他在密歇根州布鲁姆菲尔德希尔斯市的东西山中学获得了新职位，这使他有机会实现这个愿望。虽然此前，他的学生在音乐课上的活动基本就是练习合唱，但迈克尔相信，音乐课应该让学生自己创作音乐，而不仅仅是表演音乐。他每两周才能见一次学生，而且一次只有35分钟时间，所以他早早地就把计划都构思好了。

迈克尔是个熟悉新科技的音乐家，他有一套便携录音设备，可以在教室里快速搭建一个供学生创作音乐的录音室。一个记录人声的麦克风，一台电子琴，一个记录吉他声的输入设备，加上他在笔记本电脑里安装的混音软件“Logic Pro X录音室”，迈克尔就能把学生每小节课的表现都记录下来，并在下一小节课时回放给学生听。这套设备再加上几台安装了Garage Band和其他数字乐器程序的iPad Mini，制作和录制原创音乐的工具就算齐了。有了这些工具，就算每周跟学生见面的时间再短，他都可以捕捉、记录并收集学生们的作品了。

今年迈克尔教学的一个主题就是用音乐的力量来连接和改变生命。他知道自己可以用数字设备为学生提供创作音乐的机会，但这背后的目的何在呢？迈克尔希望为这些活动找到一个学生能认同的意义和目的。看到美国很多公立学校经常削减艺术课程的资金，导致许多音乐项目难以为继，迈克尔觉得，学生们可以用自己的音乐创作来支持这些项目，“以乐助乐”的项目就应运而生了。他的四年级和五年级学生会创作并录制他们在音乐会上表演的曲目，并上传到iTunes上，提供付费下载，所得收益用来为那些难以为继的音乐项目购买乐器、工具和其他设备。

开学后的第二个月，我有机会旁听迈克尔在西山中学的课程。开学还没多久，迈克尔和学生也只见了几次，但是“以乐助乐”项目已经进展的如火如荼了。在教室一面墙上挂着一块白板，上面清楚地写着创作歌曲初期的准备和计划过程：

- 灵感
- 选一个主题（宏大的主题）
- 歌词

  每一节的节奏都一样

  合唱部分节奏不一样
- 合唱

  重复歌词
- 格律

  改变歌词
- 保持曲风

这个大纲为迈克尔提供了一个框架，把学生创作歌曲需要的基本知识和技能整合在了一起。迈克尔告诉我，他教的一个四年级班级正在用白板上列出的方式创作，先从歌词开始，然后加上旋律，但另一个班却刚好相反。他知道，在不同的时间不同的人可能需要不同的工作方法，所以他希望自己的班级可以尝试不同的创作方法，而不是拘泥于某一种方式。

学生陆续进入教室，迈克尔把灯关掉，这样投影可以看得更清楚一些。他的移动录音室都连接好了，白板上投射出他电脑屏幕上的内容。学生可以清楚看到屏幕上他们录制的器乐和人声的音轨图层，发光的绿色音频图一条挨着一条。学生在屏幕前的地毯上席地而坐，迈克尔提问说："谁会是今天的工程师呢？"他并没有请志愿者，而是用一个随机摇号器选出一名学生。他喊出屏幕上的数字，一个学生应声站了起来，上前拿了iPad，像得了宝贝一样捧着回到自己地毯上的座位。

迈克尔告诉我，他几乎每天都用Garage Band软件。"通常都是我自己坐在电脑前，匆忙地按着这些按钮，让科技成为音乐创作的重要环节。"他解释说，"我来'开车'，这样这些小音乐家们就能专心欣赏风景，无须为驾驶分心。"不过，自从安装了Logic Pro X这个软件，迈克尔就能让学生坐在驾驶座上了，通过iPad上的一个界面，他们就能远程控制各种选项，其他学生也能在屏幕上看到这一切。

迈克尔感到，给学生更多这个过程的控制权为这个班级带来了一些变化。"这对班级文化有很大影响。虽然他们一直都是自己创作歌曲，但现在他们能从头到尾掌控整个创作过程了。"他举了一个例子，"前些天，我们停下来讨论和弦的问题，他们觉得和弦在旋律中的位置必须变一变。"迈克尔说，他当时就让"工程师"抹掉那个音轨，并回到最前面。那个学生回答："老师，没等你说，我就这么做了。"

在"以乐助乐"项目的这个时期，迈克尔的学生进入了彼得·伍兹所谓了不起的教育活动的"分歧"阶段。伍兹把这样的活动定义为"时长在几周到一年以上的高度整合、高度专注的教学活动"。对伍兹而言，这样的教学活动的结果是不可预测的，是不可知的高度创造性活动，其中蕴含的“成长种子”可以带来让人改头换面的学习，可以极大地促进个人发展。稍后我会在本章讨论伍兹理论中的其他阶段，但现在我们必须认识到，在分歧阶段应该鼓励学生创新、探索、突破和试验。在这个阶段，任何事情都有可能发生，所以需要静候上天塑造未来的结果，这一点很重要。

迈克尔让他的学生“工程师”（注意他使用的身份语言）播放之前录制的曲子，一条绿线在之前录好的器乐音轨图层上移动，学生们认真地聆听着。迈克尔让“工程师”从头播放音频，并下令学生演唱歌曲。为了让他们看清歌词，他把他们共同创作的歌词投射在白板屏幕上。

随着音乐响起，四年级的学生唱了起来，但他们声音中带着羞涩，几乎听不太清，而且在乐器声的背景下，人声听起来也不太清晰。这首歌的主题是财富的不同形式，第一节歌词说的是一般意义上的金钱财富，第二节歌词说的是其他形式的财富。考虑到两节歌词间的对比和反差，学生觉得这两节的旋律也应该用不同曲风。此时，学生对歌词还比较生疏，他们随着旋律唱出了白板上的歌词。显然，许多学生不熟悉歌词，有些学生勉强才能跟上节奏。但是，我看到他们一边唱歌，一边晃动身体，努力跟上旋律。

人声部分录完后，迈克尔指示学生：“现在跟你旁边的同学说说，你对刚才的表现满意吗？”过了几分钟后，他插话说：“好的，现在请大家停止讨论，你们都有什么感想呢？”一个坐在前排的女生积极地举起手来，说出了第一个想法：“我们拍手可以拍的再久一些吗？”“为什么呢？”迈克尔问。“因为这样，我们就能更好地感受节奏了。”这个学生解释说。迈克尔点点头，表示对这个提议的欣赏，但却没有做太多评论，他让这个想法发酵一会儿，然后叫起另一个学生。

“可以用中提琴吗？”这个学生问道。迈克尔再次点点头，继续收集更多的想法。一个后排的学生举手问："人声部分呢？"

"你能听得到吗？"迈克尔反问。

"好像不太能呀，"男孩摇着头说。

"所以，你觉得我们今天的首要任务是什么呢？"迈克尔微笑着问。

"把人声部分好好录一遍。"男孩咧着嘴回答。对人声部分的不满意让学生陷入了激烈讨论。一个学生说："拍手能拍得轻一些吗？这样就能更好地听到我们自己唱歌的声音了。"

迈克尔意识到了人声部分的问题，对录音的情况也不太满意，但是在这个阶段，他希望鼓励学生更全面地思考他们的歌曲。"我们来说说这个吧，"迈克尔提议，"有谁觉得应该降低拍手的声音？"大部分人都举手了。"好的，"迈克尔接着说，"那我们来想想还有哪些办法呢？"这时，学生们提出了各种五花八门的办法，比如降低拍手的次数还有唱得再大声一些。一个学生给出了一个令人意外的建议："能不能加上笛子的声音，这样拍手的声音就不会显得那么闹了。"听了这个建议，迈克尔说："也就是说，你现在已经从听众的角度思考问题了。"这是个微妙的瞬间，我们注意到，迈克尔用评论让学生的思维从各种解决方案过渡到像音乐家一样思考，站在听众的角度，考虑什么样的声音可以抓住听众的注意力。

迈克尔继续上课，他说："好多人说要降低别的声音。我提个建议吧，我们把人声部分好好录一遍，然后回放给大家听。这样我们就有更多的信息，也好更客观地作决定。"像刚才一样，学生提出，探讨，审视了许多想法，却没有下结论。作为老师，迈克尔有一个强项，那就是他理解创造性过程，并且对其中的不确定性不会感到不适。他能够提供适当的指导，给学生一个框架，让这个创造性过程自然发展，而不会因为操之过急而扼杀了其创造性，或者喧宾夺主地代替学生作决定。

迈克尔知道，他和学生必须克服现阶段的杂乱无章和不适感受，才能迎来有条不紊的下一阶段。但这不仅是一个需要克服的阶段，更是一个鼓励真正思考、培养思考文化的重要环节。正如他自己说的："学生讨论音乐和音乐背后意义的方式改变了我们的课堂文化。"在博客上记录另一个班级学习状况时，他描述了这种转变第一次发生的情况：

对于使用人声来创造原创旋律以及冒险跟学生分享音乐看法这类活动，我一开始是有所顾虑的。但是，当班上一个小音乐家哼出了一段旋律时，我的顾虑就烟消云散了。每个人都很喜欢这个旋律。然后，我很快用钢琴复原了这个旋律。班上的学生就着钢琴，唱了几遍歌词。在慢慢熟悉了旋律之后，我们开始一起修改这个旋律，包括在旋律结束时，改用一个上升音调来过渡到下一节。

当这一切都就位的时候，教室内的能量爆发了。这些小音乐家们几乎坐不住了，一遍又一遍地演练着。班主任一到门口，他们就忍不住要跟他分享他们的新发现。他们非常激动，仿佛着了魔一般。上完这节课之后，班上许多学生都在课间来办公室找我，跟我分享他们的新想法。我也激动坏了，这简直难以置信。

随着"以乐助乐"项目的进展，学生的热情更加高涨，项目的影响力也日益增加。迈克尔为项目申请了Facebook主页和Twitter帐号，这样家长和社区就能关注这个项目的最新进展了。一个八年级学生为这个项目设计了一个非常独特的logo，可以用来推广音乐会，也可以印在网店的T恤上。最后，随着音乐会的临近，他们制作了一张音乐会海报。当然，考虑到迈克尔使用技术的风格，这当然不会是一张普通的海报。它是用一个叫做Aurasma的软件制作的，只要用在智能手机上用软件自带的看图器观看，海报上就会出现一个增强现实的特效，你可以看到学生对他们音乐的介绍，还有邀请你欣赏音乐会的短片。通过这个项目，迈克尔打破了校园音乐和真实音乐间的壁垒，给了学生创作音乐的机会，并且从中学会了音乐的维度、形式和语言，同时也培养了他们的主人翁意识和独立性。同时，他在两所新学校和许多新学生中间，奠定了至少能持续一年的音乐思考文化。

为学生创造学习机会的三大要素

本章案例展示了丰富多样的学习机会，而且每个案例都有一些独到之处，使它们成为创造学习机会的宝贵经验。现在，我要把注意力放在对这些特征的辨别上。在我们自己为学生创造学习机会的时候，要体现这些特征，从而保证我们提供的学习机会能够真正促进学生学习。最后，我会讨论如何在教室环境里创造真实的学习机会。当时间压力、应试压力和学生的愿望让我们焦头烂额时，我们该如何实现为学生创造学习机会的目标呢?

分类：区分有效学习机会的关键一步

作为老师，我们创造的学习机会存在三个维度上的重要不同：时长、形式和复杂性。时长和时间维度有关，从进行指导性互动和对话的短暂瞬间，到持续一整个学期甚至一整个学年的学习事件，夹在中间的是时长中等的教学活动，包括在一节课上完成的简单作业，或者跨越好几节课的活动。

在我们刚刚分析的案例里，汤姆 · 赫曼的学生所进行的就是在课上布置，课下完成，并在下一节课提交的任务。在引导学生学习时，汤姆制造了一些时长稍短的学习机会，比如找出描述伊阿古性格的形容词，并进行评分，这样的互动只需要几分钟的时间。而大卫 · 雷赫使用“声线”应用的移民故事活动就是一个时间较长的活动，为期好几天，并且包含许多次级活动，比如收集移民故事的相关数据，分析整合数据，创作脚本，找到合适的图片，最后用“声线”应用进行录制。迈克尔 · 梅德文斯基的“以乐助乐”项目则是一个长达数月的教

图6.1　机会的时长和范围

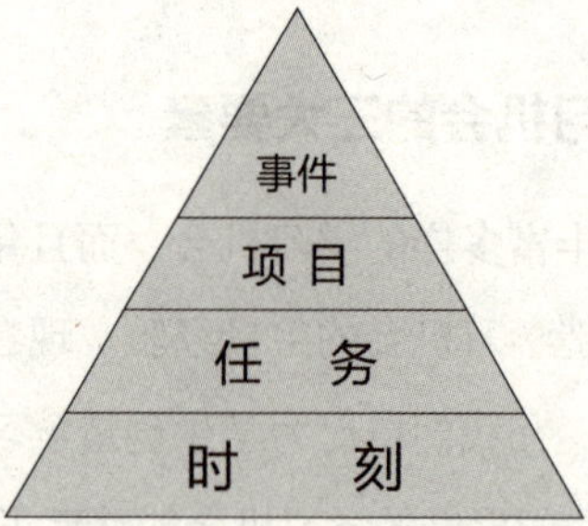

学事件。时长数月的案例通常都包含时长稍短的任务以及和主题契合的活动。

有些人可能会认为，不同时长的学习机会并不是孤立存在的，而是存在于一个更大的情境里。图6.1中的金字塔体现了这一点。在这个金字塔里，最底下是时刻，往上是任务，这些任务又撑起了项目，项目又撑起更大规模的事件，因此事件是不可能脱离项目、任务和时刻而孤立存在的。这个结构也让我们看到，教学活动实际上是由有针对性、目的性的教学时刻构成的。

因为时间长、范围大，所以事件的发生几率较低，而且占据了金字塔的顶端，但是事件对学习的激励、促进作用是独一无二的，这种作用是因为事件具有全面性和创造性，使学习能够跨越学术层面，带来个人的成长，甚至社会的改善。事件为学习提供了有意义的情境，并让学习者和更大范围的社会产生了关系，这一点我们在迈克尔·梅德文斯基的“以乐助乐”项目中可见一斑。这个项目为学生的音乐创作提供了目的和意义，并为学生找到了本地和远程的听众。

伍兹指出，事件发展有六个阶段，每个阶段都可看作是由有目的、有方向、有结果的项目组成的。第一个阶段是事件的**概念化**。虽然老师可能是最初想到点子的人，但老师仍需要让学生信服并唤起他们的兴趣，使学生对事件产生主人翁意识，从而让学生思考不同的可能性；第二，是事件的**准备和规划**阶段。基本知识和技能的传授就发生在这个阶段。在迈克尔的课堂上，这意味着教会学生音乐的不同维度和特质，使学生可以用一些基本工具创造自己的音乐。在这个阶段里，老师需要精心准备，让学生掌握充足的信息和知识，并有意识地推动活动发展，还要为下一步作好准备。第三，**分歧**阶段，我在迈克尔课堂上观察到的正是这个阶段，这是一个探索和创新的阶段。之后就是第四个阶段的**汇聚**了，此时各种想法、观点会进行整合和配对。第五个阶段是**强化**，各个部分构成整体，并让整体更精细完美。最后一个阶段是**庆祝**，一般以某种形式与听众分享，制造高潮。

当然，事件的实现需要时间和精力，然而伍兹发现，事件能给教师带来极大的专业满足感，因为事件让他们想起了立志成为教师的初心。

机会也有不同的形式。老师的教学形式各种各样：全班讨论、小组作业、两人作业、讲座、看视频、读课文、独立作业、使用练习册、技术引导活动等。以上这些例子并不能穷尽所有的方式，一堂课中往往也会使用多种形式，虽然有些形式，比如讲座、视频或练习册可能会给人一种偏离真正教学的映像，但形式本身并不能决定能否带来丰富、优质的学习机会，真正的决定因素是如何使用这些形式。如何才能挑战学生思考的极限并培养他们的理解力呢？如何支持学生思考，让他们觉得能力和独立性都得到了提高呢？如何使学生保持长期的高度专注力呢？

所有老师都会为学生创造时长不等、形式各异的学习机会，但学习机会的复杂性是决定参与程度和学习效果的一个重要维度。复杂性可以看作从低端简单重复性活动到高端挑战性原创反应活动之间的一个区间。这些重复性任务基本上只需要使用一些浅层学习技巧，比如记忆，但富有原创性和挑战性的任务则需要一些深层次的学习技巧，以帮助学生加深理解和认识。只有原创性和挑战性的任务才会让学生有思考的动力。

道尔在20世纪80年代的研究中发现，低层次的重复性任务，也就是那些基本上依靠记忆和简单复制的任务，在学生课堂时间中占到60%到70%，而需要理解、举一反三、推理和原创性反应的任务却只占到10%，剩下的20%到30%基本上是精力涣散或过渡的时间。如果三十多年后，这种情况已经大幅改善，那自然是好事，只可惜这仍然是今天课堂的常态。罗伯特·皮安塔及同事曾对四百多个学区共一千名美国中产阶级家庭的学生进行了研究，他们发现，在五年级学生的教学过程中，针对基本能力的教学量是针对推理、分析能力教学量的五倍之多，他们的发现与两年前学生还在三年级时的情况基本一致。其他人也发现，这种简单重复性活动几乎是各年级、各学科课堂的常态。

虽然现在重复性任务是课堂的常态，但对学生来说，具备复杂性和挑战性的任务才有吸引力。丹·梅尔呼吁增加课堂数学教学的挑战性，并把“复杂性”列为数学教育的重要目标和吸引学生的关键因素。在关于学生参与程度的研究中，大卫·沙诺夫和米哈里·契森米哈里也发现，在集挑战与支持为一体的环境中，学生更容易长时间专注和学习。沙诺夫指出，老师的角色应该是为学生“设计和创作真实的、具有智力挑战性的活动，这些活动具有挑战性，因此能吸引学生行动，并使他们能在成功完成时感受到喜悦和满足”。而在缺乏挑战的时候，学生便没有参与的理由了。这一点泰德·森泽在关于美国高中的重要作品《贺拉斯的妥协：美国中学的困境》中就曾提过。

认识：分辨富于挑战性的学习机会

在前面介绍的三个案例里，学习机会时长不等、形式各异，但这三个案例在复杂性的维度上拥有一致性，它们都挑战了学生的思考能力，并驱使他们给出原创性的回答和反应。具体而言，这些机会有四个共同特征，如果你想要为学生创造学习机会，这四个特征可以作为你的设计原则。它们是新颖的应用、富于意义的询问、有效的沟通和对价值的感知。这些原则的源头不同，包括“理解式教学”、真实的智力活动、心流理论（全身心投入以至于忘记时间和环境）和学生专注力以及可视化思维等。

新颖的应用 理解意味着能够把技能和知识应用到新的情境中，这样的应用要求学生能够分析问题的情境，能够发现应用场景，并能举一反三使用技能和知识。举一反三可以说是技能和知识教育的核心要义，所以，给学生举一反三的机会，而不是让他们简单重复，这对学生来说更有长远意义，对他们的考试表现也大有益处。此外，组织、分析、评估并使用知识创造新概念的活动，可以锐化、深化和强化知识。这种原创性令人振奋，这点在大卫 · 雷赫的移民故事项目中得到了体现。

有意义的询问 在理解式教学框架下使用“理解力表现”，这是培养理解能力的重要手段，理解力表现的一个重要层面就是，能够给学生展示自己理解能力的途径，同时也有助于学生更深入地理解话题和内容。这两个层面也是优质学习机会应该具备的条件。因此，仅仅使用知识是不够的，还需要培养新的认识和个人的见识。学校里有很多看上去很优秀，考试成绩也很好的学生，但他们并没有学到什么新知识。这个问题在学校教育中比较普遍，如果学校的作业和活动不能让学生学到新东西，他们就会习惯于简单地完成作业。我们看到，汤姆 · 赫曼关于伊阿古的作业就集中体现了这个特点，他把这个作业打造成了从新视角深度观察伊阿古这个角色的机会，而拉斐尔对这个作业的反应正是学生积极抓住机会的例子。

有效的沟通 用一个领域的专门语言去表达、重现、论证并沟通自己的思考和想法，这是理解力的题中之义，对理解能力的培养也大有裨益。然而，在学生的课堂活动中，这点经常被忽略，就算不被忽略，也往往仅体现为对选择性、步骤和程序的解释。在使用思考程序，让思维可视化的课堂实践中，我们能看到一些重要的原则，其中之一就是，这种方式逼着学生为自己的想法提供论据和显性的联系。这种课堂强调沟通，这也让学生获得了一些能在考试中使用的技能，特别是一些涉及写作的考试。迈克尔·梅德文斯基的学生在创造原创音乐时，被引入了一个需要使用音乐领域术语沟通的情境，这点非常重要。虽然刚来到迈克尔课堂的时候，多数学生缺乏这方面的词汇知识，但他们可以在集体练习中不断获得扩大音乐词汇量的机会。

价值的认知 前面的三个案例里，学生都创造了一些东西：一个方程式，一条“声线”视频，一首歌曲。在课堂上，学生经常会产出一些成果，但对于学生来说，课堂上产出的东西并不是都有价值和意义的。沙诺夫等人在研究学生参与度时发现，“这种重要性的认知不仅能有效预测学生的参与度，还能强有力地预测学生的学习结果和注意力情况”，他们指出，“在关于学生参与度的预测上，这种对重要性的认知有不可小觑的作用。”

可能有人会说，对重要性的认知是学生个人的选择，这样的观点在一定程度上是正确的。但如果老师能够尝试引导学生认识活动背后的意义，学生不就更容易发现活动的意义了吗。这可不是像许多学校要求的那样，让老师在课上强调活动的价值和意义。实际上，沙诺夫发现，老师对课程背后意义的强调并不能实质性地影响学生对于意义的认知，老师眼里的价值和学生眼里的价值自然会有所不同。其实，老师能否把课堂活动置于更宏大的目标和事业中，这才更加重要。

像“以乐助乐”这样的教学事件就把学习活动置于更大的背景下，并为事件中所有项目和活动提供了理由。这是事件力量的体现。在移民故事活动中，大卫·雷赫给了学生自主性，学生们可以把课堂活动和自己的家族历史联系起来，这无形中增加了这个课堂活动的意义和价值。在汤姆的案例里，他把伊阿古方程式这个课堂活动打造成了一个认识角色性格的机会，鼓励学生尝试新的视角和方法，把他们推到了一个高度开放的任务中。

创造：让师生从富于挑战的机会中获益

优秀教学离不开优良的学习机会，我们为学生创造课堂活动，通过对学生的激励和吸引，提高教学的可能性和原创性，或通过降低和限制重复性的浅层学习活动，为学生搭建成长的舞台。麦克 · 西莫科指出，用目的性明确的机会代替低层次的活动，吸引学生思考，这是学校提高教学质量的最有效、最低成本的方法。这就意味着降低对练习册、教学大纲、指导手册和照本宣科式教学方法的依赖，因为这些方法没有一项能够促进学生的个性发展。我仿佛已经听到很多反对的声音，很多人要说“你说的都对，但是……”。对于我所提倡的制造更多更好的学习机会的观点，他们可能有些怀疑，也可能是觉得我提供的三个案例并没有使他们信服。那我就试着解答一下这方面的疑问吧。

“你说的都对，但是创造学习机会不是要花很多的时间吗？”我不会撒谎，也不会文过饰非。这的确需要花一些时间，但创造学习机会是教学最重要的环节之一，也是教学的快乐和挑战的源泉，为什么要把这样的机会拱手让给别人呢？这里提到的三个案例里，三位老师都做了他们原来不曾做的事情，但是想出他们的课堂活动和规划的事件，这并没有花太多的时间，因为他们本来就习惯思考如何激励学生和吸引学生的注意力，他们倡导学习，而且一直在寻找类似的机会。与此同时，他们也乐于冒险和尝试，所以虽然偶尔有一些观点需要调整和修改，也不是什么大不了的事情。最重要的是，这些老师通过吸引学生参与，尝试了新的教学方法，获得了新的精力，还记得我们前面说过管理精力比管理

时间更重要吗?（见第4章）

与此同时，并不是每次创造新的学习机会，都需要老师煞费苦心。迈克尔善于指导学生创作音乐，所以给这个活动创造新情境和背景时，一开始也没有花多少时间。而且我们还可以利用现有的学习机会，甚至是现成的教案，来制造新的学习机会。我的同事马克·切奇称之为“旧物改造”。这需要我们重新审视以前用过的，或在别处找到的活动，并问这么几个问题：在这个情况下，我怎么才能让学生作更多的思考？这个活动能不能改造成开放性的活动？能把活动扩展一下，或放在更加吸引人的情境中吗？这个活动的铺垫和框架是不是太多了，能不能精简一些？我要学生思考的核心问题是什么，这个活动怎么体现这个核心呢？梅尔就是一个数学课的旧物改造大师，他能让常规性的问题变得令人深思，如果你觉得这个思维过程比较困难，可以考虑让同事帮忙检查你设计的学习机会。

“你说的都对，但学生参加的考试就是重复性的，也不太看重思考能力。”这种假设的前提是，用填鸭教学苦练基本能力是帮助学生准备标准化考试的最好方法，但事实并非如此。弗雷德·纽曼研究了芝加哥公立学校5000名三年级、六年级和八年级学生参与的课堂互动，发现那些在课堂上经常接触需要复杂思维能力和高级沟通能力任务的学生，在考察基本技能的标准化测验中，表现要优于那些做重复性活动较多的学生。对不同水平的学生来说，这个发现都成立，然而，表现较差的学生尤其缺乏学习机会。简而言之，学生应该少花一些时间做题，多花一些时间理清知识的来龙去脉。

纽曼这种大规模的研究结果很有说服力，而且这方面的研究一直层出不穷，互相佐证，因而更令人信服。这些研究表明，培养学生思考、举一反三和实际应用的能力，并让他们通过内容去思考，这不仅能帮助学生提高考试成绩，更为让他们成为21世纪的公民打好了基础。这些发现不应该让我们觉得新奇，罗伯特·弗雷德指出，让学生参与学习是取得好成绩的关键："让学生专注研究内容，这需要老师改变传统的讲授方法，减少他们教学生东西的时间。这样，学生才能学好重要的东西，并深入了解主题。通过有意义的问题，设定问询的框架，老师可以退居幕后，让学生自己来做应该做的事情。"

"你说的都对，但学生可能不会合作，他们不习惯思考。"在《贺瑞斯的妥协：美国高中的困境》一书中，泰德·森泽指出，这是中级教育面临的重要困难，学生往往愿意用沉默和顺从来换取轻松惬意。学校的日子照样一天一天过，但学生学习的步伐比蜗牛还慢。道尔也发现，在现有的任务框架下，为了保持表现的稳定，学生面临巨大的压力，而老师对学生的期待也只是让他们熟记内容。道尔观察到，"那些认知心理学家认为，对提高学生学术能力影响最长远的活动恰恰是课堂上最难实践的。"

道尔认为，这种冲突的根源在于，学生希望降低任务的不确定性（即获得精确答案所需要的程度），同时降低因无法达到评价标准而带来的挫败感。简单的记忆任务清楚直白，而且失败风险极低，相比之下，理解的不确定性要高很多，而且很容易犯错和失败。从学生对新任务的反应中，我们可以看出他们在尝试管理风险和不确定性。他们的提问旨在清楚地定义任务，降低其不确定性，并最终确定老师评分的期望标准。有的时候，学生会进行"试验"，一遍一遍测试老师只言片语的回答，直到基本拼凑出老师的期待。有时候，为了不被学生的"试验"拖下水，老师还真需要一点坚强的意志。

但道尔的发现也有其局限性，那就是，他考察的课堂大体上都是以课业为导向的。道尔并没有质疑这种课堂文化，成绩和评估是激励学生的主要手段，他也没有质疑这一观点。教育界有一种由来已久的观念，那就是学生只会做教科书上"管用"的部分。这在一定程度上是符合事实的，如果你的评估以知识为标准，学生可能就不会觉得理解有多么重要。评估机制必须与我们试图培养的行为、过程和成果相一致，如果学生觉得努力并不会带来收获，他们就不会付出努力，但这并不是说一切都要体现在分数上。汤姆·赫曼的伊阿古方程式并没有记入成绩，但他让学生看到了这个活动的意义。他们知道汤姆会要求他们写伊阿古，而努力理解这个角色将帮助他们写好这篇报告。因此，他们能够明白这个作业的价值。在汤姆·雷赫的课堂上，他通过明确教授必须的分析过程来管理任务的不确定性。这种外显的教学方法为学生的认知发展搭设了框架，同时促进了学生的独立性。

最后，学生的态度发生了变化，因为他们沉浸在一种思考的文化中，并将理解和独立性的培养看作学习的主要目标。这意味着从课业导向转向学习导向，同时使我们的期待和创造的机会相匹配。在更宏大的目标下设置任务和活动，并在协同合作的氛围中提供选择、创意和挑战，这是这一过程的关键环节。

活动：如何区分和创造学习机会

- 从学生要做的事情的角度，分析一个任务/项目。通读任务/项目的内容和步骤，列一个单子，写上能够描述学生活动内容的动词。然后按照学生做这些事情时需要时间的多少进行排序。从中我们能否看出这些动作可以带给学生的潜在学习机会呢？

- 提高或者移除任务/项目的上限要求。读读你为学生写的指令和描述，看看它们是否限制了学生创造的成果？应该怎样重新组织语言，才能增加可能性呢？问问你自己：班上是否有第一天就能完成所有任务的学生？如果答案是肯定的，那么你必须调整这个任务，提高它的挑战性。

- 创造“复杂性”。为什么要学习这个东西？它在哪里才能派上用场呢？怎样才能创造一种情境，让学生必须使用这个知识来理解或解决某个问题呢？这正是你需要的复杂性情境！

- 用以下四个标准分析并评价一个任务/项目：新颖的应用，有意义的询问，有效的沟通和能感受到的价值。哪项是这个任务/项目的最强项？哪里需要加强呢？

- “旧物改造”。选择一个还不错的任务，然后想想（也可以和同事群策群力）要怎么扩展一下，才能为学生提供深入思考的机会。例如，问学生“你们觉得解这道方程式的时候哪里最容易出错呢？”，而不是仅仅说“解这道方程式”。后者只是简单地要求学生用所学知识完成一个已知程序，前者则要求学生进行分析，辨认误区并选择角度。

- 使用《课堂学习活动反思》表（详见附录A）。该表要求学生指出他们上节课上做得最多的一类活动。你不妨先自己填写一个表格，然后看看你的结果和学生的结果是否一致。当然，像“收集信息”和“练习技能”这样的活动本身并没有问题，但它们不能是学生主要的甚至唯一的学习机会。

- 分析成功。和同事一起，用《成功分析标准》（详见附录C）寻找、记录、分享并分析你最有效的教学机会。在分析时，你可以提出更多提高学习机会效果的标准。

- 少教。想想有哪些法子可以让你自己退居二线，让学生成为课堂的主角，更好地学习和思考。你可能需要用摄像机记录自己上课的情况，从而知道一节课中有多少时间是你在讲话。

- 使用“经验抽样方法”来确定学生的专注程度。契森米哈里使用该方法收集人们对事件感受的数据。简单来说，受试者会在随机间隔时间里得到提醒，用简短的一两句话或一个数值来评价当时的感受，这个回答过程应在两分钟内完成。课堂上，你可以随机暂停教学一到两次，然后要求学生以总分5分的标准（0分为非常不同意，5分为非常同意）对以下一些陈述进行评价：

我觉得现在的课堂内容非常有趣。

我很享受这个时刻。

我正在学习好多东西。

我现在很难集中注意力做眼前的任务。

我正在思考此刻的课堂活动/主题。

我感到现在必须努力思考。

我理解此刻我们正在做的大部分内容。

（注：一些陈述是故意从反面写的，所以学生必须读清楚了才能评分，一股脑儿全给高分的话，就会前后矛盾了。）

CREATING
Cultures of
THINKING

第七章

常规：如何为学习和思考提供支撑和框架

“常规”作为名词，指为高效、快速达到目标而设计的一套行为程序。也可指一个团体内，为应对反复出现的问题、事件或情况，专门设定的，或广为接受的行为规范。作为塑造文化的重要力量，常规代表了一个团体内统一的做事方法。它们是教室内的基础设施，引导课堂上的大多数活动。不管是用来管理、参与、对话、指导、学习还是思考，常规都能帮助降低课堂混乱，减少教学的不确定性，使活动沿既定轨道发展。最终，常规成为团体和个人的行为方式。在学习型团体内，思考和学习方面的常规具有更独特的意义，因为它能帮助引导、支持学习和思考活动。

穿过幼儿园教室的大门，我感到十分紧张。我上次教五岁的小朋友还是很多年以前了，所以感觉有点生疏。另外，我设计的这堂课也有点冒险。虽然我之前也试过这个方法，但要相信在这整整30分钟的时间里，这些素未谋面的小孩能充分使用我提供的学习机会，的确需要很大的信心。我希望自己的决定是对的。我刚刚开始和这所学校的老师合作，来解决数学教学的问题，这里的老师只会用简单的讲故事式的应用题来教学生新的算术方法，他们不知道还有什么别的途径。园长觉得让我来上一堂示范课可能会对他们有所帮助，这样老师们就可以看看还有什么别的方法了。

我的目的不是展示一堂优秀的数学课，而是向老师们介绍一些数学教学中可以使用的大体方针和基本架构。具体来说，我希望向他们清楚展示用数学解决问题的方法，让他们认识到，哪怕再小的孩子都具有复杂的数学思维能力，并为他们提供一套以后课程中都能使用的支持思考的常规。下面要介绍的方法是“主张—支持—提问”（英文是Claim-Support-Quesion，缩写为CSQ），使用的例子是“最灿烂的笑容”。

我走进教室，凯西让孩子们坐在地毯上。当学生围成圈坐下的时候，我也在他们前面的椅子上坐下了。凯西为我作了介绍，然后就回到旁听的六位老师中间。只用一句“大家坐到地毯上来”，课堂就从一个活动进入下一个活动，学生也准备就绪了，这体现了一种高效的管理常规。学生们很听话，很快就把各自的东西放好了，并找到了自己在圆圈中的位置。学生围成圈坐在地毯上，老师坐在前面，旁边立着一块翻页写字板，这是学生熟悉的常规教学程序。坐到地毯上后，学生们也熟悉接下来的教学活动。在课堂上，很多事件会反复出现，一些教学形式也会反复使用，所以有一套管理这些活动的常规能够节约大量的过渡时间，同时也能让我这样的来访者觉得比较适应。

我直接跳入自己的问题，满心希望孩子们会觉得感兴趣。“今天早上我很激动，因为要跟你们一起练习思考。”我说，“你们的老师说，你们可擅长解决问题了。正巧我有个问题，你们应该能帮上忙。前些天你们有一个‘校园照片日’活动。还记得吗？”我赶在他们讲那天的故事之前说：“嗯，昨天我经过体育馆，看到摄影师盯着你们的照片说，‘小家伙，你的笑容是我见过最灿烂的’。”话音刚落，我眼前亮起无数灿烂的笑容。

“摄影师说的是谁呀？”一个学生兴奋地问。

“哎呀，问题就在这。”我回答，“我也不知道他说的具体是谁，我只是听他这么说而已。我也很好奇。”做好铺垫以后，我开始介绍接下来讨论时会用到的一些词汇：“当一个人说了一件有可能是真的，但也有可能是假的事情时，我们把他说的话叫作‘论点’，就是这个人认为符合事实的观点。”我举了一个浅显的例子：“比如我可以说，‘明天会下雨’，这就是我的一个论点。我们并不知道它是否正确，但我们可以找到一些支持它的论据，同时也可能找到一些让我们怀疑其真实性的论据。”我又引入了论据这个词汇，“你们想想，有哪些论据可以支持‘明天会下雨’这个论点？”米卡双膝贴着地，举手说：“嗯，明天会下雨，因为现在是春天，春天多雨嘛。”另一个学生补充说：“我记得电视上天气预报员说明天会下雨。”

“嗯，很好，现在有两个论据支持我的论点了。”我说道，并再次强化目标词汇，“那质疑的声音呢？什么会让你们怀疑我的论点呢？”

“嗯，虽然天气预报员是这么说的，但他也有犯错的时候。”雅各布说。

“有意思，所以我们需要想想所得信息的源头是什么以及这个信息源有多可靠。”我补充说。

确信孩子们已经理解“论点”和“论据”这两个词汇了，我把课堂引回到了我们的问题上：“好的，现在让我们回到摄影师说的话：‘你的笑容是我见过最灿烂的。’什么样的论据才能证明真的是最灿烂的呢？”

“但我们还不知道他说的是谁呢。”贾斯敏倚着我的膝盖说。

“说得对，我们的确不知道。”我回应，“所以不知道他说的是谁，这件事本身就让我们怀疑这个论点，你会想这可能不是真的，或者太难证明真假了。”离我最远的加布里提出了一个支撑论据：“但是，摄影师见过我们所有人，他见过太多的微笑，所以他的话是可信的。”挨着他坐的贾马尔站起来说：“如果他说的是我，那肯定就是真的，因为我的笑容很灿烂呀。”说着他就向全班展示了他灿烂的笑容。我跟学生对了对眼色，然后问：“如果我们知道摄影师说的是谁，那调查起这个论点的真假会不会容易一些？”学生们齐刷刷地点头。

“好吧，让我们暂且承认贾马尔的论点，即他的笑容最灿烂。我们怎么样才能找到支持这个论点的论据呢？我们该怎么做呢？”很多人举手，没等点名，好几个人就说“我们可以量呀。”这个想法的出现并没有让我吃惊，凯西跟我说过，学生们已经开始学习测量了。让学生思考我们为什么、什么时候以及如何测量，这正是这个主题的题中之义，也是教他们标准测量之前的重要铺垫。许多问题都需要情境来推动，而不仅依托于简单的教材，比如多少的问题，差量的问题，如何发现差量的问题，测量结果怎样才可信的问题等。微笑就是一个很好的例子，因为你的微笑和别人的微笑之间不容易比较。

我们已经谈到测量了，但测量会带来什么样的论据，这一点还不是很清楚。我试着引导学生去思考这个问题："我们要测量什么呢？"

"当然是我们的微笑了。"学生齐声说。

"这如何能证明贾马尔的论点是否可信呢？"我问。学生们想着怎么使用测量结果，一时没能回答。最后一个学生说："嗯，只要有一个人的微笑比贾马尔灿烂，他的论点就不成立了。"

"你的意思是找出一个人，只要他的笑容比贾马尔的灿烂就行了？"我用问题帮她理清思路。

"对。"她说，很起劲地点头。的确有道理，有时候证伪比证实要容易得多。

为了获得一个支撑论据，我转变了一下角度："如果我们比较贾马尔和娜塔莉的笑容，发现他的笑容更灿烂。这能算支持贾马尔的论据吗？"学生们迟疑了一下，乔纳森发现了其中的玄机："但这也不能证明他的笑容是全班最灿烂的呀。"

"你说的对。"我承认道，"所以，一条论据并不总能证明一个论点的真实性，但确实能给我们一些论据和理由，去相信它很有可能是真的。"我问："如果贾马尔的笑容比娜塔莉的灿烂，这是不是至少证明他的论点可能是真的呢？"大部分学生似乎差一点就能接受我对论据的解释了，但要让五岁的孩子走出非黑即白的二进制思维方式，这并不容易，所以我知道，只有在论据上再下点功夫，才能强化这个观点。如果今天不能一步到位，也完全在意料之中。

"现在我们安静地思考一会儿，不要说话，也不要举手。自己好好地琢磨一下，微笑到底要怎么测量呢？"这里我给的指令都非常清楚，因为我并不熟悉这个班级。但在跟他们进行几次互动后，"安静地思考一会儿”就变成了一个教学常规，在老师提问后，学生会很自然地静静思索一会儿，而不是着急着举手回答。在幼儿园里，孩子们就是在学习以后上学时的一些常规和规范。但是，较大一点的学生往往会把以前的习惯带到新环境里。如果老师希望改变这些常规，或阻止一些扰乱课堂正常秩序的坏习惯（比如大喊大叫），在学年一开始的时候，他们就需要培养新的做事方法。

过了差不多半分钟，我打断道："现在跟你的邻座分享一下你的想法，你觉得我们该怎么测量微笑呢？"我看得出来，凯西应该是教过他们“思考—组队—分享”方法，因为他们很自然地就找到了伙伴并开始分享自己的想法。如果看到学生做得很熟练，那么这个常规肯定是他们所熟悉的。“思考—组队—分享”是一个复杂的方法：它是一种教学手段，通过明确提供思考时间来培养学生的思考能力；同时它也是一个对话程序，因为它给学生之间的对话提供了一个框架。

当学生在分享的时候，我在写字板上写下“谁的笑容最灿烂”。同时，我心里十分清楚，我们的焦点从对具体论点的调查转移到了更宽泛的问题上，即如何测量微笑。我想要引入“主张—支持—提问”方法，为在座的老师示范如何将“主张—支持—提问”方法作为框架，以调查论点或假设。这是一种思考问题解决方法的新思路，它并不是把语言变成抽象的符号，而是调查一个观点的真实性。同时，“主张—支持—提问”方法也让学生接触了论据这个概念，这可是一个极其重要的数学概念。

给幼儿园的小朋友上课可不是一件轻松的差事，而且我必须确保我们不是在漫无目的地聊天，而是在积极寻找解决问题的方法，尝试不同的测量技巧，比较不同方法的优劣，并且每个人都参与其中。孩子们尝试用手指和尺子来测量，但效果都不好。一个叫作凯蒂的小女孩对这些方法都不满意，她举手提议我们使用“塑料纸片”来测量。一开始我真不知道她是什么意思，但她接着解释说，就是美术课上从塑料纸上裁下的边角料。凯西老师把这些边角纸片都收集了起来，在学生的美术项目中可以废物利用。我问怎么使用塑料纸片。凯蒂解释说，可以把纸片的两端固定在微笑着的两边嘴角上。如果两个人互相测量，就可以看出谁的微笑更大一些。我们开始按照这个方法来，效果似乎不错，但遗憾的是，时间不够了，因为孩子们要开始上音乐课了。

课后和几位老师交流的时候，凯西承认她使劲忍着才没提示孩子们可以用毛线来测量。我们谈到，有时候老师需要极大的耐心，因为要给孩子们时间思考，让他们尝试可能会失败的方法，并看着他们不断摸索和修改方法。对于老师和学生来说，这个过程本身就是一个新的教学常规：是从“跟着老师做”到“我们一起想法子来解决问题”的转变。我们的谈话逐渐脱离了这节示范课本身，开始讨论起“主张—支持—提问”方法。

合理建立教学常规，提高学生学习的深度

自从笔者的《哈佛大学教育学院思维训练课》出版后，世界各地成千上万的老师开始了解思维程序这个概念。老师们往往发现这些常规在课堂上“效果显著”，给学生提供了积极、专注的学习机会，同时揭示了学生的思维过程。然而，对于很多老师来说，他们仍然不知道如何让一次良好的课堂活动延续成师生可以共同使用的真实方法。虽然管理和指示性的方法经常能成为习惯，但提供架构和铺垫的思考程序则需要有意识地激发，最开始是靠老师，久而久之就靠学习者自身，然后还需要有意识地运用，以实现目的。

这不禁让我想起大卫 · 科恩的那篇著名文章《一个教室里的革命：O老师的故事》。科恩记录了O老师的教学情况，O老师是一名热衷于利用教具进行数学教学的老师。虽然O老师觉得她的教学方式已经有了质的变化，但科恩发现，她只是用没头没脑地使用教具取代了没头没脑地做

题而已。O老师的课堂目标仍然是让学生跟着老师走，并给出老师所期望的答案。我担心在思考程序问题上，很多老师会犯O老师的这个错误，即满足于思考程序带来的表面改变，而不是用它彻底改变课堂上学习和思考的状况。为了避免这个情况，老师们必须将思考程序作为促进学生自己思考的工具和架构，并通过这种思考来加深理解。

在研究那些思考能力卓越的教师时，我遇到了思维程序的概念。在长达一年的观察中，我从来没有看到过他们在课上传授思考技巧，但是他们经常使用一些结构，以帮助和支撑学生思考。我亲眼看到了这些结构在课堂上的作用，与其称它们为“策略”，还不如用“程序”更准确一些，所以我决定管它们叫程序。我看到的思维辅助手段可以说是教学程序和思考策略的结合，它们也因此成为了课堂的基本内容和行为方法。优良的品质使它们成为一股重要的文化塑造力量，这一点在“程序”这个标签中得到了恰当体现。然而，因为思维程序介于显性策略指导和教师的教学程序之间，所以有时候学生会觉得不知所措，这也是很正常的。

怎样才能使一次性活动变成一种支持学生深度学习和思考的思维程序，并最终成为一种行为模式呢？比亚利克学院老师的做法为我们提供了一个极好的例子。比亚利克学院是澳大利亚墨尔本的一所私立学校，学生年龄在3到18岁间，该学校是过去十多年“思考文化”项目的重要研究点。比亚利克学院的故事告诉我们，思考程序本身并不是目的，它们应该是创建有效课堂和校园文化的一股重要力量。

为了培养校园思考文化，我和我的同事经常（偶有例外）使用思考程序作为切入点。我们之所以这么做，并不是因为程序是最重要的文化力量，而是因为它们：

- 把老师的注意力引导到思考这个主题上。
- 为老师提供了可以直接使用的、立竿见影的方法。

- 让学生的思维可视化，从而为老师提供学生思维能力的具体例子。
- 鼓励围绕思考开展活动和讨论。
- 为课堂思考和学习构建框架。
- 能够与其他文化力量轻松对接。老师们在使用程序的时候，经常发现自己的语言、提供的机会和互动的情况等方面都发生了变化。

比亚利克学院使用思考程序的故事数不胜数，我们在各种不同的场合记录和分享了许多故事。现在我要讲的是一个故事集合，也就是全校范围内使用“主张—支持—提问”程序来提高学生数学思维能力的故事。这个故事之所以重要，是因为它从核心上说明了，为何在任何科目，思维程序都是重要的学习工具以及它是如何发挥工具作用的。

比亚利克故事之所以重要，另一个原因在于，它表明使用思考程序时教师的关注重点应该是对思考的支持，而不是使用程序的数量。把一个程序用的恰到好处，强过象征性地使用十个程序。这个故事要从凯特琳 · 费曼老师尝试在她的数学拓展课上使用思考程序说起。然后，故事转移到该学校小学部的日常数学教学上，重点是詹尼斯 · 金达的二年级课堂。最后，当新老师詹妮弗 · 凯恩到学校报到并开始讲授中级数学时，她发现学生已经能熟练使用思考程序学数学了，而且她发现，可以很自然地用这些方法指导十年级学生学习思考。你在读这些故事时，不妨想想这些程序是如何从根本上重塑课堂教学活动的，这些程序是怎么从一次性活动变成深化学生理解的重要工具的？

数学案例：用“主张—支持—提问”程序教授五年级数字理论

“现在‘主张—支持—提问’程序已经是我的课堂的重要组成部分了，也是课堂背后深层架构和学习文化的重要一环”，凯特琳 · 费曼在介绍她的数学拓展课时这样解释说。在过去十多年里，她教过二到七年级的学生，现在她是学校数学教学组的协调员。凯特琳觉得，学生现在“能熟练地得出问题的答案（数据），并围绕它们提出理论和论点，用论据支持论点，并能根据我自己或同学提出的问题更深入地或另辟蹊径地研究问题。”

当我走进凯特琳的五年级数学拓展课“课堂”时，她话里的意思就显而易见了。凯特琳上课的多用途“教室”小到连转身的地方都没有。这个12英尺乘20英尺的房间同时是教师休息室、电脑机房、专业训练室、辅导室和储物间，然而凯特琳还是在狭小的空间里塞下了一间充满数学味道的教室。没有白板，她就用写字板和学生作业本来记录和展示学生的学习过程，并使其可视化。

上课铃响了，凯特琳指示她扩展课的12名学生围拢到一张桌子旁，因为没有地方让所有人都坐下，所以一半的学生都站在桌子边上。凯特琳坐在桌子的一边，她开口说：“上节课，我们已经开始学习三角形数了。”她抬起头，目光与一名学生相遇，她记起上节课他提的一个问题：“伊森，你是不是有话要说？我记得你说过你有一个论点。”伊森开始说话时，其他同学都注意地听着：“1不是三角形数，因为一个点不能构成三角形。我认为3是第一个三角形数，因为三个点就能产生一个三角形了。另外，1是个正方形数。”

突然间，无数的手举了起来，表示不同意伊森的观点。凯特琳只得先让学生们把手放下来，她接着试探伊森的想法：“好的。你说1不是三角形数，你的理由是1不能摆成一个三角形，而你的论据就在下面这里。”她一边总结，一边把学生的注意力引导到她旁边的写字板上。她读出上面的字：“三角形数和正方形数相似，只不过三角形数在三角形里。”既然这个论点已经弄清楚了，凯特琳继续追问：“你说1不能构成一个三角形，那1怎么构成正方形呢？”伊森这下犯难了，但在同学的帮助下，他总算解释说，他指的是纬度而不是“形状”。既然正方形可以是3×3或

2×2，那自然1×1也可以，因为正方形就是这么画出来的。“好。”凯特琳应答道，对他的解释不作什么判断，“我明白你是什么意思。”

在之后学习三角形数的两天中，伊森提出来，凯特琳暂时搁置的问题会贯穿学生们的课堂讨论中。对于老师们来说，慢慢等待观点发展变化，让问题和不确定性悬在空中而不急着解决，都是不太自然的事情，凯特琳说自己也在不断学习和适应。“如果你要使用‘主张—支持—提问’，就必须让学生获得一定的自主权。如果你不是仅仅想教一个知识点，而是真心要教好数学这门科目，并鼓励学生用数学进行思考，就不得不让出一定的掌控权。”她解释说，“这其实挺令人害怕的。万一他们跑题了怎么办？他们的表现和我的预期完全不一样怎么办？你必须看到大局。这需要不断练习，也需要自信。更重要的是，你必须尊重学生的想法。”

以伊森的论点为铺垫，凯特琳希望给学生更多时间收集和分析数据，寻找规律，然后作出概括或提出论点。凯特琳快速回顾了上节课的内容，并以此为切入点。这些都是关于三角形数的定义和如何制造三角形数的一些基本论点，比如：

- 三角形数与正方形数相似，只不过是三角形的形状。
- 首先，你要在顶端放一个点，然后在下面放上两个点，再然后是三个点，以此类推。
- 每一条边上必须有同样数量的点。

凯特琳转向学生，然后问：“谁有新的论点？”大部分人都举手了。“第一步，把你的论点写在一张纸上。第二步，如果没有论点或者已经写了，我们就做一点学正方形数时做的事情。伊森说我们有一个正方形数的公式，2排2个点，4排4个点，7排7个点，以此类推。我们也需要一个三角形数的公式，帮助我们找到第3个、第7个、第9个还有更多的三角形数。第三步，我们来看看这些论点，看看能不能找到支持或反对的论据。你们有三分钟时间，安安静静地写你们的论点，并试着找到一个三角形数公式吧。”

学生们回到自己的座位上，开始干活了。三分钟后，凯特琳让学生带着自己的论点聚到前面的大桌子旁，收齐了之后，她开始读这些论点：

- 从第2个或第3个三角形数开始，你会得到三个等边，中间夹着一个三角形。
- 另一个画三角形数的方法是，先在底边上画一些点，再画两边，然后把中间填满。
- 数字每变大一点，就需要再加一行。
- 1是一个三角形数，因为底边是1，两条对角线也都是1。
- 第一个三角形数是3不是1，因为至少需要3个点才能构成一个三角形。
- 如果一个数是三角形数，那么这个数肯定不是正方形数。
- 如果你要找到第7个三角形数，你就以7为底边，往上堆砌就可以了。
- 1是第一个三角形数，因为你可以把它弄成三角形的。

有的学生提出的是问题而不是论点。虽然“主张—支持—提问”的质疑层面主要是针对特定论点提出问题或质疑，但我们当然也可以用它提出更多和主题相关的一般性问题。学生的问题包括：

- 怎么在方程里标注三角形数呢？可以用2表示平方，用3表示立方，三角形数用什么数字或符号表示呢？
- 有多少数字既是三角形数又是正方形数？
- 三角形数为什么不同于数组？

凯特琳读着这些论点和问题，学生不时发出评论，许多人已经准备好了支持或反驳这些论点的论据。到底第一个三角数是什么的问题已经

图7.1 杰玛的三角形

在学生心头萦绕很久了，而标记方法的问题也让许多学生十分牵挂。然而，今天已经没有时间了。当凯特琳让学生解散的时候，我听到他们都在悄悄讨论当天的大问题：1到底是不是三角形数？

学生们才刚刚接触三角形数这个概念，凯特琳知道对学生来说，解决第一个三角数的问题意义深远，能够帮助他们加深对图形和关系的理解。第二天，凯特琳得到了杰玛的帮助，这个小姑娘一上课就与同学分享了她画的一组图（图7.1）

杰玛向全班解释她的作品："我们画三角形数的时候，一般会画圆圈（圆点），但是我们还可以用三角形来画。所以第一个三角形数就是1，就是简简单单一个三角形。第二个就是这样的。"她一边说，一边指向第二个图形。"杰玛的想法太棒了。"凯特琳评论说，"我们一直用点来画三角形数，但实际上我们用什么来画都可以。"昨天还坚持1不是三角形数的伊森，突然有所顿悟："啊，它（点）应该和数字的类型一致，所以应该用正方形来画正方形数，用三角形画三角形数。"

"那么关于这些图形的底边，你们有什么发现吗？"凯特琳指着杰玛的画问学生。雅各布发应最快："底边上有几个黑色三角形，这个图就是第几个三角形数。"这个时候，站在边上的一个男孩大声说："你们看看，我一开始就是对的。”此时，凯特琳赶紧借这个评论发挥：“对或错并不重要，重要的是找到论据。我们需要有合适的论据，这样才能继续论证下去。”接着，她进一步解释说：“你们还可以保留自己的意见，但为了继续上课，我们至少需要就哪个数字是第一个三角形数达成共识。为了继续我们的研究，我们暂时同意1是第一个三角形数。”

在接下来的两天里，学生们对数学的浓厚兴趣让我吃惊，而且论点、论据和论证的语言很快也成为了课堂程序的一部分，一切都显得那么自然。这正是程序的魅力所在，它们可以让复杂的任务和思维变得轻松、自然。然而，这种近乎完美的状态并不总是凯特琳和她学生的常态。虽然，凯特琳现在深刻理解思考程序对于培养学生思维能力的重要作用，但一开始，她没有想到要把它们程序化。

作为比亚利克学院思考文化学习组的最初成员之一，凯特琳和同事一起尝试使用各种思考程序，并研究它们对学生思考和学习的塑造作用。虽然，她可以在课堂上找到时间使用“观察—思考—怀疑”和“聚焦”这样的思考程序（详见《哈佛大学教育学院思维训练课》里记录的凯特琳的例子），但要把它们变成课堂上真实的程序却不太容易。当引入“主张—支持—提问”方法时，凯特琳的教学方式发生了实质性变化。虽然“主张—支持—提问”方法的最早用途是研究发言或文字中观点的真实性，但凯特琳一眼就看出了它对数学教学的意义：找到数学家所谓的“猜想”或“理论”论点，然后探究这些论点能否经得起最基本的数学方法的推敲，可以用上分析、推论、总结和论据。

凯特琳向我解释了这个过程的开始：“我会给他们提供一个问题，然后给他们时间产生数据。我们会用某种方式来记录，然后我会问他们有什么发现，是否发现了什么规律。学生的回答就成为最初的一些论点，我再整理成一些论述句。”说到记录对话，凯特琳说：“我会竖着写下论点、支持和问题，然后我们会快马加鞭地过一遍。”

提到这个程序的演化，凯特琳说："你必须学习它的节奏，然后你就忘记了那些条条框框，学生们开始问各种问题，你把舞台交给孩子们。你教数学的方式发生了变化，你不再一条一条地教知识点，而是帮助学生培养深刻的理解。"

数学游戏活动：用"主张—支持—提问"程序教授奇偶和数值

一群优等生可以像数学家一样处理像数字理论这样的问题，但普通的成员复杂的学生群体也能同样使用"主张—支持—提问"方法吗？凯特琳认为是可以的，也有机会证实她的想法。凯特琳和她教二年级的同事珍妮丝·金达、维多利亚·奈特、奇姆·哈迪克斯一起设计了一个叫作"偶数国王与王后"的简单游戏，以加深学生们对位值和奇偶数的理解。在游戏中，玩家转动三个标记着0到9数字的十面体，如果获得的三位数是偶数就得到1分。

这个游戏并不复杂，但是因为有了"主张—支持—提问"方法的铺垫，学生有机会寻找规律和关系，并进行一些数学思考，而不仅仅是玩游戏。数学思维能力稍强的学生可以更深入地思考这个游戏的结构，而那些基础较差的学生也有机会巩固他们关于位值和奇偶数的知识。珍妮丝·金达认为这是"主张—支持—提问"方法的一大优点，她说这"给了学生互相学习的机会。人数较少的专题小组的成员可以一起学习，探讨更基础或更具体的论点，其他小组则可以研究更抽象的观点。"

坐在互动白板前面的地毯上，珍妮丝把游戏说明投射在大屏幕上，就开始解释这个游戏：

偶数国王与王后

- 两人一组或四人一组。
- 掷三次骰子，按递增顺序记录数字。

- 使用三枚骰子，得到越多的三位偶数越好。
- 得到一个偶数，计一分。

她带着学生回顾了一下术语：递增顺序、奇、偶和数，紧接着就要为学生示范一把，看看能得到多少组合以及能获得多少分数。在这练手的一把中，她摇出了5、0、5三个数。珍妮丝要学生用这三个数组一个数字。“505。”一个学生说。“550。”另一个说。“还有别的数字吗？”珍妮丝问。她还没来得及补充“三位数，我们要的是三位数”，学生就齐刷刷地举起手来，马上又在一片叹息中放了下来。“为什么都把手放下来了？”珍妮丝问。杰西解释说：“虽然可以写55，但0就会放到百位上，所以得到的是个两位数，不算三位数。”珍妮丝赞同说：“所以杰西的论点就是，虽然0可以放在百位上，但得到的其实是个两位数，因为没有人会说零五十五，我们都说五十五。”

有意思的是，珍妮丝采用了杰西的观点，并把它变成了一个论点。你可能不赞同这种做法，你会说杰西只不是过是陈述了一个事实而已，我们的确不会念出为零的首数。但是，珍妮丝总结出的论点并没有否定其真实性，她恰恰是要让学生知道，在数学中事实来自于可被证实的观点。这是一种全新的数学学习方法，学生并不是死记硬背；他们以一些被反复证实的观点为基础，研究其与其他观点之间的关系。在这个例子里，学生们得出首位不能是0的结论，并不是因为什么数学原理的规定，而是因为常识告诉我们要从第一个非0的数念起。

又作了一次示范后，珍妮丝准备让学生自己再琢磨一下这个游戏，这时安吉拉举起了手：“如果双方都得到三个偶数怎么办呢？”珍妮丝一边在白板上记下这个问题，一边说：“我要把这个问题留给你们去解决。我们开始玩这个游戏吧，说不定玩着玩着，你们就找到解决这个问题的法子了。”珍妮丝喜欢用学生的提问开始教学活动。她解释说：“一开始的论点让我有机会掂量孩子们对这个问题的认识，并以此确定学习应该采取的方向。同时这也是一个机会，能让那些数学能力较强的学生提出更开放的问题。”她也承认，在学年初期，提出问题的主要还是她自己。

游戏进行了十来分钟后，珍妮丝用一个熟悉的程序让学生再次集中注意力：“一二三，请看我。”学生一边把脸都转向她，一边回应：“一二三，看着你。”“大家来坐到地毯上。白板、马克笔和骰子就留在原地。”她补充说，“好好想想你们要坐哪里，我可不希望一会儿你们还要换位置。”学生们在自己的位置上坐定之后，珍妮丝解释了接下来的任务：“现在我们来分享一下你们的一些重要发现。”她拿起一只马克笔来记录学生的观点，又指示说：“让我们来看一下你们玩游戏时发现的一些论点吧。要得分，你们必须知道什么？说不定我们会得到一些新的问题，也许（指向白板上安吉拉提出的问题）我们会找到之前问题的答案。”

“好的，”珍妮丝开始了，“泰，你举手举的很积极。你有什么要和我们分享的吗？”泰用手指着白板，十分郑重地说：“是关于这个问题的。如果真的是这样，那就是平局。”

“所以如果双方都摇出了三个偶数，那就算是平局，是这样吗？”珍妮丝用澄清的方法把问题抛回给他。泰点点头，珍妮丝进一步问：“可以给我举个例子吗？”泰给出了他的论据：“我们双方都是5、8和2，所以是一样的。”

泰的论据表明，他的论点虽然有所不同，却也跟安吉拉的论点相关。为了更好地理解两者的不同，珍妮丝转向安吉拉：“安吉拉，你对泰给出的论据怎么看？他说双方都是5、8和2，因此是一样的分数。这可以回答你刚才的疑问吗？”安吉拉想都不想就说：“并没有。因为我的问题是，如果你摇出三个偶数怎么办，5并不是偶数。”珍妮丝再次看向泰，问道：“泰，你能重新组织一下自己的论点吗？你发现了什么？”

“当然了，”泰回答，“我的论点是，如果你们获得了一样的数字，那么你们的分数就一样。”

在接下来的十分钟里，珍妮丝记录下学生分享的各种论点，并经常用条件陈述句描绘游戏中发生的状况：

- 如果你的数都是奇数，你就不能组成数字。
- 如果你的数都是偶数，你就能得到很多分数。
- 如果你摇出1和两个0，你只能获得一个三位偶数。
- 如果你得到三个偶数，但其中两个是一样的，那你获得的分数比三个都是奇数时少。
- 如果我有2、4和8，我就能组合出20个偶数数字。
- 如果你没有重复的数，而且都是偶数，你得到6分，但如果你有重复的数，那就只能得到2分。
- 如果百位数只有一个数，那么每个数只有两种可能。
- 如果你摇出两个偶数和一个奇数，你获得4分。
- 如果你摇出一个偶数和两个奇数，你获得2分。但如果有一个0，你就要再试一试，因为有0就会不一样。

珍妮丝把每一条论点都记下来，并没有进行太多的讨论，因为她知道让学生说出自己观点的重要性，即使他们的观点可能会互相矛盾，而且最好一开始就收集很多想法。之后，学生会有专门的时间来找到并整理支持或否定这些论点的论据。珍妮丝说："'主张—支持—提问'方法最厉害的一点就是，每个人都可以说出自己的论点，这使学生信心大增，并使他们更愿意去理解更多。总会有学生想出其他学生没有想到的点子，有时甚至是连老师都没有想到的点子。"

回顾我对珍妮丝课堂的观察，我竟然一次也没有听到学生在玩游戏时喊出"我赢了！"我觉得，在乎输赢应该是二年级学生的典型表现。然而，珍妮丝的学生对对手的起伏就像对自己的一样感兴趣，因为他们最在乎的是在搜集论据的同时发现潜在的规律和关系，重要的不是赢得比赛，而是学习知识。简简单单的一个小游戏，最后成了让他们更深刻地思考数学的机会。有了“主张—支持—提问”方法提供的框架，珍妮丝的数学课堂从此改头换面了。“‘主张—支持—提问’方法转变了我教数学的方式，因为它为我的教学和学生的学习提供了一个更清晰的指导框架。”她解释说，“当学生提问的时候，他们的学习就有了完全不同的方向。不幸的是，我们并不总是有时间和精力去深入探讨问题，而且课程安排也会带来一些阻力，但是对数学的专注度是很重要的。并且，尝试一些有趣的途径来帮助学生学习数学，这总是有益的。”

高一年级数学案例：用“主张—支持—提问”程序教授一元二次函数

作为比亚利克学院的一名新老师，詹妮弗·凯恩发现二年级数学课上的学生有些不一样的地方：“我可以看出学生们非常习惯表达自己的想法，因为他们已经明白了思考和理解的重要性。”因为这个原因，她第一次使用“主张—支持—提问”方法就很顺利。“学生们使用这个思考程序所提供的框架时，非常得心应手。”她回顾说。

我在年中参观詹妮弗的十年级数学课时，她正在使用“主张—支持—提问”方法来研究一元二次关系和抛物线的重要特征。其研究的背景是探索纸飞机重量和其飞行距离的关系。一开始，詹妮弗就让学生提出一些论点，或预测可能的结果。对于詹妮弗来说，这些论点有非常重要的意义。她解释说，“我认为论点有点像学生对可能结果的预测。通过他们的论点，我可以快速评估学生的理解程度。”

詹妮弗在白板上写下学生研究过程中产生的一些论点：

- 重量越大，飞行距离就越短，因为重力会把纸飞机拖向地面。
- 飞行距离会变短。
- 重量增加，飞行距离缩短，而且触地时间会缩短。
- 如果在纸飞机上订上订书针，纸飞机滑行的距离会缩短。

- 飞行高度会变低，最终会坠机。
- 重量增加，飞行距离会变小。
- 飞行距离会缩短。向上飞起后，会马上下坠。重量越大，下坠越快。

从这些论点中，我们不难看出，学生们认为飞机重量和飞行距离的关系应该是线性的，重量增加，飞行距离相应缩短。很多论点都认为，重力是最重要的一个变量。

接着学生们开始两人一组做实验，用订书针增加重量，每次投掷都记录数据，很快他们就发现，纯粹线性的假设不攻自破了。获得数据后，先手工画出关系图，然后输入CAS符号计算器，学生们同时尝试找到回归线。随着新论据的浮现，一些论点不得不进行修改：

- 有一个最大值。
- 有时增加，有时减少。
- 最远的距离可以作为转向点的坐标系。
- x轴是订书针的重量，y轴就是飞行的距离。
- 飞行距离的确会增加。
- 飞行距离增加后，可能会马上降低，这样我们就得到一个最大值。

新数据给了詹妮弗机会来讨论数据的抛物线形状，并能关注抛物线的一些关键特征，这是学生学习数学的重要机会。学生们就影响实验的变量和如何控制这些变量提出了各种各样的问题，虽然大部分都是科学问题，但也有许多关于数据和数据表达的数学问题，比如：

- 不相同也不相关的数字为什么会出现钟形曲线？
- 为什么CAS的结果会不一样？
- 为什么我们的答案缺乏一致性？
- 抛物线能否准确体现我们的数据？
- 为什么我们的抛物线这么窄？

- 线性模型是否能更好地描绘这个图形？
- 这跟$y=a(x-h)^2+k$有什么关系？

詹妮弗与珍妮丝·金达的观点不谋而合："学生提出的问题多种多样，总能让我感到惊喜，而且经常有我不曾想到的问题。"但她觉得"主张—支持—提问"方法最厉害的地方还是寻找论据的过程："寻找论据能够培养学生的论据思维，论据思维恰恰是他们的软肋。对于学生来说，寻找数学论据有时候是挺困难的。可有的时候，他们想的只是解释问题或解决问题。这个程序让他们可以放慢节奏，去关注细节和复杂性。学生们用论据思考的能力正在提高，这都是经常使用"主张—支持—提问"方法的成果。"

利用工具、结构和规律提高课堂效率：设立课堂常规

我在本章的开篇就说过，现在有许多可供学校和课堂使用的程序。虽然不同研究者的分类方法可能不同，但我建议可以大致分为四类：管理、教学、互动和思维程序。每个类型都十分重要，都为课堂顺畅运行做出了贡献。

随便在网上搜索一下"课堂程序"，就会得到一大把关于管理程序的文章。老师们经常在学年初期定下一些管理程序，从而保障课堂的顺畅运行，其中就包括如何获得学生的注意力，教室清洁卫生的要求，能否走动，课堂纪律，过渡方法，获得资料的方式等。简言之，"管理程序就是控制课堂秩序和学生行为的程序"。任何一个需要在课堂上不断重复的活动都可以发展为一个程序，我们可以用吸引学生注意力的方法来举个例子，因为这是所有老师每节课都需要做的事情，尤其是当学生需要小组活动的时候，有这么一个程序会方便许多。珍妮丝·金达用的是"一二三，请看我"，其他老师也有各自的程序，比如关灯，以一定节奏拍手，摇手铃，把手举到空中等待学生安静下来等。有时候，一所学校

会统一使用一种程序，这些程序教起来省时，用起来省事，但必须一直坚持使用，不然，很快就会失效。

管理程序能帮助课堂顺畅运行，有的管理程序还会具有惩罚性和纪律性。这样的程序更多的是关于控制和秩序的：比如把大声喧哗的学生的名字写在白板上，响铃之后就把教室的门反锁，迟到的学生就只能站在教室外边，让学生安静地排队等。虽然这些程序能够带来秩序，但是代价也不小。因为这些程序把学生假想成不守秩序的人，而老师则成为像监狱看守一样的角色。所以，我们必须认真思考怎么恰当应用这些程序，不能因此伤害了师生感情或挫伤学生学习的积极性。如何在秩序和学习中找到平衡呢？在开学初，泰勒·赫斯特就在他的新生英语课上用制定管理程序的视频为我们提供了一个范例。

教学程序包括老师教学的风格、方法、工具和程序。从一定程度上看，教学程序非常个性化，因为它反映了老师个人的性格和喜好。老师怎么上课？他（她）传递信息的方式是什么？他（她）怎么展开讨论？他（她）如何回应问题？老师们自己可能都不知道自己有一套独特的教学程序，因为它们基本上是无意识、自动化的行为，也就是说这些行为已经程序化了，老师们连想都不用想。同样的，学生们也已经习惯并内化了老师的教学程序，可以下意识地对老师的行为进行预测。在讨论开始时或结束时坐到地毯上，这是我教幼儿园时的一个程序，也是珍妮丝教二年级使用的程序；在凯特琳·费曼的例子里，这个程序就是围到一张铺着草稿纸的桌子边上；在詹妮弗·凯恩的例子里，则是使用符号计算器。

老师们在课堂上的教学风格本身就构成一种程序，但这些程序并不一定是最有效的做事方法。大家最熟悉的一个例子就是大部分老师下课的方式了。经常是时间到了，打铃了，老师就让学生收拾东西下课了。如果这真的已经成为习惯了，我们就需要好好思考一下这个情况，因为这并不是有效的上课方法。英国的研究表明，用开小会的方式总结课堂所学，这是非常有效的结束方式，能够有效促进和巩固学生的学习状况。总结小会为学生提供了分享发现和提出疑问的机会，以这样的方式来总结讨论的结果效果非常好，珍妮丝和詹妮弗就采取了这个程序。而且老师也可以借此强调一些重要观点，挑战学生的思维，回顾课堂内容，并指出下节课的方向。如果我们一不小心让那些坏的程序在课堂上扎了根，要摆脱它们就不容易了。我们必须刻意练习使用一个新的程序，直到旧的程序被取代。

互动程序为老师和学生间的互动以及学生与学生间的互动提供了框架。举手来发表意见是我们默认的一个互动程序，但却绝不是唯一的"提问—回答"的互动方式。老师可以要求学生使用眼神，把拇指举到胸口等方式表达要发言的意愿，甚至可以完全摆脱举手这个程序。"思考—搭档—分享"是一个20世纪70年代才出现的互动程序，很多人认为它打破了传统的"提问—回答"模式。集体学习架构、读书会、苏格拉底式问题研讨法和无领导讨论，这些都是为课堂讨论和对话提供框架的优秀互动程序。

互动程序对学生在社交和情绪方面的学习也有帮助，因为互动程序为积极的互动提供了框架，而不是顺其自然。反馈型课堂利用一系列互动程序创造了一个安全舒心的学习环境。在第五章里，我们看到娜塔莉 · 贝利使用反馈梯子作为框架，来组织她和学生间以及学生和学生间的互相反馈。一旦学生学会这个程序，他们就能更加有效地给予和接受反馈了。在第八章中，我会重点关注互动作为一种文化塑造力量的作用，并探讨一些积极的、富有教育意义的互动程序。

思考程序也可以作为教学程序使用，这点我已经提到过，但它们需要成为学生所熟悉的认知工具以后，才能真正大显神威。要了解思考程序的一般作用原理，特别是"主张—支持—提问"方法为什么有效，我们必须认识它们作为工具、架构和模式的三重身份。在本章中，我虽然已经不断使用这些术语，但进一步的深究能让我们更清楚地看到，这些思考程序是如何在课堂上逐渐发展的。

作为工具，思考程序的作用在于能够激发某些思考方式。从这个意义上来说，它们非常接近认知策略。所以，当老师使用这些程序的时候，不能仅仅想着它们对于课堂的作用，而是要看得更长远些，想想它们在培养学生思考能力方面的意义。选择什么样的思考程序取决于你需要学生用手头的材料进行什么样的思考以及如何让他们进行这种思考。“主张—支持—提问”方法能帮助学生进行预测，分析数据，寻找规律，进行总结，掂量论据，并提出问题。因为这些思考程序本身就符合数学的思维方法，所以非常符合数学教学的需要。我们可以看到，这跟机会之间有明显的关联，因为当我们为学生创造思考机会的时候，我们也应该为他们提供进行思考所必须的一些工具。

作为框架的思考程序，其设计的初衷就是辅助思考。它们给作为思考者的我们提供了思维的框架，而且往往也为我们提供了一步一步的顺序。这能够让思考变得更直观也更容易理解。对许多学生来说，“阅读这篇文章并理解它”之类的指令太模糊，并且不容易操作；但通过使用像“联系—拓展—挑战”这样的思考程序，学生获得了一个分解思维过程的工具，他们首先想想阅读内容和已有知识的联系，然后找出阅读内容在哪些方面扩展了自己的知识和思维，最后提出一些还需要进一步探讨的问题和挑战。

本章的四个例子展示了四类程序在课堂上的应用。同时，这些例子也充分体现了思考程序对学习的塑造作用。当我们反思教学活动时，需要问自己，我们为思考提供了什么样的结构和支持？我们为帮助学生思考提供了什么样的工具？以及有哪些思考方式已成为课堂的固定程序了？

活动：让思考成为课堂的常态

- 找出那些你希望能成为课堂常态的思考方式。在你讲授的科目领域，哪些思考方式比较重要？要加深理解，学生必须培养哪些思考方法？

- 找出一些可以在课堂上尝试的思考程序。读读《哈佛大学教育学院思维训练课》，找找那些你希望学生习得的思维方式，找出三到五个满足你需要的思考程序。

- 尝试使用思考程序，并反思使用效果。引入时，确保你将它们看作思考工具而不是课堂活动，像这样，“我们今天的目标是深化对昨天读的文章的理解。为了帮助我们达到这个目标，我们要使用“联系—质疑—观点—变化”程序作为讨论的框架。”现在，思考该程序作为教学指令的作用：能否帮助学生更好地使用材料？能否改进课堂结构，让学生更投入？哪些方面让你感觉良好？哪些方面让你觉得有困难？

- 让学生反思思考程序作为工具的作用。举个例子，你可以对学生说：“我们使用了‘联系—质疑—观点—变化’程序作为讨论框架，来帮助我们加深认识。你们觉得效果怎么样？你们的讨论有没有变得更有效？你们有没有觉得注意力更集中？你们有没有觉得认识更深刻了呢？这个程序哪里容易？哪里困难？下次使用时能在哪些方面改进呢？”

- 检查学生的思考。收集学生的成果，并邀请同事一起分析学生的作业，检查哪些地方体现了思考的迹象。使用附录D中的“看看学生思考”部分来为你们的讨论提供框架。

- 创造你自己专属的思考程序。好的程序只有简单的几步，并且能使高效思考者的思维过程显性化。学生是否经常参与某一些学习任务？

完成这些任务需要什么样的思维方法？找出那些可以构成一个思考程序的步骤，你是否希望学生能独立开展某些讨论？这些讨论中的主要部分和关键点有哪些？找出这些部分，你可能就有了一个新程序。

- 收集新的管理和教学程序。参观别人的课堂，并注意他们使用的程序。哪些程序能让过渡和指导更高效，同时又能帮助学生更独立地学习？在什么时候，在什么环境中，你能够使用观察到的程序？

- 检查你自己的教学程序。你有没有开始和结束课堂的程序？针对不同的课堂活动，比如小组活动、独立作业、课堂讨论、讲座、单元小结等，你有没有不同的程序？这些程序能否帮助你和学生更高效更专注地开展课堂活动？如果你提高使用频率，能否提高它们的有效性？你是否需要对这些程序进行细微调整？

CREATING
Cultures of
THINKING

第八章

互动：怎样建立紧密的师生关系，增强学生信心

“互动”作为名词时，可指两个或多个物体相互影响的情况，也可指动作与影响间的互相反馈。互动是一种文化塑造的力量，是教师与学生间、学生与学生间、教师与教师间关系建立的基础。互动使群体中的个人紧密相联，团体成员间和团体间的互动形成了一个地方的情感氛围、基调或风气。在思考的文化里，教师与学生互动，关心并尊重学生的思考，同时也在这一过程中支持他们的发展，帮助他们成为有价值、有能力，并能为群体做贡献的人。

你最重要的教育经历有哪些？你能举出一些帮助你成为思想者和学习者的经历吗？什么样的经历会让你竭尽全力，让你在学习上达到新高度？每当我提出这些问题，得到的回答都不局限于想法、概念或顿悟的一刻，而是一个个鲜活的故事，关于人与人之间的互动、传授，与团体的关联以及努力学习的过程中与另一人的深切的相互影响。这些鲜活的故事告诉我们，从总体上来说，学习需要一种社会努力，而不是孤立的进取心，人际关系在其中发挥着关键作用。人际关系会给我们动力，吸引我们参与。作为学习者，如果知道有人在背后支持我们，为我们的成功欢呼，在跌倒时，他们会扶我们起来，这是大有裨益的。詹姆斯·康墨尔是美国“校—家—社区”联系的主要倡导者，他曾说过一句话：“没有紧密的关系，就没有有成功的学习。”

如果我们承认学习中关系的重要性，那就必须认识到，如果没能建立积极的关系，学习会受到什么影响。许多人看过瑞塔·皮尔森的TED演讲，她在演讲中说，一位同事曾告诉她：“他们付我钱，不是让我去喜欢这些小孩的。我该干的就是上课，小孩该干的就是好好听课，就这样。”而瑞塔的回答一针见血：“你要知道，小孩如果不喜欢谁，就不会好好上他的课。”瑞塔最后的话十分震撼：“每个孩子都应该有一位榜样，都需要一个永远不会放弃他们，而且懂得关系的力量，并坚信每个孩子都能发挥自己潜能的成年人。”有人将这样的成年人称为“温和的要求者”，他们对学生的要求很高，但是又了解学生，而且尊重并关爱学生。

的确，关系在学习中发挥着重要作用，而且关系的本质会通过互动表现出来。作为社会动物，我们意识到，正是通过与他人的互动，我们才认识到群体或文化的意义，它如何运作，它的规则或价值是什么。互动给我们归属感，帮助我们学习在群体中该如何做，了解群体对我们有何要求。通过互动，我们找到了自己的朋友和榜样。

当教师分析教学视频，寻找带给教室独特氛围的特质时，会很快发现互动是教与学的中心，这些特质的表现就是八种文化力量。我最喜欢的视频之一是关于西班牙语老师蕾丝莉 · 雷维斯的一堂课。她来自南卡罗来纳州的波弗特高中，曾获得美国教师奖。整个视频中，蕾丝莉大笑，微笑，倾听，在学生旁边坐下，或者是接触学生。学生努力时，她一直支持他们，学生成功她则欣喜不已。她整个人都散发着能量和快乐，看起来更像是群体的一分子，而不是群体之外的人。这些时刻虽然转瞬即逝，但观众很容易就能捕捉到。观众感受到了蕾丝莉的感染力，她与每个学生互动，也和全班互动，有效传达了教室的价值和规则。观众还会注意到，学生之间也存在互动，模仿老师与他们的互动模式。再进一步分析，观察者会发现，教师的真切、激情、幽默以及关联感，都在营造教室的整体氛围。观众看完视频后常常会说，他们也想在蕾丝莉那样的课堂里学习，这种反应一点也不意外。

关系和互动对学习的重要作用并非近年才得到认识。约翰 · 杜威、列弗 · 维果茨基、杰罗姆 · 布鲁纳、朱尔斯 · 亨利、威廉 · 格拉瑟和卡尔 · 罗杰斯都强调过，学习是社会行为，我们与他人的互动不仅能促进学习，而且与学习不可分割。这些理论的核心是：重要的学习——即能促进整体人格发展、超越简单的信息传授的学习——更多地发生在群体中，而不是一个人独处时。从本质上讲，这些群体大体上很民主，强调相互性、支持、联结和共同决策。与之相比，如果学习的主要目的仅仅是传授信息，课程的内容就往往都是现成的，忽略了互动的重要性和师生关系的培养。

近几年的研究表明，注重培养教师和学生的良好关系，这并非是细枝末节的礼仪问题，而是在帮助学生取得成就，在培养批判思维方面，其作用尤其重要。约翰·哈迪回顾了各种各样的教育实践、项目、决策、课程设置和背景条件对学生成就的影响，他提出，师生关系是影响学生学习的首要因素。师生关系的效果量为0.72（即其他所有变量相等时，师生关系对学生成绩的积极影响几率达到72%），对学生成就的影响极大，是少数几个影响大的变量之一。

这些证据一边倒地说明，教师的互动以及互动过程中建立的关系，能积极帮助学生的学习。尽管课堂互动的质量条件和情景可能无穷无尽，但本章仍试图列举几项关键做法，并探究以下问题的答案：在师生互动中，教师应该采取哪些定量措施？教师、协调人和其他课堂观察者应该如何观察教师的行为，找出能有效促进学习思考的互动行为？如何指导教师，帮助他们更有效地与学生互动、促进教学，建设课堂的思考文化？

初二年级特殊教育课：用思维游戏法，解开教学束缚

“首先，我想告诉你们，我不在学校的时候，你们跟着代课老师做了许多事情，我感到非常骄傲。”朱莉·瑞恩斯对学生说。这是在一个八年级的特殊教育班级里，她在某节课上作的开场白。这个班很小，仅有7名学生，每个学生都参与了个别教育计划。有的孩子有某种言语和语言障碍，少数有自闭症。孩子们坐成半圆，朱莉站在讲台上，手撑桌子，倾向学生。她身后的投影是一张巨大的笑脸，用视觉符号向有自闭症的学

生表明她当下的情绪。她继续说："谢谢你们的努力，我在学校主页上给大家写了一封信，但是可能有同学还没读过，所以我想在课上专门再说一次，非常感谢！"开场白不长，帮她在短暂离开后的回归之际和学生重建关系。开场白还让学生知道，即使是不在学校的时候，她也没有忘记学生，而是密切关注着他们的进步。

"今天我们要用'让思维发光'的方法阅读《遇见灵熊》这本书。"朱莉说。上一次旁听朱莉的课时，我了解到'让思维发光'的方法是她和同事、言语病理学家艾瑞卡·拉斯基一起发明的"游戏"，该游戏旨在帮助学生培养阅读理解和语言技巧。玩游戏时，学生担任特定角色，每个角色都负责某个阅读理解策略，比如总结、配图、词汇、关联、提问、阐明或预测。然后学生一起读一篇课文，根据各自的角色准备课堂讨论，讨论可能由教师或某位学生引导，对学生的贡献打分。根据对文章的理解和领悟，每个角色都有一个得分标准，学生的回答表现出的理解和领悟越深，得分越多。但是就算领悟不足，只要学生努力，也能得分。此外，如果发言时引用证据，引述其他学生的观点或解释自己的想法，还能得到双倍分数。在学生掌握了前面所说的技巧之后，朱莉和艾瑞卡又设计了新任务，如象征、批评、辨识、辩护和评判。

朱莉和艾瑞卡发明这个游戏的目标之一，是培养学生阅读的信心。艾瑞卡解释说："我们的首要目标，是让学生自在地分析观点、勇敢表达。"她进一步说："我们安排的角色和'小小读书会'形式一致，但是老师除了作为小组成员积极参与并作示范外，更多地是要支持和辅助学生。"虽然因为计分的缘故，学生们讨论文学作品时更像是在作游戏，但朱莉和艾瑞卡都不重视分数。"从长远考虑，分数其实并不重要。"朱莉强调，"一开始，分数对某些学生来说会有激励作用。六年级的学生很要强，都争着想得分，但是到了八年级，他们就不再看重分数了。到那时，他们就一头扎进课文里，相互学习。我们的目标是摆脱分数，让每个学生都能独立学习。”在我旁听的这个八年级课堂上，他们显然已经达到了目标。在课程的引入阶段，朱莉和艾瑞卡就前一周的课程与学生讨论如何开展游戏。

“回顾一下，上周四我们讨论了今天的活动该怎么进行。”朱莉宣布，“还记得我们讨论了什么吗？”她问全班同学。朱莉和艾瑞卡并非没有记录班级讨论的结果和决定，她们其实是想要学生意识到是他们自己在主导课堂。如果朱莉直接念自己的记录，就是在对班级表示，是她在掌控课堂，而不是学生，学生只需宽心安坐，等着老师发号施令就可以了。她退后一步，是为了让学生向前一步。

凯特：要么没有人带头，要么每个人都带头。没有协调人。

朱莉：什么时候需要协调人？什么时候需要拉斯基女士或者我协调呢？

加布：当我们争论起来的时候。

唐纳德：或者我们打断别人，不让人家把话说完的时候。

朱莉：我们上次还作了什么决定？

贝拉：要按照分配的角色来。

本：必要的时候老师插手，还有不打分。

朱莉：对啦，我们上回还投票决定今天不打分。

麦迪森：你分配任务了吗？

贝拉：不，在那之前我们已经分配好了。

唐纳德：凯特，你答应了作总结。麦迪森，你负责配图……

说话间，朱莉坐在电脑前，在文档里打出学生的决策，文档投影在白板上，提醒学生他们决定怎么开展游戏。

值得注意的是，在短短的对话中，朱莉和学生一直用“我们”来表明自己是班级的一员，并以此表明每个人对其他组员的责任。虽然朱莉把课堂的部分控制权和决策权交给了学生，但是她自己或艾瑞卡并非置身事外。她们知道自己也有任务：示范、参与、共同学习。朱莉和艾瑞卡没有像区里其他特殊教育机构的语文课堂一样，采用标准教材，而是践行了约翰·杜威书中的教育理念："传统的课堂是这样的：教师把事先准备的内容发给学生，学生再听老师把备课内容原样复述一遍。弃用这样的做法，并不意味着教师要袖手旁观，什么也不做，而是在活动中参与和分享。在这共享的活动过程中，教师是学生，而学生，也不知不觉成了老师。"这正是朱莉和艾瑞卡想要的课堂，即使她们需要以教师的身份推动学生学习，且在必要时帮助学生，监测小组进步。

在每个人都弄清楚自己所选的角色之后，艾瑞卡向学生发放记录纸："谁想要记录纸的？要的话现在举手。"本举手拿了一张。"还有人要吗？免费哦。没有了吗？好，待会儿想要的话直接来拿就行了。"

"最后我们还要作一个决定。"朱莉提醒全班，"大家是愿意我来读课文，听录音，还是别人来读？"

"我想读。"贝拉主动提议。做完最后一个决定，朱莉把十九章的材料发给全班学生，学生可以在上面做记号或记笔记，然后朱莉在坐成一圈的学生中间找了个座位坐下来。她的位置从教室前面移到了学生中间，就将学生的注意力引向了小组学习。她坐在学生中间，表明她也是组员。

"让思维发光"游戏教给学生各种责任感，在培养独立思维方面发挥了重要作用。朱莉和艾瑞卡知道，如果想让学生能够独立学习，随着时间推移，她们就必须后退，给学生更大的控制权。她们的最终目标是希望学生在小组和教育大众中都能成为积极的参与者。这就意味着，学生需要内化游戏中的角色，并且在其他学习情境中，也能独立并恰当地将其发挥出来。在游戏中，学生要设定游戏的范围，要选择各自的角色，决定游戏如何开展以及谁来读课文，通过这些做法，学生成为课堂活动真正的合伙人，并影响了课堂活动的走向。如果学生认为在课堂上自己学习的独立性得到了重视，而且有机会掌握学习，他们会更乐意参与批判思维的学习。

贝拉开始读《遇见灵熊》的第19章。这本书按难度应归入七年级的阅读材料，所以我以为特殊教育的学生会遇到一些挑战。但贝拉的朗读大体上很流畅，而且声情并茂。个别词她读得不太顺，比如“电镀的”，但是她读得很平稳、很自信。故事的这一章里，主角（一个叫作柯尔的少年犯）跟他的假释官（一位叫作佳维的印第安人）和特林吉特部落的长者埃德温耍脾气。科尔受到非监禁性处罚，被判到离阿拉斯加不远的一个小岛上生活一年，这是“恢复性司法”，旨在治愈而非惩罚。柯尔怒气冲天，让两个人都开始疑虑，还有没有必要继续这样做。贝拉读到这章的一个分节符时停顿下来，此时，朱莉转向她轻轻说道：“读得很好。”贝拉笑容满面。朱莉又向全班说：“在这里停顿恰到好处。现在请用几分钟做自己角色相应的工作。记住，你可以随时回头看课文。”

在学生们专心完成自己的任务时，艾瑞卡坐到负责词汇的学生背后。这个孩子被查出有语言缺陷，艾瑞卡让他解释所选词汇——“长水泡的”“结巴”“追求”——还有他对于每个词的看法。解释之后，艾瑞卡让他把刚刚讲的内容写下来。这时大部分孩子都完成了自己的任务，等着负责总结的凯特带头讨论。

“这部分主要是讲，”凯特起头用上了老师给的句型，“柯尔修小木屋时看到了那只狼。夜晚到来，他感到疲乏，打算去睡觉。佳维问柯尔能不能做晚饭，柯尔不干。佳维告诉他这可不是什么好态度。柯尔独自一人，心情很沮丧，所以决定跳狼舞。”凯特按照正确的顺序总结了这部分的主要事件，但没有讲柯尔内心的挣扎，而后者是这本书的重要成分。

“有人要讲讲自己的看法吗？”朱莉问道。见没有孩子回答，她继续下面的环节，因为后面还有机会回过头来接上。

麦迪森走向教室前方，把一张纸放到文本摄像机下面。这张纸上部写着“配图人”，下面画了两顶帐篷，各有一人探出头来，头顶各有一个思维泡泡，里面写着潦草的字。

麦迪森：我画的是，他把头从帐篷里伸出来说“我明天就要走”。

朱莉：你能不能用我们给的句型再说一遍？

麦迪森：我在脑海里想象出的画面是，柯尔把头伸到帐篷外面，说了两句不同的话，“我明天就要走”和“我要留下”，基本上是这样。

朱莉：你为什么想到这样画？

麦迪森：因为这是我最先想到的。

朱莉：那你的想法和凯特的有什么联系？

麦迪森：我想不出来太大的联系。

请注意，尽管朱莉连续问了几个问题，想让麦迪森更深入地解释自己的想法，或把画与书联系起来，但效果却不是很明显。为了让麦迪森解释地更清楚，艾瑞卡换了个方法，请她再解释潦草的字迹写的什么。这一次，麦迪森有了不同解释。

麦迪森：这张图里，佳维说：“你明天就得走。”柯尔说：“为什么？为什么我明天得走？”

朱莉意识到麦迪森已经抓住了这章的关键：因为柯尔态度粗鲁，可能很快就要被迫离开岛上。朱莉向学生示范如何用原文中的证据来支持某个观点，她说：“我发现了课文和麦迪森的画之间的关联。”她让学生把书翻到第160页，从学生中间的位子上站起来，将材料相应的一页放到文件摄像头下面，标亮相应的段落，读道：

“你在这里已经待够了，”佳维说，他的声音强硬，不容置疑，“你脾气太坏，岛上没法容下你。”柯尔飞快地想该怎么办。佳维是在吓唬人吧？可万一他来真的怎么办？还是别跟他对着干了，不划算。柯尔跌跌撞撞从帐篷里冲出来说：“行，行！我给你做晚饭。”

贝拉突然回应：“他听着像个少年。”

“为什么这么说呢？”朱莉问。

“因为他很没礼貌，少年有时候就是这样子的。”贝拉解释道。

至此，在讨论过程中，朱莉和艾瑞卡不断以温和的态度向学生提要求，推动他们表达看法，引导他们思考。在此过程中，她们一方面要支持学生：这些孩子缺乏信心，学习时小心翼翼地试探，如果太困难，就会放弃。另一方面，她们又要不断推动学生更深入地理解，发表更多看法，彼此交流。她们在两者间小心翼翼地寻找平衡，这不容易。除此之外，她们还要权衡这两者：要准确理解表达，同时又要培养学生的独立性。

负责词汇的唐纳德开始解释“长水泡的”“结巴”“追求”的含义，此时课堂气氛变得轻松一些。他对“长水泡的”这个词的解释很准确，得到了其他学生的肯定。但他把结巴解释为某人感到苦恼，把追求解释为准备做某事，不是很准确。其他学生没有对此作阐释，也没有提出不同的看法。朱莉和艾瑞卡不假思索，没有施压。唐纳德依据自己的背景知识和语境给出了这几个单词的合理解释，对这种情况，“让思维发光”游戏的计分规则的评价是“接近理解”，得3分。唐纳德有明显的语言障碍，这对他来说是个进步，表明他愿意挑战自己。如果纠正他的定义，也许会打击他，而不是帮他加深理解，朱莉和艾瑞卡必须作这样的权衡。

加布发言时，讨论真正流畅起来。他分享说，看到书中提及狼群，他想到自己看过的电影《狼人行凶》。他说，电影里的一个角色说自己不能单独行动，否则会失去力量，因为狼的力量来自狼群。凯特听了建议查查百科全书里关于狼的条目，查到以后，她把这页放在文件摄像头下面，朗读狼群是如何组织的，阿尔法狼和欧米伽狼分别是什么。朱莉听她说到欧米伽狼，也就是地位最低的狼，问：“故事里面谁是欧米伽狼？”全班不假思索，立即回答是柯尔。

塞斯提出，故事里有一段需要进一步解释。在这一段，佳维跟柯尔说："明天好好地泡个澡。"加贝则认为柯尔会被送回明尼阿波利斯。两个人的说话都引起了辩论，学生们各有看法，并让他人阐明和解释自己的主张。艾瑞卡和朱莉不时示范如何积极倾听，她们重述学生的话，这么开头："我听到，你的说法是……"并问："我说得对吗？"

这堂课接近尾声时，朱莉走到教室前面，分享自己对象征的看法。她把一张纸放在文件摄像头下说："麦迪森，这个象征符号我看到你用了很多次，所以就偷过来啦。"这个符号是一个简单的漩涡。朱莉开始读自己的笔记："我以漩涡作为这章的象征，因为柯尔感到困惑。他从未像现在这样感到如此脆弱，虽然他确实想改变，但却不知如何控制自己的愤怒。"朱莉临时再加了一句："我在想，这和好几位同学说的话有什么关联。我们全班都对柯尔这个人感到困惑，不知道他是不是会改变。"朱莉接着转向贝拉："贝拉，你指出他在不同情况下表现也不同。我觉得，会不会是因为他不知道怎么和其他人协作才会这样，这就关系到我们课上讨论的团队合作的重要性。这是我的看法，你们呢？"

全班报之以掌声。朱莉大笑起来："给我鼓掌？为什么给我鼓掌呀？"凯特解释道："因为你把我们的想法都串起来了，而且选的象征也很合适。"

朱莉不仅作为组员参与了讨论，还借此为学生做展示。她与每个学生沟通，指出讨论中提及的想法，向学生表明自己一直在倾听，且重视学生的发言，让学生知道自己的想法有价值。

今天这一课里，每个学生只担任了一个角色，但是慢慢地，他们将有机会担任更多的角色，渐渐培养起各方面的阅读技能。角色扮演给学生设立了一个大的思考框架，让他们有规律可循，这不同于按部就班完成任务的教学方法。在普通教育课堂上给学生分配角色，采用特定的讨论规则，可以确保课堂讨论不会成为高水平的发言会。对于刚入门的学生而言，教师需要像艾瑞卡和朱莉一样，充分帮助和展示，学生才不会不知所措。教师既要展示如何完成每个角色的任务，又要演示如何沟通，这样学生才能学到如何互动。

尽管“让思维发光”游戏的目标是帮助学生成长成为读者、作者、演讲者，但我在课堂上见到的互动如此精彩，这不仅是游戏的结果。我们还需要认识到，游戏处在一个更大的框架之内。朱莉和艾瑞卡的最高目标是培养思考文化，也就是帮助学生互相学习，在讨论时积极贡献，表达自己的想法，并认真倾听和拓展他人的想法。“他们来到课堂上，开始几周都觉得我们这样做是在发疯。这是种完全不同的环境……(以及)……完全不同的课堂。”朱莉提出。

为了给这种新的课堂模式打下基础，上课的最初几天，班级都在制定集体准则。艾瑞卡解释，第一天上课时他们是这样制定准则的，全班一起看了一个视频，视频里一群学生在热烈讨论。“我们的导师托德 · 比德拉克建议我们看‘奥斯汀的蝴蝶’。他觉得，视频里里很小的孩子在讨论和互助，我们的学生也许会觉得看这个视频放松又有趣。”这个视频由“远征学习”制作，视频里罗恩 · 伯格带领孩子们一起讨论，讨论内容是一个叫奥斯汀的一年级男孩是如何通过听取同学的反馈后，画出漂亮的蝴蝶来的。

朱莉说，学生的反应是这样的 :“他们老说，‘视频里小孩说的话不像是一年级学生说的’。而我问他们 :‘他们的做法有什么特别的？’学生注意到，特别之处就在于他们对话的方式。这些一年级的孩子真诚地反馈看法，又不冒犯别人。”朱莉的学生吸取了这样的做法，制定了一系列准则，贴在教室前面 :

- 推理过程比答案更重要。
- 被难住了吗？去问问同学。
- 别人说完想法后，我们可以在此基础上添加自己的看法。
- 我们可以随时根据证据和推理改变自己的想法并提出来。

准则旁边有一张图表纸，用大号字写着“不要说个不停，不要一言不发”。这句话周围贴了一圈便利贴，用来解释学生各自对这句话的看法。图表纸的底部写着公式：“问同学+不要说个不停，不要一言不发=不用举手。”这个等式的意思是，老师可以随时请学生发言做贡献，学生可以先“问同学”，请他人帮助，再给出自己的看法。

这些准则不算课堂规矩，每条都关注一种积极的行动，学习者可以用到自己和他人的学习中。准则给了学生新的角色，这点对于朱莉和艾瑞卡的学生成长至关重要。在普通教育班上课时，这些孩子大多都习惯了作课堂的边缘人物，不是满心着急想要跟上课堂进度，就是竭力避开老师的注意，不会积极参与其中。朱莉和艾瑞卡知道，要让学生成功地独立学习，就要改变他们在课堂上的互动方式，不管是学习材料的方式，还是彼此间的互动。

悉尼高三年级历史课：告别满堂灌，用“篮球”式互动提高考试成绩

- 谁能告诉我……？
- 谁记得……？
- ……的名字是什么？
- 我们把……叫作什么？
- 材料的要点是什么？

这类问题是很典型的“回顾”式提问，让学生回想并答出相关信息。教师提出这类问题时，通常会出现这种典型的对话方式：教师提问，学生回答，之后教师再评价。这是很多课堂上默认的授课方式，教师如果不刻意避免采用这样的互动，这种“问题—反应—评估”（QRE）的方式就会独霸课堂。

为什么我们想要不一样的互动方式呢？尽管所有老师时不时都会采

用“问题—反应—评估”方法，例如在课堂开头回顾上节课内容，但是我们必须认识到这种做法的局限。首先，虽然记忆并不总是“问题—反应—评估”模式最强调的认知功能，但情况常常如此，所以用这种方法培养思考者收效甚微。“问题—反应—评估”主导的课堂会加强“学习=记忆”的观念。其次，“问题—反应—评估”的对话模式像是老师在和一个学生打乒乓球，大部分学生被排除在对话之外。即使是有经验的老师，也很难保证每个学生都参与了对话。而且，老师本人是“击球”最多的人，虽然至少从老师的角度看起来互动很活跃，但其实课堂上的对话很少……即使学生说出了各种答案，但这种对话模式也只是在收集分散的回答而已。

要实现真正的讨论，学生和教师都需要不一样的互动方式。比起乒乓球，用篮球比喻有效的讨论更为恰当。打篮球时，球员（学生）在球场上运球（即问题），球在众人手中不断传递，同时想法也像球一样弹来弹去。

这种形式的互动，卡梅隆·帕特森已经在课堂上尝试了一阵子，他发现思考程序很有用。他在澳大利亚悉尼的一个私立男校教12年级现代史，学生都很出色。看起来，他的课堂和艾瑞卡、朱莉在密歇根的特殊教育班级隔了十万八千里，但是卡梅隆知道，如果想要学生改变互动模式，就必须给他们新的课堂架构和角色。卡梅隆的学生已经读到了最后一年，现在的主要目标是强化学习，争取在高中毕业证书考试中取得好成绩，这场考试将决定他们上什么样的大学。按照应试的目的看来，人们会很自然地觉得，老师该做的就是不负众望认真授课，而学生该做的是正襟危坐认真听讲。通常，老师和学生都认为，备考的方法就是背书。要改变师生间这种被动和依赖的互动方式，教师需要赢得学生的信任，学生之间也需要建立切实有效的新的互动方式。

我走进卡梅隆的教室那时，学年已近尾声。课已讲完，学生即将赴考。教室白板上写着当天上课要回答的高中毕业文凭考试模拟题："评价1975—1979年红色高棉（柬埔寨左派势力）对柬埔寨的影响。"等到学生进入教室坐下，卡梅隆便宣布："今天你们要写一篇文章，这个问题很难。事实上，这个主题的难度可能超过高中毕业文凭考试的问题。"他指着白板上的问题："你们考试时遇到的可能就是此类问题。接下来的五分钟，请就这一主题自由发挥。一直写，不要停笔，遇到卡壳时要努力克服。"学生无需更多指示，纷纷动起笔起来，大部分人在本子上写，只有一位在用笔记本电脑写。他们没有请老师进一步说明或指示，显然之前练过这类写作。

我走进卡梅隆的教室时，学年已近尾声。课已讲完，学生即将赴考。教室白板上写着当天上课要回答的高中毕业文凭考试模拟题："评价1975—1979年红色高棉对柬埔寨的影响。"等到学生进入教室坐下，卡梅隆便宣布："今天你们要写一篇文章，这个问题很难。事实上，这个主题的难度可能超过高中毕业文凭考试的问题。"他指着白板上的问题："你们考试时遇到的可能就是此类问题。接下来的五分钟，请就这一主题自由发挥。一直写，不要停笔，遇到卡壳时要努力克服。"学生无需更多指示，纷纷动起笔来，大部分人在本子上写，只有一位在用笔记本电脑写。他们没有请老师进一步说明或指示，显然之前练过这类写作。

卡梅隆在教室里轻轻地走来走去，一注意到学生停笔思索，就催促："你想得太多了，写就是了。"他又向全班说道："在你觉得自己思维枯竭、写作卡壳的时候，往往马上就会有绝妙的想法出现，千万不要停笔。"

五分钟结束，卡梅隆对学生说："好了，现在写到哪里算哪里，收尾了。刚刚我们做这个练习是为今天的内容作准备，今年我们采用过几次"微实验室"的方法。现在，每三人分成一组，准备好。大家挪下位置，保证组员之间面对面。"

“微实验室”法是一种简单的讨论方法。学生三人一组，每个组员就话题或问题表达想法时，其他两人不能打断，也不能提问或说出自己的看法。三人都说完之后，再自由讨论。这个方法保证每个人都能表达自己的看法，保证每个人都认真听他人讲话，还能保证谈话有牢固的基础。

“想好谁第一个发言，谁第二，谁第三。”卡梅隆告诉学生，“记住，你们有两分钟的时间发表看法，之后安静思考三十秒。提醒一下，如果你说完了但时间还没到，剩下的时间，组员就要安静坐着，不能说话。三个人都说完之后，再讨论彼此的观点。有问题吗？”

一个学生问：“那有人说话的时候不能跟他争论是吗？”

卡梅隆回答：“不行，他在说的时候不可以。”

“那要是他的观点和我的想法相反呢？”另一个学生问道。他想起之前的另一次活动，卡梅隆在白板上写下争议性的说法（比如：“布尔波特疯了”），然后让学生两人一组，针对这个说法进行辩论。

“也不行，”卡梅隆解释，“我们之前的确是那样讨论的，但是今天的讨论形式不同。”开始计时前，卡梅隆最后再提醒学生一句：“有同学上回发现，讨论时记笔记会有帮助。好了，第一个发言的可以开始讲了。”

每组的第一个发言人开始表达自己的观点，整个教室里响起了低沉的嗡嗡声。每组围成一个小圈，听的人能够同说的人目光接触，表明自己在专心聆听，时不时还会写下发言人的一两句话。在学生分析红色高棉对柬埔寨影响的时候，卡梅隆在教室里走来走去，听他们讲话。一组听完，他便走到白板前，用红色马克笔记下听到的观点，再听下一组。两分钟一结束，他已从各组听来好些观点：军事的、政治的、四年经济计划、越南的影响、与中国的结盟。

计时器响起，卡梅隆让学生停止讨论并告诉全班：“好了，接下来的三十秒，安静思考。”学生不再说话，有几个在笔记本上写着评论。

接下来，全班继续“微实验室”的后两个环节，卡梅隆继续计时，倾听，记录。在“微实验室”这个讨论模式中，计时者的工作简单且必要，并且与教师通常在教室里扮演的角色相去不远。但是既倾听又记录，这样的双重身份重塑了师生双方的角色。卡梅隆倾听学生的表达，从中提取观点，并且把它们写在白板上，认可这些观点；学生是知识的产生者——一个主动的角色。当然，一般课堂上，教师会收集并记录学生的观点，但是这种做法通常像爆米花一样，每次一个学生表达看法时，其他学生只能消极地坐着。而在“微实验室”方法的框架下，学生担任讲话人，用观点来带动讨论。而且，学生和组员以共同学习和讨论的方式互动，而不是和老师互动。卡梅隆认真倾听，表示他关注学生的对话，表示了对话的重要性，而且表示他对对话内容很感兴趣。比起对着全班讲课，倾听学生能够让他能更多地了解每个学生的学习情况。

在下一个环节，卡梅隆把关键概念用蓝笔写在白板上：处决——死亡的影响、农业、农村、农民、集体化、美国的作用、恐怖活动的作用。在最后一个环节，他用绿色笔写下讨论中出现的观点：轰炸、宗教、难民、中苏决裂、关系缓和、外国影响的重要性、红色高棉的目的。这时白板已经写满了学生提出的观点，每一个学生都有贡献。

通常，“微实验室”进行到此，三人小组需要进行自由讨论，将前三个环节说过的内容衔接起来。这次，卡梅隆决定以全班为单位开展自由讨论，以他写在白板上的内容为背景。“根据刚才的讨论，如何连接这些观点？你们如何看待红色高棉的影响？”

“也许可以从经济的角度对观点进行分类，”艾略特回答。显然，他在意的是怎么考试的时候怎么回答问题，而不是讨论今天这个问题本身。

麦克斯建议：“也许可以考虑其长期影响，而非短期影响。”

其他人还没来得及提出新的建议，前排的一个学生突然发话："老师您是想让我们像爆米花一样，还是像冰淇淋一样？"卡梅隆之前在班里说过，真正的对话是什么样。当时他把每个人各自发表观点的形式比作爆米花，而把在他人发言基础上发表新见解的方式比作冰淇淋，就像冰淇淋里每一个球都稳稳地放在下面的球之上。按照冰淇淋的比喻，表达观点就像是在建设新事物，在对话的过程中，每一个观点都处于不同的高度。

卡梅隆说，他想要的是冰淇淋，之后对话开始转变：学生提出了对长期和短期影响的看法，轰炸导致红色高棉迅速崛起，惨况和酷刑紧随其后，与之相对的是铲除知识分子带来的长期影响。此时学生用来表达看法的句式也越来越多，如："与前述一致……""另一方面……""以此为基础……""补充一下洛基的话……"等。如同之前提到的，艾瑞卡和朱莉在"让思维发光"游戏中让学生按照自己的角色，使用不同的句子开头；在卡梅隆的课堂上，发言句式也帮助学生以新方式互动，按照新模式开展对话。

显然讨论一时半会儿是结束不了了。一个学生分析了红色高棉对年轻人的影响和对年长者的影响，卡梅隆暂时"搁置"了这个观点。"这个理论很有意思，我们活动的时候可以先把它记在脑子里。"卡梅隆说完，又让学生开始新的任务，进一步深化他们的思考。

卡梅隆将白板上的笔记全部擦掉，对学生解释说，马上要用"生成—排序—衔接—阐述"法（即GSCE，Generate-Sort-Connect-Elaborate）更深层地探究这道模拟题："评价1975—1979年红色高棉对柬埔寨的影响。"GSCE是一种创造概念图的方法，目的是突显观点的重要性和相互联系。卡梅隆非常熟悉这个GSCE，对其进行了修改，以适应本班的学习。他把全班分为两组，解释说第一组要"考虑回答这个问题（即高中毕业文凭考试模拟题）会用到的所有关键概念，刚刚已经都提出来了。把你们认为重要的观点写在中心，次要的写在边缘。”然后他指示另一组学生：“你们要看看他们写了什么观点，自己是不是赞成。你们的任务是把他们写好的观点连接起来，特别是要标明重要的联系。字写大点，别出声。”

十分钟后，白板已经写满了相互关联的观点和阐述。中心写着文化、经济、对传统农村生活的冲击、消灭知识分子等观点。白板画得很乱，但却是学生共同思考的结果，他们的观点建立在彼此的基础上，远远胜过一串让学生记忆的要点。为了让学生更清楚这点，卡梅隆问全班：“白板上写的这些内容如何能帮助你突破最开始五分钟的自由写作？比起刚才，现在你多了什么想法？”

麦克斯：背景交待得更清楚了。

约翰：我现在更多地考虑长期影响。写作文时我没想到对社会的塑造和对儿童的新式教育。

卡梅隆：我想请杰克解释下孔子和亚洲价值观之间的联系。这和我们今天的内容有什么关系？

杰克：红色高棉要重拾古代价值观。这关乎新世界的影响，因为新世界曾是旧世界。他们坚持儒家思想。

卡梅隆：（读白板上的内容）“凡是腐朽的必须铲除”，为什么这条很重要呢？

注意，在回答卡梅隆的最后一个问题时，学生是用“冰淇淋”式来回答的，每个人都吸取了前一个答案的内容，并深入拓展，使观点变得更连续。这就是真正对话的模样。

邓肯：因为社会的方方面面都必须清洗，要净化社会和种族。

洛基：还有文化方面。

杰克：这种净化也包括经济方面。

艾略特：那就是造成他们最终倒台的原因。

课堂接近尾声，卡梅隆对学生提出最后一个要求："请每人花一分钟写一篇短文，讲讲本节课的架构是如何帮助你学习的。"很多老师会让学生写一分钟短文，或者让他们在出门前交小条子。卡梅隆让学生思考课堂学习开展的结构，以此建立反馈圈，让学生知道自己很在意他们的学习进程，而且自己想要提高教学效果。这个沟通方法很简单，又能带来师生之间新的互动。

为人师者：互动中教师必备的情感和行为特质

研究者指出，某些情感特质可以激励学业进步、促进批判思维、创造思考的文化。他们的结论惊人地相似，对于任何人来说都不意外：同理心、热情、真诚、可靠、积极、尊重、信任、幽默等。如果你用这些词汇来描述自己的老师，那很可能你喜欢他/她的课。我们都认识拥有这些特质的人，他们可能天生个性便如此，这样的人有当老师的，也有从事其他行业的。但我们不用觉得这些特质都是天生的，每一位老师都能够通过自己的行为表现出上述特质：目光接触，微笑，记住学生的名字，同学生分享个人经历，承认错误，热爱学习，表达对学生生活的兴趣，尊重学生，不把师生冲突视作个人恩怨，有始有终，可靠，倾听学生想法，表现出支持的态度等。如果对你而言，热情、关爱、真诚这些特质并非与生俱来，那么请记住，通过行为改变情感，比通过改变情感来实现行动容易得多。

相关研究文献指出，教师如果想帮助学生实现学业进步，培养独立品格和乐于助人的精神，同时建设思考文化，那么还需要其他三种基本的特质：

- 不做司令官。
- 敦促学生思考。
- 支持学生的自主性。

“不做司令官”并非我描述这种特质时的第一选择，不过恰好研究者用了这个说法，我就借用了。在所有衡量教师互动/关系的变量里，不做司令官对学生成就感的影响最大，因此这个说法值得一用。一个老师不做司令官，并不是说他不给学生下指示，或者他不知道怎么引导课堂学习，而是说教师不会直接控制课堂。爱支配学生的权威式教师也许很容易让学生遵从自己的命令，但是他们不一定能有效地促进学习或者培养思想者。

不做司令官的教师与学生分享权力，让学生成为课堂活动的正式伙伴，比如朱莉和艾瑞卡在“让思维发光”游戏中让学生制定规矩。这样的老师还会鼓励学生发言，让学生知道自己在为课堂做贡献，而且直接决定了一堂课的走向。在卡梅隆的课上我们可以看到这一点，他的学生知道自己的观点和发言为课堂打下了基础。与此相比，如果学生觉得不管自己来不来上课都没有影响，课堂会完全按照计划进行，老师说的每句话都是事先准备好的，那学生只会觉得自己在课堂上无足轻重。在评估和设计积极的课堂互动方面，罗伯特 · 皮安塔做过大量工作。他用一句话完美地说明了话语权和权力的关系，他说，教师必须“给学生机会，让他们在课堂上发挥塑造性作用。”

敦促学生思考也是与学生学业成就高度正相关的教师互动/关系指标。我特别喜欢“敦促学生思考”这个说法；它准确地说明了教师需要做什么。我们都想要学生思考，当然也希望能鼓励学生思考，我们甚至可能努力为学生创造思考的机会。这些做法都值得赞许，但是我们还必须“敦促”学生思考——也就是说我们要推动他们、刺激他们，推动、督促和促进思考。如果学生的答案肤浅，缺乏推理和证据的支持，我们绝不该放他们一马。

朱莉和艾瑞卡的首要目标是让学生掌握学习的主动权，培养信心和能力。为了实现这个目标，她们给予学生许多支持：营造支持的氛围，鼓励他们超越自己。她们允许学生走上前来引导课堂，学校里一位科学老师说，她们的学生之一在课上分析老师刚刚做的实验是怎么回事，还用证据支持自己的说法。听到这件事，朱莉和艾瑞卡明白，她们的努力有了结果。另一个学生向她们索要“让思维发光”游戏的教程，想带回家教父母玩，此时朱莉和艾瑞卡知道，这个学生已经成了自己学习的主人。

科学提高互动性：通过角色扮演法让学生爱上学习

大部分的课堂都是按照一套默认的规则开展的，德里克·爱德华兹和尼尔·墨瑟称之为“教育的基本规则”。如果我们想要打破现状，在教师与学生之间、学生与学生之间创建新的互动模式，就需要在课堂上明示想要达到目的的规则。关于如何建立群体规则，有许多有用的资源。一个方法是让小组找出，他们在什么样的条件下能够达到最佳的学习效果。另一种方法是观察某个学习成效很高的小组，比如艾瑞卡和朱莉让学生观看“奥斯汀和蝴蝶”，指出哪些做法能帮助学习。卡梅隆·帕特森用“瑞吉欧艾米利亚城故事”帮他教的中学生制定课堂规则，这个视频里展示了一群学龄前儿童是如何有效学习的。

蕾丝莉·赫伦寇和马里恩·圭拉提出了四点关键的小组规则：人人为群体做贡献，并帮助他人，用理由支持观点，努力理解他人观点，在他人观点的基础上进行扩展。这些规则既能引导个人的行为，又能建立个人对小组的投入感。这种投入感是所有人进步的关键。

另外，给学生安排特定的智力角色，也有助于他们学习新的思考技巧，文学圈、读书会和“让思维发光”游戏也常常起到这样的作用。我曾在孟菲斯长老会走读学校旁听菲利普·卡明斯的六年级课堂，我注意到，班级在研究当地社区的种族歧视现象时，卡明斯给学生指派了角色，包括创思者、联接者、反对者、可靠性“纠察员”、读心者和打扫小分队。组员按照各自的角色将注意力集中在一点，不会因为任务太多而力不从心。赫伦寇和圭拉给四年级科学课的学生安排了三种角色，教他们如何建立自己对科学的解释：预测并提出理论，总结结果，把理论或预测与证据或结果结合起来。学生担任这些角色之后，不仅积极参与其中，建立自己的科学解释，还认真倾听其他小组的解释。赫伦寇和圭拉发现，此时学习的效果最好。

提“好”的问题：用交流提升学生的思考深度

提问是师生在课堂上互动的主要方式。提问可以给课堂奠定基调，给课堂带来气氛和活力——但也可能会使课堂变得沉闷单调。提问塑造课堂文化，让老师、学生和学习内容融为一体。本章的案例中，朱莉、艾瑞卡和卡梅隆以提问引导学生，加深他们的理解，在学生给出的回答太简单时，推动他们加强表达的深度，让学生的思考得到显现。

身为老师，我们都想提出好问题，所谓的好问题就是能够推动学习，带来深入的思考。但是真要发挥问题的作用，我们必须记住，问题几乎没法提前想好；反之，问题源自我们的目标和预期（见第二章）。根据这些目标，我们可以把教师的提问分为下面的五种：

- **回顾性提问** 让学生回忆起之前学的知识或程序。在课程开头，很多老师会用回顾性问题“激活”已学习的内容。例如：“你能告诉我们昨天讲了些什么吗？”
- **程序性问题** 指示课堂活动和行为该如何进行，与学习内容无关。例如，“是不是每个人手上都有铅笔了？”程序性问题远远不如清晰的指示有效，例如：“请每位同学拿出铅笔。”
- **生成式问题** 让学生去探究。这类问题可分为两种：一种是基本问题，指导学生进行长期探索；另一种是内容问题，教师自己也没有现成的答案，例如：“红色高棉这样的极权主义政权是如何掌握并保持权力的？”

- **建设性问题** 加深理解。这一类问题让学生联系不同观点，并给出自己的诠释，同时关注要点和中心概念、拓展观点等。例如："听了刚才的发言，你有什么新发现？”

- **促进性问题** 让学生解释或详细阐述自己的想法，令其显化。在学生回答后，用本类问题跟进提问，学生的回答会更加深入。例如："为什么你这么说呢？”

"思考的文化”小组研究了教师的提问方式，企图了解思考文化与传统的课堂有何差异以及教师致力于在课堂上建设思考文化时，他的提问方式是如何逐渐改变的。我们发现，传统课堂常常受到程序性问题的主导：教师以此类问题指导课堂，同时也提出回顾性问题。我们还观察到，随着课堂上思考文化的逐渐建立，教师的提问从回顾性问题逐渐变成建设性和促进性问题，这可以理解为授课目标的改变。教师问回顾性问题的目的，是想确认学生是否知道和记得某些知识，而问建设性问题则是为了引导、指示、推动学生对重要观点的理解。而且，促进性问题的功能是让思考显化。在本章所提及的课堂里，两种目标都得以实现。

在朱莉和艾瑞卡的课堂上，学生担任的角色具有建设性，他们借此读懂故事，加深理解，而不仅仅是记忆信息。在卡梅隆的课堂，学生的智力活动集中在一个重要问题上：如何评价红色高棉的影响？（注：高中毕业文凭考试模拟题是陈述指示，我把它改写为了问题的形式）接下来，他指导学生探究这个重要问题的答案，提出的大都是建设性问题：

- 听了刚才的讨论，你们有什么新见解？
- 关于红色高棉的影响，大家有什么想法？
- 白板上的这些内容，是如何帮助你的思维突破最开始五分钟的自由写作的？
- 比起刚才，你现在又有什么新想法？

作为温和的要求者，朱莉和艾瑞卡问了很多促进性问题，推动学生进一步阐述和思考。这些问题让学生知道，缺乏解释的答案称不上完整：

- 你为什么那么说呢？
- 你为什么这么画呢？
- 你的想法和凯特的有什么关联？

有效沟通：转变单向对话模式，让学生成为自己的同盟

对话是“没有准备的智力冒险”。它让我们接触他人的思考和观点，因此带来全新的视野。通过对话，我们建立起信任和尊重，学会关心他人，并接受他人的关心。但是，因为“问题—反应—评估”互动模式的主导，很多课堂上的对话并不是真正的对话。要打破这种默认的互动模式，作为老师我们需要努力刻意练习，从“打乒乓球”改成“打篮球”，也就是说，我们需要寻找更多的机会传递球/问题，让学生加入进来，并且在对话过程中，让学生引用他人的观点。你可以把这种互动模式作为课堂的目标，也可以和学生分析这个目标，让学生对老师实现目标的情况给予反馈。通过明确的表示，教师与学生分享权力，使学生成为自己的同盟。

从打乒乓球变成打篮球，这主要要靠教师，但是学生也需要发挥自己的作用。卡梅隆请学生加入讨论，与他们探讨“爆米花”和“在蛋卷上逐层堆冰淇淋”这样的对话方式。他们在课堂上用的比喻生动且深入人心，而且卡梅隆和学生都能用这些比喻来评估自己的行为。教师提供固定的句式，供学生回答时使用，学生从中受益。

- 根据刚才 ____________ 说的话……
- 我和 ____________ 的观点一致/不一致，因为……
- 基于 ____________ 的观点……
- ____________ 的说法让我想到……

- 我们进一步探究这个观点的话，就会……
- 在 ____________ 的评论基础上进一步深入……

还有一种方法可以帮助教师打破“问题—反应—评估”的模式，形成新的互动方式，叫作“反射抛回”。该术语是一位科学课老师吉姆·明斯特雷尔生创造的，用来描述他的提问顺序，这种提问可以促进学生的思考，并使其更明晰。传统上，研究人员认为典型的对话以教师提问开始，但是吉姆用学生的评论和观点作为对话的开端。反射抛回是说，教师的首要目标是领会学生的意思，理解他们的看法。如果不能马上领会学生的意思，教师要用问题来跟进，比如“关于这点你能再多讲讲吗？”或“我不是很理解你的意思，能否换一种方式表达自己的想法？”教师一旦理解了学生的意思，就把问题扔回给学生，让学生进一步向老师，同时也是向自己表明并解释自己的想法。比如说，吉姆会问一个学生：“那一点告诉了你什么？”“你觉得你刚才那样说的基础是什么？”或者是常备的老问题“你为什么那么说呢？”这样提问的目的是要推动学生超越自己的答案，进一步思考。

创造新的对话模式，给学生安排角色，让他们的学习更结构化，问好的问题……为了实现课堂互动，我们能做很多事情。如果我们的目的不是包办学生的学习，而是要让学生成长为自主的学习者，这些做法就尤其有效。这一目标的实现需要更大的背景：学生得到真正的喜爱和尊重。我们必须关心和尊重学生的思考，那样学生才会真正显露自己的想法，教师才能了解学生的学习。只有在一个相互尊重、相互关心的氛围下，学生之间和师生之间才能建立起有效的互动，思考的文化才能真正建立起来。

活动：建设带来思考和学习的互动模式

- 设立规则。通常在学年开始或者小组分组时，规则就制定好了，但是制定新的规则永远不算太晚。当班级要开始一项新的项目、活动或小组任务时，要抓住这个机会制定规则。可以使用鱼缸法，也可以分析表现有效学习的视频，学习其中的积极行为。

- 制定角色。定义某种学习新知识（阅读理解、建立科学解释、做研究、分析数据等）的情景，找出为了有效达到情景目的，每个人需要担任的角色；再为这些角色制定一系列行为、行动或问题，学生可以籍此了解自己的角色的责任。

- 在学生中做调查。库什曼和罗杰斯采访了一些学生，问他们以下问题：身为学习者，你希望教师了解你的什么？老师做了哪些事情，让你知道他们尊重你、看重你？关于如何让学生做到最好，你会给老师什么建议？你可以和同事一起制作问卷，了解学生的想法。如果你想让学生相信你重视他们的想法，并且会根据调查结果采取行动，那最好与他们分享调查结果。

- 以某些习惯与学生建立联系。可以是简单的行为，比如学生进教室时，和他/她打招呼；或在课堂上与每一个学生交流，给予评价，与之互动，并注意到他的特定行为。但这种做法比较难。

- 根据五种问句类型分析自己的提问（见提“好”的问题部分）。如果想要更清楚地明白自己提的问题，可以采用录像或录音的方法，或让一位同事观察自己，记录提的问题。找一位同事搭档，或者找两位同事组成三人小组，这样既可以观察同事，又能接受同事的观察。

- 改变让学生举手的做法。如果先问问题，然后点举手的学生来回答，可能会导致课堂互动变成“问题—反应—评估”模式，或者只有几个积极的学生才有机会回答。你可以试着用随机数生成器选学生回答，或者把学生名字写在冰棍棒子上随机抽取。点名的另一个方法是目光接触。

- 练习“反射抛回”。先确保自己理解学生的意思，如果你觉得已经明白了他的意思，就可以短暂停顿一下，然后问：“你为什么这样说呢？”通过这个简单的问题，你了解了关于学生的哪些情况？了解了他们的哪些思考和理解？

- 请学生给出反馈。在期中或者期末向学生发放问卷，了解他们的学习进展。询问他们觉得哪些方法有用，哪些没用以及他们对老师的看法。准备好和学生分享结果，并且解释你要怎么利用这些信息。

- 学习学生的文化。多同来自不同背景和文化的学生打交道，这样教师就不会以自己为中心，去预设学生的行为或答案。

- 表现真诚。你自己也是一个学习者，你的哪些经历适合与学生分享？分享自己身为学习者的困难和努力，分享让自己感到兴奋的事物，或者自己是如何从错误中学习的。

- 安排一个学生作学习报道员。学生轮流担任，让他在课堂上捕捉和记录重要的学习时刻。如果有学生在其他人观点的基础上进行扩展或者进一步论证，可以记下这些时刻，或者记录下学生问的好问题。

- 用特定的模式作为学生互动的框架。一些简单的模式，例如“微实验室”（参考第8章）或“观察学生思维”（参考附录D），能帮助学生学习聆听和讨论。

- 建立以修改求完善的文化：通过一次次修改，不管是作品、观点、项目，还是绘画或实验，都从一开始的粗糙一步步接近完美，在这个过程中，学习者需要有人反馈，并从反馈中学习。我们可以采取一些策略，如让学生们展示自己的想法，并互相批判，以建立这样的文化。

CREATING
Cultures of
THINKING

第九章

环境：如何利用空间帮助学习和思考

“环境”，名词，指一个人活动时的周边条件或影响因素。也指一个群体或个人占据的物质空间，包括设计、美感、布置、展示、摆件和陈设。作为文化的塑造因素，物质环境是一个组织的“肢体语言”，即使它的成员不在其中时，它也表达着组织的价值观和其他重要信息。学校或教室的物理空间可能阻碍或促进群体和个人的学习，尽管大部分老师的工作环境都是为传统教育模式设计的，但我们还是可以通过很多途径来设计这一空间，让它促进思考文化的建设。

闭上眼睛想象一个教室，任意教室皆可——唯独不要是自己的教室，电视剧里一个普通的教室也可以。在这个想象的教室里走一圈，注意里面有些什么。现在打开教室门走出去，继续想象。外面有什么？现在继续你的想象之行，走向图书馆，望向四周。在这所想象的学校里行走，你都注意到了什么？有哪些是熟悉的？有什么地方很吸引你？又有什么让你觉得很乏味？

你眼前浮现的画面和其他读者的想象可能区别不大。我们所有人对学校、教室和图书馆都有相同的记忆。白板取代了黑板，几人围坐的圆桌取代了每人一张的桌子，但是学生仍然在四面墙里坐得整整齐齐，面朝一个方向，老师的桌子立在教室前面，门外是没有人情味的走廊。这样的学校没有怎么改变。

校舍的设计从实体上反映了一些关于学习的根深蒂固的看法，而且这些观念得到了广泛接受。其中一个观点是：学习是个人的努力过程，它的中心是获取和存储知识，以备今后使用，这有时被称为“晶质智力”（又名“固定智力”）。符合这种观点的学习模式是，学生一列列面朝讲台坐着，准备好听老师传授知识。在这样的空间里，干扰被降到最小，以免学生在该听老师讲课的时候分心。在这种模式下，学生被视作被动的、待填满的容器。与之相比，如果学习被视为通过积极协作的努力过程促进流态智力的发展——即提高解决问题、推理和与他人探讨新观点的能力——那么让学生排排坐听课的形式就没有什么意义了。

设计界有一条准则：形式服务于功能。但是，大部分校舍和教室的形式都是牢房和铃声式的，这种形式的存在来源于过时的功能——灌输式教学。未来十年，美国预计会将数十亿美元投入到学校基础设施建设上，用于翻新或者新建校舍，我们应该借此重新思考学校的实体环境，并且改建学校，以符合当前我们对学习的理解。我们还应该认识到物质环境在支持教学时所起的作用，尽管有人认为，对学校和教室环境的重视只是拘泥细节，甚至是一种奢侈的做法。英国近期的一项研究考察了教室的颜色、选择、联系、复杂性、灵活性和灯光等参数，发现“教学环境对小学生的‘学习进步’有重大影响”。

本章我们将参观三个教室，教师们不是只小小地改动了教室，而是积极设计空间，促进学习，带来新的互动方式，建设思考的文化。我们首先要参观的，是中学老师凯西 · 哈那瓦尔特的教室。她上课的空间是个很典型的传统教室，位于美国一所很大的高中，这所学校最初的设计理念就是“牢房”加打铃。接下来我们要参观内莉 · 吉布森的教室，她是澳大利亚塔斯马尼亚的一位一年级老师。她上课的环境是专为小孩子设计的，空间的亲密感更浓。最后我们要参观爱丽丝 · 莫恩德 · 帕克的教室，她在孟菲斯的一所学校任教，她对教室原有的空间里进行了从头到尾的重新设计和安排，让它成为了一个学习的工作室。

美国高中教室：重构传统教室，创造全新学习体验

“好想在这里上课！”一个男生把头探进凯西 · 哈那瓦尔特的教室，然后脱口而出。他把教室前后打量了一通，朝凯西笑了，凯西坐在桌边，周围摆满了私人照片和纪念品。男生很快就消失了，沿着走廊继续走下

去，跟他的出现一样突然。

凯西说："有意思的是，那些根本不认识我，也不了解这门课程的学生会说，'好想在这里上课'。我想，他们喜欢教室的模样。这里很温馨，空间自己会对学生说话。"凯西的教室位于华盛顿州塔科玛市三叶草公园高中，在形状和大小上，它和这里其他没有窗户的四方形教室没有什么不同，但是，她的教室的确有一种与众不同的面貌和气氛，即使是一个路过的人也看得出来。

从走廊上看，凯西的教室最明显的特点就是没有头顶明晃晃的日光灯，取而代之的是分散在教室各处的落地灯，它们散发着柔和而温馨的光。一盏小台灯照亮了凯西的桌子，灯故意放成照向门口的角度，这样，在学生进教室时，凯西便可以看到他们。即使是不上课时，如果走廊里的学生从门口经过，凯西也可以和他们打招呼。

凯西告诉我："头顶开着大灯会给人压力。我希望学生进入教室空间时能感到放松，感到平静。一旦大家都坐定，我会打开天花板的灯，示意课程即将开始。但是我还是喜欢课前只开落地灯，营造一种友好的氛围。"凯西的教室没有窗户，因此落地灯和顶灯搭配能让她更好地控制照明，也让她感觉更舒适。"如果我要在这里工作和生活，那么这个空间必须是自己喜欢的。"

陌生学生探头一望表示羡慕，这也说明了教室的布局特点。学生的课桌排列成一个很大的C字，C字两端是直角。这种布置让每个学生都能看到彼此，同时又能看清白板，听凯西上课。C字里面是一张桌子，周围有很多座位，上面是投影仪。座位的布置便于学生走动和谈话，在凯西的人文课上，一个重要的元素就是对话。凯西若是让学生分组，C两端的直角和C里面的桌子便成了学生聚集合作的地点。在教室一角，凯西为学生设置了一个更私密的空间。这里有一块东方地毯，周围是木质书架和几盆耐寒的植物（要记得教室里没有自然光），学生在这里可以暂离人群，安静地阅读和思考。

当你从走廊进入到凯西的教室时，往往会意识到，凯西创造的空间是为了吸引学生学习。白板下面的马克笔架子上摆着一些书，欢迎你挑选阅读。这些书包括体育刊物、流行的通俗小说、悬疑小说、学生自创的书籍……各式各样，五花八门，能够吸引不同的读者。

在白板的上面，是一张张彩色美术纸，上面写着一些问题。凯西写这些问题是为了让学生学习时更专注，并且将所学内容串连起来。问题很简单，但却能激发思考：故事讲了什么？故事的另一面是什么？你是如何知道这个故事的？为什么要知道/讲述这个故事？这个故事的力量何在？凯西解释了为什么要写这些问题："我教人文学科，包括英文、历史、写作和沟通。我研究了本学区的课程设置，觉得'故事'这个主题可以把各种内容联系在一起。写作是关于如何讲故事，阅读是关于如何理解故事，历史学家发掘的是故事的另一面……所以我认为，这些问题能够把其他各门课与我们学到的帝国主义和革命这几个重要单元串在一起。"

"故事的另一面是什么？"这一问题尤其能够启发凯西和学生的思考。凯西说："这个问题经常冒出来。有时我们在讨论当下的事件，学生就会问：'是呀，但是故事的另一面是什么？'当学生对我讲的内容持怀疑态度时，就会有人问：'哈那瓦尔特老师，你说的是你看到的另一面吗？'"教室侧面的墙上贴着一张很大的图表纸，进一步展示了学生对这个问题的兴趣。上面写着："我们应该看到故事的另一面，因为……"下面是一个列表：

- 你不想持审判的态度。
- 你可能是在假设。
- 你会看到更完整的事实。
- 你不应该根据表面情况做出假设。

- 你对他人的指责可能是错的。

图表纸后面是一张蓝色的海报板，这是一个学生做的照片拼贴，内容是她在课外活动上展示“故事的另一面”。她的记录非常有动态感，一张照片的内容引出了其他的观点，并且把学习内容紧密联系起来。

在教室的其他地方，墙上挂着一张图画说明，展示了学生对问题“和解和复仇是什么关系？”的解答。教室四处都贴着引言：“重要的是不断发问”（阿尔伯特·爱因斯坦），“告诉我，你打算用你疯狂而宝贵的一生做什么？”（诗人玛丽·奥利弗）。后一条引言旁边也有一张图表纸，上面是学生的回应。课堂的讨论、学习还有学生个人的参与都体现在这些实物上，这不仅使空间更个性化，也培养了学生对教室的感情。墙上贴的是他们的观点，他们的学习成果就展现在眼前。

凯西的教室既不炫酷，也没有什么高科技产品或贵重物品，甚至没有什么不一样的地方，但是它经过精心布置，不同于常见的的四方盒子一样的教室。凯西想要与学生有私人的交往，让他们发出自己的声音，吸引他们积极参与，让他们的学习贯穿始终，这全都体现在教室的环境上。凯西为不同的学习形式规划创造不同的空间，所以作为学习者，老师和学生都拥有更大的灵活性，最大程度地利用了空间。即使学生不在教室，教室也充满了人的气息，这不仅体现了凯西的个性和教学风格，也体现了学生的特征。

澳洲一年级教室：像展览馆一样展示学生的学习成果

“虽然我一直很重视学习环境的美化，也一直努力营造更好的空间，但对于自己在塑造空间方面发挥的作用，我改变了看法，现在我把自己当成‘馆长’。”内莉·吉布森解释道，“当然，老师要和孩子们一起创造学习空间，但是作为成人，我在管理教室布置方面担任着特别的责任，我得小心挑选。什么能吸引学生？你永远都无法确定，但是身为‘馆长’，你要准备好‘展品’，把它们展现给孩子们，启发他们的思考和讨论。”

内莉的一年级教室位于塔斯马尼亚朗塞斯顿的斯柯奇 · 欧克伯恩学校，走进教室，你会发现她对空间的布置既用心又克制。普通的小学教室里经常能看见那些商业化的布置材料，比如彩色的组合方块地毯啦，字母条啦，数轴啦，生日日历啦，微笑的卡通动物啦，诸如此类，她的教室里一样也没有。内莉的教室里也没有其他小学生教室里充斥空间的鲜艳色彩。在她的教室里，周围的一切都体现着学生学习的成果。学生的图画、雕塑作品、组装成品、写作成果按照特定的位置巧妙地排列开来，观众可以在这里凝思观看，驻足欣赏，探索新奇的内容。这里有学生全神贯注工作的照片，学生对话的片段被记录下来，放在照片的旁边，看着照片和语录，过去的事情得到了生动的展现。虽然展示的内容很丰富，但是颜色很素净，所以教室的空间不会显得拥挤，让人眼花，看不过来。所有背景都是黑白两色，因此学生照片和图画的色彩十分醒目。

公告板上的内容反映了内莉布置时有意识的克制。尽管上面都是学生作品，但选取的是班级成果，而不是学生个人的成果。作品标签没有用那种巨大的模刻字母，而是简简单单地打印出来。显而易见，公告板上的内容并不旨在夺人耳目，令人在教室另一头也感到视觉压迫，而是以简单朴素悄然吸引人走上前来，细细查看。公告板上的内容分为三大块，以标签标明，都与学生的阅读有关：勤于思考的读者，元认知和心理模式。每个标签下面是图、对话记录还有照片。教室另一端的公告板记录的是班级最近学习的三个主题：美、泥土和心。在“美”这一标签下面，是学生对“美是什么？”和“美重要吗？”这两个问题的几个回答。

苏菲：美是重要的，让你可以领略美好的事物。

史蒂芬妮：因为美的环境会带来美好的时光。

阿奇：美是你的家人，因为他们会陪伴你。

史蒂芬妮：我见到美的东西就会很激动。

哈维尔：美让我快乐。星星很美，因为你能记住关于它们的快乐过往。美是你欣赏的东西。

奥利维亚：美很重要，因为它让你去爱。美很重要，因为它让我们快乐，它帮助我们。

史蒂芬妮：我很同意奥利维亚的话。她说的对，美就是去爱、去帮助他人。

促进学生学习是学校的主要目的，它需要可视化。内莉在这一点上做的非常好，教室里名副其实地“充满思想”。教室的布置不仅有强烈的美感，还表明内莉深刻了解记录对于学习过程的作用。学生的学习成果需要展示，以激励，以吸引，以表达，而不仅仅是作为装饰填满空白的空间。这样的记录应该让学生看到其他人的高质量学习成果，激励学生力争上游；应该引起学生对学习的思考和回顾，激发他们深化，修正学习，或者打开全新的思路。“我做记录的目标之一，是每一次都把学习成果还给学生。”内莉告诉我，“我让学生聚拢过来，坐到一起，给他们看我做的东西，大家一起讨论。我是他们思想和学习时刻的‘馆长’。”最后，关于学习的记录可以告诉同事、学校管理层、家长这个教室里学习的开展情况以及学习者们通过问题和体悟得出了什么成果。通过这种方式，记录成了对过往学习和思考的一种体制存储。

像内莉所做的这类记录，让学习过程公开可见。与此相比，成绩单是学生个体的非常隐私的记录，用一个数字来反应学习那样复杂神秘的过程，“学生在学习过程中投入了许多努力、思考、技巧、创意和个性，而一个分数根本反映不出这一切。”

内莉当过很久的中小学代课老师，她根据自己的经验得出结论，认为注重环境可以大大加强对文化的塑造。“我印象最深的是在霍巴特接手了一个四年级班级。那里很多老师都是代课老师，所以孩子们很烦躁焦虑。”内莉回忆道，“我马上开始在教室里挂展示品，布置一些激励他们的物品，把各种东西带进教室里，问学生美是什么。我把孩子们带到室外，让他们拍照，把外面的东西带回教室。”

内莉回想这些举措的效果，解释道：“那是我第一次意识到，环境有如此大的影响。这就像多米诺骨牌一样，各种塑造文化的因素都紧密相联。环境带来机会：它进行展示，表达期待。对于那个班的孩子来说，他们的校园生活没有持续不变的东西。外界对他们没有期待，但突然之间，我开始期待他们能珍惜教室空间，他们也开始期待我为他们着想。环境的改变让我们作为一个共同体重新开始。”

美国学习工作室：让教室设计为思考服务

“这个房间和学校里其他的教室完全不同，”爱丽丝 · 帕克说，“这是刻意为之。我的梦想是EDGE工作室能成为这样一个空间：学生在此感到自己是思考者、创新者、合作者和冒险家，由此获得力量感。”教师并不经常与建筑师、学校管理人员还有设计师一起参与教学空间的设计，但是在田纳西州孟菲斯市的长老会走读学校，爱丽丝 · 帕克刚好有一个这样的机会。学校组建了一个委员会，研究设计思维以及设计思维如何能够改变这所仅招收男生的小学校。爱丽丝是委员之一，她看到了设计思维与可视化思考的关联，也预想了两者结合的好处。她抓住学校改建校舍的机会，向学校管理层提出了创建新型教室的想法。与设计师一起工作时，她和学校的同事分享了关于理想学习空间的想法以及这样的空间会如何促进思考和创新。最初，爱丽丝并没有料到自己会成为设计思维的领头老师，但是学年一开始，她便被任命担任这项工作。

这个教室被命名为EDGE工作室，这个名字表明这并非传统的教室，而是一个设计空间、一间工作室。首字母缩略词EDGE（edge有边界的含义）的四个字母分别代表设计思维的四个关键步骤：探索（Explore），产生共鸣（Develop empathy），丰富想法（Grow your ideas），评估（Evaluate）。爱丽丝认为，EDGE这个词也意味着要努力将思想推向全新创造性的边缘："把自己推到思考的极限（going to the edge of my thinking），要有尖锐的思想（edgy ideas），要能跨越极限（jumping off the edge），或者因为有想法而激动地坐不住（on the edge of my seat with ideas）。"

我随着带路的人穿过长老会学校迷宫一般的走廊，即使是第一次来这里，我也发现EDGE工作室引人注目，清晰地映入眼帘。我马上注意到，工作室的门不是一扇普通的带小格子玻璃窗的金属门，而是带紫色金属装饰的玻璃门，紫色和红色是学校的标志颜色。不仅如此，工作室的四面墙有三面几乎全是玻璃。这个房间位于两条走廊之间的角落上，面对走廊的两面墙上都是巨大的窗户，工作室里的情况外面可以看得清清楚楚。"我觉得可以用窗户做比喻，将我们的思考和学习拓展到教室之外。"爱丽丝说。第三面墙是可以移动的玻璃隔断门，打开之后工作室便同隔壁的美术教室连为一体。

也许这样的开放和透明是当今全世界学校建筑的主流趋势，内莉·吉布森的教室如此，孟菲斯的这所学校也如此。值得注意的是，不管是内莉的教室还是爱丽丝的，都没有搬到新建的教学楼，而是在原有校舍的基础上改头换面。从成本的角度来说，改建原有的内墙，加装玻璃窗，比新建教学楼便宜很多。花费这些钱，可以给整个学校的氛围带来很大变化。尽管有人担心，学生在这样的教室上课会分心，但不管是老师还是学生都迅速适应了开放式的环境。巨大的玻璃窗也让老师可以更好地看到学生在走廊上的情况，因为改建后的走廊不再是学生隐藏或逗留的场所。

我走近工作室，从玻璃窗向里望去，注意到这个空间的另一个独特之处：站立式的桌子。桌子按照四张一组摆放，每张桌子旁边有可以让学生坐下的凳子。桌子还有另一个特点，上面有明尼苏达一位老师设计的可以摇晃的搁脚板，这样即使学生坐着也可以动。这个特点很吸引人，我自己都很想试试。很多时候，教师不得不耗费许多精力让学生坐着不要乱动，但却收效甚微。迪特尔·布莱特克尔是一位研究人体工学设计和校内学生动作的专家，他建议教师接受学生的小动作，并说“只有在被动与活动、压力和缓解、紧张与放松之间不断地有节律地改变，才能达到身体、情感和智力状况的平衡状态……如果他们（学生）想要保持清醒并集中精力，就必须在坐着的时候能动来动去。”

爱丽丝在教室里走动，听小组讨论，让他们更清楚地表达看法。我注意到教室没有“正面”，爱丽丝的桌子放在教室前方的角落里，靠近洗手池，似乎是刻意放在这个角落里，以尽可能少地占据空间，教室里也没有互动电子白板作为焦点。教室墙上高悬着一台大尺寸纯平显示器，角度倾斜向下，几乎从教室的任何角度都能清楚看到显示内容。教室空间很大，学生可以自由行动，甚至可以在地上学习。工作室不像寻常教室一样，以白板所在的墙为正面，而是把唯一一堵实体墙涂上了白板漆，把整面墙变成了一块巨大的白板。

爱丽丝考虑了如何用教室空间促进学生学习，特别是如何体现设计思维。她特别提到了空间的适应性，“EDGE工作室的设计十分灵活，在此学生可以用各种方法合作。”爱丽丝说，“组员们在哪里协作并没有规定，事实上他们怎么来都行。学生在桌边讨论，在墙上写字，在教室里划出一片地方作为讨论的空间，可以跑到走廊里，或者在会议室协作，如果他们想的话甚至可以跑到外面去。”爱丽丝的话表明她看到，比起“篝火”或“洞穴”，学生更需要的是“水源”，但是工作室也为他们提供了“水源”式的交流空间。教室里有很多学生可以碰头的地方，而课桌或会议室可以当成是洞穴。学生聚集到主意墙边或观看纯平液晶显示器的时候，又是聚到了“篝火”边。

课程接近尾声时，爱丽丝让学生聚拢，为他们简短总结了一下今天的课程，也是说明了EDGE工作室的妙处：

以下是我今天的所见所闻：我看见很多男孩子写字。你们真是热情满满！我还听到了很多奇思妙想，我听见你们在他人观点的基础上提出自己的想法。我听见有一组开始讨论对方的观点，但是却退后一步，提醒自己这不是评判他人的时候。今天大家都思考了很多，非常棒！现在，请对同学表示尊重，看着对方的眼睛，互相感谢。等下我们在门口见，每位同学出门时，要交给我一张纸条，内容是对今天的思考的“概要”，或者描述“我以前的想法是……我现在的想法是……”

从四个方面创造提升学习和文化的环境

为二十一世纪重新设计学校和学习空间，这是一个非常吸引人的话题。在建筑师和设计师的谈话中，我们总能听到这些吸引人的想法：室内室外有机连接的开放式空间、绿色建筑、社区联系、研习小组、学习“街”、咖啡馆、学生休息区、创客空间等。但是，虽然我们要思考如何利用环境创建思考的文化，但我们也必须意识到，全世界大部分老师的教学空间面积还不是很理想，大部分已有的教学楼还是沿袭了旧有的“牢房和铃声”式设计。最重要的是，校舍建设的预算很严格，很难有机会实施大胆的想法。

即使是面对教学空间不够理想这样严峻的现实，我们也没有绝望的理由。我们也没有理由让老师认为环境不会影响学习，或者无法改变环境去促进学习。不论环境如何，都可以通过各种方法进行优化。从本章介绍的三个案例中，我们可以归纳出改造环境的四方面的思考和行动：可见性、灵活性、舒适性和吸引力。

提高教室透明度，增强学习和思考的可见性

学生的学习和思考不该隐藏，而应该可见，这个概念现下非常流行，并以多种方式呈现出来。老师向学生提问，并在答案的基础上追问的时候，他就是在让思考可见，因为思考变得明白易懂，成为了能被他人了解且能够推敲讨论的对象。同样，当老师采用一种思维方法发掘和学习如何理解观点时，他们的思考也会变得易懂，这是通过追问和铺垫达到的可见性。

当然，也有非比喻意义上的可见性，也就是我们可以用双眼看见外界。人们的见解很有力量，见证真正的学习一点点展开，这也是一种有效的体验。但是，学习的时刻可能转瞬即逝，我们必须在正确的时间正确的地点捕捉这一时刻。独自埋头的学生是无法体会这种可见性的，除非我们问自己，我怎样才能增加学生在学校、教室里实时学习的可见性，并让他们看到其他同学正在做的事情？这就是将学习过程变得透明，将协作的过程直接和非直接地显现出来。

最后还有一种可见性，即通过拍照、录音或文件来记录这些实时的学习事件，让这些时刻不要悄悄溜走。在帮助学生成长为思考者和学习者时，这三种可见性都很重要。但是，后两种可见性在塑造环境方面的影响最大。

如果说学习是与同龄人一起进行创造性和想象性的活动，我们就需要对教室进行适当安排，让对方看见我们正在做什么。我们不再把学习和思考隐藏起来，视作私人的活动。这样的透明可以打破等级，因为它让不同年级和不同科目的学生能看到对方的学习，也让学生可以看到老师共同协作，备课，思考。这看起来似乎有悖常理，但是这样的开放反而会带来安定和平静。站在一条传统的走廊里，学生的行动似乎隐藏了起来，很私人，但是如果你能看见教室里的学习过程，那么学生就更可

能考虑他们的行动会如何影响他人的学习。另外，透明的教室也让老师能更轻松地监督学生的行为。

对有的人来说，记录学生的思考可能是个新观念，很容易混淆记录和记下这两个概念。后者只是简单记下班级做了什么，是收集不同的资料存档。但是，如果要资料发挥作用，服务老师和学生，就不能止步于此。记录的关注点是学习过程本身，试图捕捉那些激发和推动学习的事件、问题、对话、行动。下面是记录学习和思考的一部分好处及理由：

- 捕捉个人、集体的学习和思考，令其可见
- 可以据此分享教室里发生的学习故事
- 作为讨论，反思，回顾学习的资源
- 帮助学生联系先前的学习和经验，在此基础上累积新知识
- 做示范，记录过程，供以后参考
- 向学生表明学习是一个持续的过程，学生的观点会随着时间变化和发展
- 便于向他人学习以及与他人一起学习
- 告诉老师自己下一步的行动是什么
- 认可并肯定学生对班级的贡献
- 作为教学形成性评估的证据
- 促进教师和学生对学习的自我评估
- 让家长能够看到孩子在学校的学习
- 找出学习中的“热点”，即让小组或个人的学习飞速进步的时刻
- 看到趋势、模式和成长随着时间发生的变化
- 学生可以更容易地从多个视角分析一个话题，并看到其中的多种可能性

我们在内莉·吉布森的教室里见到，记录学习的主要目标，是通过展示高质量的作品去激励学生，是通过互动和对记录内容的反思去邀请

学生，并告知信息。记录要告知的对象有三：教师、学生、家长。首先，记录告知老师，对于复杂的观点，学生是如何思考和交流的，还提供了可拓展学生思考的信息。其次，记录可以告诉学生信息。通过回顾记录，例如图片、照片、对话记录、视频或录音，学生在这一过程中反思学习，看见自己的长处和弱项，发掘值得进一步探索的观点，巩固之前只是浅尝辄止的观点。再次，记录有告知家长信息的作用。一张练习纸只能告诉家长题目是什么，孩子做得怎么样，却表现不出孩子投入的思考、问题、会话和想象。记录让学习的过程鲜活过来，并给家长一个与孩子互动的新模式。最后，记录是集体记忆的集成，就像一根线一样串起所有的学习过程，庆祝学习的成果，表明彼此的联系。这样的可见性可以终结独自学习的情况。

让教室布置更灵活，支持教学的多样性

一个空间里的家具如果灵活、移动方便、舒适，便能让空间保持动态，同时又能满足学习的需求。小的三角形或不规则的四边形桌子可以组合成不同的格局，满足不同的学习需要。即使是矩形的桌子也可以自由组合，而圆形的桌子虽然适合小组讨论，但是难以组合成新的格局。座位也必须灵活，椅子是必须的，适合需要长时间坐着的活动，但是泡沫方砖或者充气球也是短时间活动的新选择。灵活性真正的关键之处，在于教师和学生能够迅速重新改变家具的格局，无需外界帮助。

即使有时教室里有可供发挥的一点灵活性，教师往往也不会利用这点。我常常听到与人共用教室的中学老师说，有的老师坚持认为，教室的样子就应该是一排排桌子朝向讲台，而想要尝试其他课堂格局的老师，负担就很重。这种情况是不该有的。尽管有些时候，学生面朝黑板，老师站在讲台上的讲座式格局的确是最好的安排，但是它不应该被看作主要的或者默认的教学方式。还有，如果学校希望老师使用更多教学方式

响应学生的需求，并创造动态的学习文化，就不应该默许任何单一的格局成为默认的选择。

有几种办法可以解决这个困难。一是每个老师在上课前重新布置教室，这样会给乐意尝试新格局，提高灵活性，且在教学时敢于冒险的老师带来过重的负担。哪个老师用教室，她就得在学生的帮助下移动桌椅，下一位用教室的老师也是一样。第二种方法就是，只在部分教室采用固定的让学生面朝黑板的格局。比如说，教室可以安排成适合项目合作的（每个小组围坐一张桌子讨论），适合问答对话的（坐成一圈或者围坐一张大桌），或者适合教师直接授课的（学生排列就坐），然后再根据师生的需求安排教室。即使如此，老师们最好还是能改变主要的上课模式，可以根据需要灵活安排布局。第三种方法就是在教室里采用最灵活的座位格局，比如像凯西 · 哈那瓦尔特那样把桌子排成C字形，这个格局既可以让全部学生都看到讲台，又可以进行小组讨论。

对教室格局起决定作用的一直都是黑板，现在它已经渐渐被白板取代，而且哪里有白板，哪里就有它的好伙伴投影仪，使之变成互动式白板。在大部分情况下，这些悬挂在天花板上的设备都不灵活。白板漆发明以后，白板已经不需要固定在一面墙上，任何一面墙，从地板到天花板，都可以成为白板，我们在爱丽丝 · 帕克的EDGE工作室里就看到过。

除了桌椅的摆放外，还可以通过划分区域提高空间的灵活性。区域清晰地表明教室的哪一块应该用来进行什么活动。这点很容易就可以办到，一块小地毯就能划出一个读书区，凯西 · 哈那瓦尔特就是这样做的；在教室的特定区域放上不同的物件，待学生自己探索，内莉 · 吉布森在自己的一年级教室里就是这样做的。在规划固定的区域时，问问自己：学生经常且定期需要的空间是什么样的？答案依老师和学生的情况不同而不同：玩耍、演讲、展示、合作、创意、安静、计划、小组、个人、阅读、实验室、戏剧等。除了思考自己"需要"什么样的区域外，你可能还会从更广泛的角度衡量教室空间，问自己：这个空间能给学生带来什么？这一空间能促进什么行为？

营造家一般舒适的教学空间

能随意活动，能改变姿势，这当然可以增加空间里的舒适性。除此以外，教育者还需要考虑照明、色彩、温度和噪音等因素。当然，从一定程度上来说，任何关于舒适的概念都是主观的。在同在一个房间里，一个人可能觉得太冷，而另一个人可能觉得刚刚好。不过，我们所有人都受到这些环境因素的影响，而在关于物质环境如何影响学习的研究中，这些因素也是最常见的对象。但是，这份研究与其说是要提出关于最适宜的照明、温度或者噪音水平的信息，不如说是针对特定范围或最低标准给出的建议。色彩这一领域的研究最缺乏清晰的结论，有时各种研究得出的结论相互冲突。

在近期一份关于学校实体环境的研究中，巴内特等学者指出，照明是影响学习的最重要的因素之一。尽管我们很难确定最佳的光照是什么样的，但他们发现，学习者偏好"自然"光，即"需要光线，但不喜欢刺眼的光，好的人工照明很重要"。还有特别的一点，他们发现，尽管人们不喜欢直接坐在光源下面，因为这样的光线很刺眼，但是却喜欢朝向光源。建筑师肖恩·奥唐纳解释了研究成果的意义："带来的挑战就是如何提供不刺眼的自然光，并辅以可以开关控制和可以调暗的电灯照明。"

在其他不以教室为对象的研究中，学者指出，在照明不足时或缺乏自然光时，皮质醇水平会下降。这可能导致学习者无法应对压力，带来精力的消耗。蒙克和同事们对比了在人工照明办公室工作和在自然照明办公室工作的成年人，发现前者晚上更容易犯困，并在对认知能力要求较高的任务上表现下降，因此他们提出，照明的影响是持续、长期的，不仅限于人们当前的状态。如果没有直接的阳光，可使用间接光照或者带磨砂灯罩的间接照明。经过天花板的反射，这种灯光会更加柔和，可以模拟白天的光线，不会刺眼。

2001年，英国《卫报》曾主办过一次竞赛，请学生描述和设计“理想的学校”。总体上看，学生们表示喜欢丰富的色彩和“没那么单调”的教室环境，但是教师和家长并不一定赞同。关于色彩的偏好和什么颜色“最适合”教室，有很多的争论。有时有人提出，不同性别和年龄的学生对色彩的偏好不同，还有人说，不同色彩对不同学习任务的作用不同，比如说蓝色适合创造性任务，红色会带来高效能。要辨别这些观点不容易，但是大部分研究认为，教室空间应该多样化，至少应该应用些色彩。

增加教室的人情味，让学生充满活力

教室同每个人的家一样，各不相同。尽管每个人家里的面貌不同，但我们都希望家是实用的，能让我们在其中自由开展各种活动，对于客人来说也一样。每天，学生和教师要在学校度过六七个钟头，教室不是也应该同样吸引人吗？这并不是说教室应该像家一样，虽然可以说，温馨的教室能够帮助低年级学生尽快适应学校生活。但是，学校的样子至少不应该冷冰冰的没有人情味。《卫报》曾举办过一次“我理想的学校”设计比赛，在比赛中，学生最常见的看法就是，学习环境不应该感觉像监狱——不该有牢房和铃声。

本章介绍的三个教室都有惊喜、趣味、幽默的元素：在内莉的教室里，有用花园里捡来的棍子扎成的、挂在天花板上的悬挂装饰，也有塔斯马尼亚的木头片；在爱丽丝的教室里，有一整面你可以随意涂写的墙；在凯西的教室里，有一张她从前在科罗拉多生活时的旧车牌。斯坦福大学设计学院的多尔利和维法特建议，教师可以在空间里放上“任何反常规的有趣物品”。

要评估一个教室是否有这种吸引人的特质，我们要问自己几个问题：来访者进入这个教室时，首先能看见什么？我自己想在这个空间里学习吗？什么能吸引作为学习者的我？有没有什么能引发我的兴趣？我是被其中的一点吸引，还是被各种内容轰炸得眼花缭乱？这个房间的美感何在？在这个空间里，我是如何运动的？是如何根据不同的学习需求创造不同空间的？在这个房间里，什么让我微笑？什么让我意外，或者让我因为惊异而倒抽一口气？对我和我的学习来说，这个房间是像自己的家，还是像别人的地盘？这个空间是静态的还是动态的？我能如何改变或者控制这个空间，使它带上我个人的印记？这个空间如何与自然还有世界相连？这个空间是像真的那样，还是像产品目录上的设计，还是像电视剧摄影棚里的摆设？

像所有的文化塑造力一样，实体环境向学生表明我们重视的对象，我们眼里学习的内容以及何种学习和思考值得赞扬。环境还传达了其他信息，比如在空间里，一个人要怎么行动，该如何与他人互动，这要么让群体关系更紧密，要么会破坏这种联系。当然，任何空间都可能产生有效的教学，但是为什么我们要让那些不够好的环境妨碍教学呢？它们无法完全支持或接受学生，无法让学生实现最好的自己。

在学校设计方面，我们现在生活的时代可谓黄金年代。即便如此，在给孩子们创建学习空间的时候，还是会遇到资金方面的困难，因此教育领域的空间仍会令人失望，这可能会是一个持续的常态。不过，我们可以从其他老师和更理想的空间里学到很多，有的设计元素，比如可视性、灵活性、舒适性、吸引力等几个方面是所有教室都可以采用的，他们可以借此在教室里建设思考的文化。

活动：创造发挥学习者最大潜力的环境

- 参观教室，来一趟“访客之旅”。这一活动的设计目的是，让你趁着老师和学生不在场时，关注实体环境传达的关于学习和学习者的信息。教室吸引人吗？气氛如何？到其他学校或教室走走，这能让你对自己的教室空间更敏感。邀请他人来你的学校走走，这也能帮你换个角度看待自己的教学空间。
- 举办一次“理想的学校”竞赛，但不一定要评名次。对于学生的各种怪念头，我们不必迎合，但是这些念头能让我们一窥学生的视角。内莉·吉布森采访了学生，也采访了家长，问他们最喜欢教室里的什么地方，从中发现环境的哪部分最吸引人以及为什么吸引人。
- 形式服务功能。问问自己：我这样设计教室的目的是什么？我希望学生定期在教室里开展什么样的活动？给这些活动列清单，再想想在自己的教室空间里，可以用哪种最简单、最有效的方法来满足这些活动。
- 考虑教室的方向和布置。空间里的两个方面可以轻松改变，看看自己能用什么办法快速改变教室的格局。如何在教室里布置“篝火”“水源”“洞穴”三种空间？你如何改变空间的气氛？哪种照明可以改变？如何营造一种学习的氛围或格局？
- 发现效果不佳的设计。教室里有没有什么死角？有没有什么空间没派上用场？有没有杂乱的地方？这种角落会令教室气氛沉闷，应该改进。
- 做个“馆长”。用馆长的眼睛来看待自己的教室。教室的陈设有动态感吗？能不能吸引人，激励人，让人长知识？是吸引人上前端详，还是看一眼就让人兴趣索然？有没有用过多的颜色掩盖学生作业的异彩？教室的摆件有没有展示出师生的创造力？

- 重新布置你的桌子。教师的桌子如果摆在教室显要的位置，就会给人一种权威和控制感。桌子还能放在什么地方？你真的需要桌子吗？

- 蹲下来，从学生的视角看教室，他们能看到什么？从他们的桌子处可以看到什么？他们一进门就能看到什么？

- 制造一些意外、顽皮、幽默的元素。把什么东西带进教室可以让人笑起来，或者让学生谈论起来？什么会让你的空间独一无二？这样的元素可以是临时的，也可以是长期的。

CREATING
Cultures of
THINKING

第十章

案例：怎样改革教育，创造思考文化

学校和教育系统似乎总在不断变化。新举措、项目、改革层出不穷，学校不是在采用新方法，就是在适应新项目。有的学校甚至把“下一个新主题”纳入到标准运作流程中，每到新学年开始就宣布：现在，我们要关注的是技术/评估/差异化，或……思考！从本质上来说，这些改变一般只是修修补补，结果，热心的老师会采纳几个新方法，而没那么热心的老师则悄悄避免改变。要不然呢？改变的目的就是为了顺应上面的新框架，给老师当前的工作换个名字，仅仅是消极配合外界的要求而已。这种类型的改变很少会带来重大的变革，也就是说，在学校教学的形式方面，极少会有意义重大或激动人心的变化出现。

由于“思考的文化”并不是一个项目，可以简单施行，因此不能抱着走个形式就完事的简单想法。有的学校关注的是创造思考文化的某些方法，比如思考程序，但是采用后，初见成效没多久便停掉了。最好将思考文化的建设视为持续的过程，以思考程序为始，但不止于此。本书最后一章中的案例研究打开了一扇窗，让我们一窥学校、学区、教育系统变革的模样。与其说这些案例告诉我们该做些什么，不如说它们激励我们开辟自己的新天地。案例既讲述了进程该如何启动，又介绍了如何长期保持成长的战略。

首先我们要看的是当前奥克兰县各学校和学区创造思考文化的进展。奥克兰县位于密歇根州，它和底特律西北相邻。该县人口约120万，有大小二十八个公立学区。县里既有规模较小的乡村学区，也有规模较大的远郊学区（远郊社区一般较为富裕）。奥克兰学校（密歇根州奥克兰县的一个公立学校）为各个学区提供服务，自2011年来，为各所学校的思考文化建设提供引导和支持。到目前为止，已有14个学区加入了“建设思考的文化”项目，覆盖一百多所学校，影响一万多名学生。奥克兰学校的质量顾问罗伦·柴尔兹讲述了自己过去四年的工作以及该项目是如何调整以满足学校和老师的需求，并深入发掘思考文化涵义的。

她的文章呈现了项目的全景，之后几篇则记录了学校和学区的具体开展情况。

罗德·洛克是奥克兰县克拉克斯顿社区学区的学监，他记录了自己是如何在上任伊始，在所负责的学区树立愿景、打下基础、制定原则、建设思考文化的。布隆菲尔德山的威尔小学的校长亚当·谢尔讲到，他的学校是全县第一个树立思考文化愿景的学校，这已经是他的学校推进转变的第六个年头。艾伦·凯尔记述的案例则让我们对奥克兰县的了解更加全面，她是特洛伊学区12所小学校的可见思考协调人，作为协调人，她记叙了自己是如何在老师们的工作中帮助他们理解并逐步接受思考文化愿景的以及怎样帮他们进一步在课堂上实践新观点，采取新实践。

最后两个案例则记录了华盛顿特区的华盛顿国际学校、马萨达学院和伊曼努尔学校之间的特别合作。两所学校均位于澳大利亚悉尼市，涵盖了从学前到十二年级的教育。吉姆·里斯是华盛顿国际学校的教务主任，他记录了过去7年中教职员工应用这些观点时的变化以及学校是如何就思考文化进行能力建设，并带来真正改变的。最后一个案例来自我的同事马克·丘奇，他讲述了自己是如何帮助马萨达学院和伊曼努尔学校建设思考文化的，他通过一年的探寻，将思考文化建设的实践推进到了新的水平。

所有这些案例研究都清楚地表明，在学校，思考文化的建设和变革没有标准单一的蓝图可循，每一所学校的情况都不同，因此必须从这所学校里的教师实践和学生学习的现状入手。尽管每所学校建设的阶段和过程都独一无二，但我们发现，要想实现成功，学校的领导者必须关注以下四点（见图10.1）：

1. 想要实现的目标或愿景

2. 能帮我们达成这一愿景的方法和实践

图10.1　引导改变的四个关注点

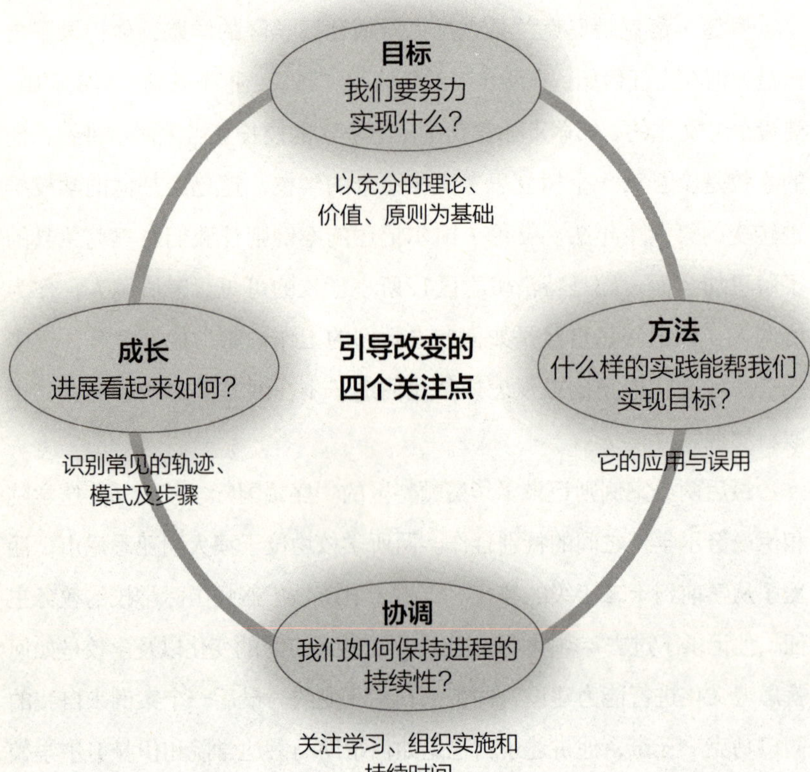

来源：摘自《创造力课堂项目》，理查德、布莱特和德尔福奇制作

3. 促进实现愿景所需要的持续性学习，促使所用方法达到最佳效果

4. 通过看到老师和学生的共同成长，看到已取得的进展，找出下一步需要共同采取的行动

读这六个案例时，请注意在每一个案例的背景下，四个方面是如何体现的。领导者是如何建立和保持思考文化的愿景的？这些方法是如何以实践的方式实施，而不是以项目的形式开展的？请特别注意，在每个

案例和其背景下，长期持续的学习是如何得到协助的。注意是协助，而非“培训”，这正是发展和维持所有复杂过程的关键所在。

最后，在讲述自己领导改变的故事时，每位作者都强调了一路上的成长。他们能够看到成长，也看到了教师们在努力成长的过程中所面对的挑战，这不仅值得庆贺，还为下一步行动提供了关键信息。在阅读本章的过程中，请读者问自己一个问题：从每位作者所站的独特角度和背景来看，成长和发展有什么相似之处？又有什么不同？

奥克兰校园建设案例

描绘教育变革的宏图

密歇根州沃特福德镇奥克兰学校
学校质量顾问　罗伦 · 柴尔兹

故事从一次邀请开始。詹妮 · 罗西是布鲁姆菲尔德山威尔小学的一位老师，她邀请我还有亚当 · 谢尔校长和她一起思考如何将思考的文化推广到自己的学校和学区之外。受邀参与的还有密歇根州克拉克斯顿学校学区的学监罗德 · 洛克。

我们先是分享了各自对思考文化的看法，一想到能邀请教师和管理人员参与新的合作，我们就感到十分兴奋，因为这可以加深本县正在进行的一些教育举措。我们都认为，思考文化是在课堂和学校里的一种生活方式，这让我们更希望能一心一意开展下去。之后我们邀请感兴趣的学区学监、校长、教师参加了为期一天的思考文化愿景介绍。由于我们县很大，在教学方面存在不同的观点，所以我们必须想出共同讨论的方法。我确定，如果能够帮助教育者开展这场别开生面的对话，讨论课堂教学，就能够籍此改变学生在教室里的对话。谈话就这样开始了。

像园丁一样耕耘思考文化的教学土壤

詹妮、亚当、罗德和我都明白，我们想要设计合作学习的方式，建立强有力的领导能力，确保文化变革的可持续性。我们感到，要“慢慢来，才能走得快”。我们知道，思考文化的创造和学区以前参与过的任何教育举措都不同，必须打破“教师培训”和“项目开展”这种陈旧的想法。如何用不一样的方式来开展呢？怎么帮助受众以不一样的方式参与呢？怎么帮助这些学校的领导者保持沟通，实行文化变革，而不再是仅仅开展一个新项目呢？这就要求学校内部领导人在开展能力和框架建设或深化学习时，用一种全局观来逐渐培养这些观点，我们想要实现的目标是系统、丰富而持久的。后来我明白了，我们追求的是思考文化第六个原则的结果（见附录E，《“思考文化项目”的六大关键原则》）：要在教室里建设思考文化，学校就必须帮助老师建设思考文化……而学区就必须帮助领导者建设思考文化。

为了实现目标，我们设计了“思考文化领导力基础”研讨班。2011—2012学年的第一学期，来自全县的小组每月一会，每组有一位校长和一至两位教师领袖，共同探讨学校建设思考文化需要顾及的四个方面：愿景、方法、协助、成长（见图10.1）。每次研讨班用时为一整天，结束时每个小组都会领到任务：回到各自的学校开展关于教学的讨论。第一阶段的设计目的是邀请越来越多的人加入到什么是思考文化的讨论中。这样，领导团队可以加深对自己学校的了解，工作自然得到展开，领导团队也会和老师们共同担起学习者的角色。

在四次“领导力基础”研讨班结束时，我们请各个小组自己评估他们的学校是否已经准备好在全校范围推广工作（见附录F-H）。如果学校决定开展，就扩大领导团队，决定进入下一阶段，即为期四天的“学校领导力”研讨班，专门深入探讨八项文化力量。这四天的讨论分为两次，一次连续两天，中间隔两个月，在此期间大家需要实践想法，再回来分享经验。研讨班在某种程度上加固了“培训”的旧模式，但是，因为我们不断地强调“学习”“领导力”“开展对话”等语言，所以也有效地用文化变革的愿景抵挡了这种根深蒂固的思维。

呵护思考文化建设的幼苗

在第一年结束时，出现了一系列新的问题：怎么保持成长？如何有效帮助学校的领导者继续实现文化转变？2012—2013学年开始时，奥克兰县发起了第二轮秋季“领导力基础”研讨班。同时，我们邀请原先的领导力团队来参加三次“领导力发展”研讨班，旨在增强领导者对于引领文化变革相关研究、概念和战略的了解。校长和教师领袖们帮助制定了领导力课程的优先目标，并带来了学生和老师的成果，借此思考，分析，决定接下来的步骤。在制定优先目标的同时，他们也在设计研讨班的活动安排。研讨班还加强了不同学区教师间的联系，这是广泛对话的重要特征。

牢根固本：在实践中持续改善教学

除“领导力发展”研讨班外，我们还组织了半天的思考文化学校参观和教师工作坊。对于主办方来说，准备工作、介绍本校、敞开大门迎接外来的客人，这些都是本行工作的学习方式，能让老师们阐述工作中积累的智慧，同时也是体察自身不足、持续学习的机会。

校际参观：思考文化校园之旅

组织学校参观的方式很好，可以借机向同事介绍塑造和支持学习文化的观点和原则以及它们在实际运用中的模样，同时在多个层面上激发学习的热情。每次参观的程序如下：

- 开幕仪式
- 校舍漫步
- 教室观察
- 与授课教师简短交流
- 继续对话/问答环节
- 总结及确定额外参观时间

对于外来教师和学校管理人员等来访者而言，参观学校让他们可以尽情探索，可以近距离观察自己熟知的学校内部萌发的文化变革。有的学校领导参观时，会带上正在参加研讨班的团队成员，就怎样实现全校的思考文化，加深他们的理解。另一些学校领导会带上还没有参与研讨班的老师，有意加强教师合作，制定适合本校的变革策略：不是刻板地照搬某个模式，而是以此指导实践。

对于主办学校而言，来访教师和校长的反馈能让他们审视自己在变革路途上所处的位置，注意到自身做法的变化，并且更好地理解给学生带来的影响。特洛伊的沃斯小学校长马特·詹森分享道："最激动人心的是，我们明年会实现指数级增长，因为这次思考文化参观认可了我们的指导团队，也给了我们在学习群体内继续追求和发展思考文化的动力。"

教师交流：思考文化教师工作坊

工作坊让同事们在一段时期内聚在一起，观察、询问、反思当下在课堂开展的教学实践，形成合作的行动/学习周期。工作坊的三个关键人物——主持人、协调人、观察者——需要协作以深化对思考文化原则和实践的理解。

主持教师不仅要开放自己的课堂，供同事观察记录，还要分享课程设计和教学法决策的实践。他们引导大家进行实践、理论、实效、证据方面的对话。这样的目的不是让主持老师"秀"一堂完美的课，而是要让他展现一堂旨在激发和帮助思考的课，供之后进行反思讨论。

协调老师负责设计和创建工作室活动：联系参与人，制定观察规则，确保汇报不跑题。协调老师需要引导和限定观察之后的讨论，在这个过程中常常用到思考程序，让每个人的思考得以显现。他既要鼓励观察者，又要推动他们自主掌握学习过程，采取特定行动，保持二者的平衡。观察老师要主动参与观察过程，带着各自在课堂和学校培育思考文化过程中产生的疑问，有备而来。

做准备时，教师和管理者要共同制定教师工作坊的目标。比如，工作坊的重心是更好地理解如何通过谈话促进思考，还是理解记录如何让思考可见，或是学习特定的思考程序，或如何培养学生的独立性等。在早期准备中，协调人和主持人需要开会设计工作坊内容，特别是观察前、观察中和观察后的活动。

观察前的活动为工作坊奠定了当天的基调和重心。老师们一起为当天的工作焦点做准备，阅读相关研究资料，学习观察中和观察后要用的方法，理解要观察的课堂背景。走进教室前的这段时间，老师们要共同准备，以便在观察时更投入、更细致，理解得更深入。

在观察过程中，主持老师专心致志地给学生上课，学生投入到任务中，忘记了观察者的存在，而观察老师们轻轻地在一边走动。不过，工作坊的参与者可能也会担当不同的角色。根据工作坊的目的，主持老师也许会邀请观察老师加入与学生的互动，或者尝试观察前小组讨论过的策略。协调老师在其中担任双重角色：(1) 示范观察和记录的技巧；(2) 引导整个过程，请观察老师们保持安静，或者请他们参加互动，掌握时间，并在合适的时刻请观察小组到教室外面。

观察后阶段的标准流程如下：

- 观察老师安静地记笔记。主持老师完成课堂任务后加入小组。
- 协调老师引导和记录小组留意到的情况，他们在观察时有何思考，提出些什么问题。主持老师最好不说话，只听他人发言并做记录，接受观察老师的“馈赠”。

● 主持老师回应观察中提出的各种想法和问题，扩展小组的探讨，根据自己的思考，组织想法，整理观点。

● 协调老师引导小组回顾观察前建立的框架以及相关研究和指导材料，然后让小组各自思考活动对自己学校的借鉴意义，并制定目标和今后的步骤。

在对话中，会用到很多思考程序所用的语言，老师们谈论所见、所思、联系、拓展、疑问、挑战以及“之前我的看法是……现在我的看法是……”

流芳百年：保持思考文化建设的持续开展

随着越来越多的学校加入，如何保证深度和可持续性就变成了一个重要的问题：我们如何保持工作持续开展？什么方法能有效帮助学校领导者继续进行文化转型？如何为老师在研讨班外创造思考空间？

这些问题的答案正在显现。校长们说，他们迫切想和其他校长对话，讨论在全校培育八种文化推动力过程中校长应该担当的角色。“我们想要和彼此对话，”他们告诉我，“因为我们正在课堂和全校培养文化推动力，因此与其他校长的对话颇有助益。其他校长也在教师和学生中推行思考的文化，并帮助学生家长理解我们所做的工作。”对话带来了两个新的交流机会：“对话圈”和“设计工作室”，于2013—2014学年开展。

如何建设思考文化对话圈

这种研究小组的结构和目标都很简单，它的目标就是持续交流、支持和开拓新的学习。每个对话圈都有来自至少两个不同学区、三个学校的八到十二位学校领导。在第一次讨论会上，小组成员重新介绍自己，说明自己的利益、需要和疑问，并分出更小的小组。学习小组一年至少面对面讨论三次，此外还有两种沟通方式：（1）保持网上沟通；（2）每个学年末，所有成员集中起来开一次学习展览会，分享一年来的经验，反思学校里的思考文化是如何发展的。

身为学习圈外部的朋友和协调人，我看到，八种文化力量在塑造成人思考的文化过程中起到了作用：创造机会，让学校领导者组织学习小组，鼓励教师采用思考程序和互动，鼓励使用其他思考文化的学习方式（结构性对话、学习漫步、有引导的观察），营造环境（主办学校、课堂、面对面交流）。这些文化力量都是我大力倡导的，它们让学校领导者要求有更多相互学习的时间。等到各个对话圈的小组活动活跃起来、安排校间访问和对话时，期待、语言、示范、时间等更间接的力量，就留给各个圈子自己实践了。

怎样设计思考文化工作室

在我与老师们的对话中，有这样一个观点：创造卓有成效的学习机会，需要充分的时间。但是，我认为这里的时间不仅仅是“做计划的时间”。这段时间需要有创意，有想象。我们组成了一个专门的协调人小组，他们有创意也有精力，为老师们搭建不一样的“工作坊”。我们吸取了传统美术工作室的最佳实践经验，融合了参与者在会议中（有时看起来不像会议）产生的想法。我们还专门设计活动以培育教室文化的关键驱动力：教师的课程设计。

每个学年都有四天，思考文化设计工作室从早上十点“开张”到晚上八点，邀请所有教师至少参与一次思考文化概念和原则的介绍活动。我们鼓励参与者带上自己的设计目标、任务和项目，并且计划自己的课堂。依据他们“发布”作品的时间点，老师们可能有一个小时到一整天的准备时间。工作室的实体环境强调了可视化、灵活性、舒适度和激励感，设有大桌子供组员讨论使用；也有小桌子；还有摆成一圈的椅子，中间没有桌子；有陈设笔记本电脑的高脚桌；两块展示互动的大屏幕，可显示推特上的讨论情况和工作室的通知；桌面上有纸张、马克笔，还有创意玩具，如发条玩具、橡皮泥、捏捏球等。墙上贴满了文化力量和思考文化六原则的海报。主办方鼓励参与者在自己的桌子边标明主题（如“数学”“小学英语”“中学科学”等），邀请来自其他学校的同科老师参与并坐下合作。

因为思考文化设计工作室这个想法还很新鲜，所以我们一直在努力设计有附加值的活动，传达这样的信息：工作室的活动是为了提高教学。为期一天的工作室活动多种多样，老师们不仅可以设计课程，还可以从中抽身片刻，加入各种活动：分享视频，用“鱼缸式”方法观察老师们如何加强思考的可见性；用“速配”把有相同兴趣的老师们搭配起来；试试“醍醐灌顶”活动，即某位老师做一场与思考文化相关的主题发言；或者也可能是简短的小组问答。

回顾变革：作为教育界园丁的沉思

我与伙伴们的工作是播种和栽培，并帮助教育工作者们建设思考的课堂。用种植这个比喻来描述大范围推广思考文化的行为，这看起来十分贴切。是啊，开始是播种和耕种，也就是建立程序，阅读《哈佛大学教育学院思维训练课》，并观看视频，研究什么样的课堂能吸引学生。不过我相信，充分的准备工作让播种省了不少力气；也就是说，早期阶段，我们请学校领导者们多次参加对话活动，确保种子发芽。我们早早就在园子里搭好了架子，为全校范围的变革打下了牢固的基础。

园丁们知道，土壤到一定时候会板结，种子在严苛的条件下无法生根，可能会被项目开展和短期培训这样的“狂风”吹走。我们还知道，四处广撒种子的确会带来一些收获，甚至是丰厚的收获，但是质量如何呢？奥克兰学校的情况可以看作在翻耕过的土里悉心种下的数粒种子，我们需要精心培育，耐心等待，不要揠苗助长。我们看到，在文化变革方面，不同学校表现各异。土壤的酸碱度也许会发生变化，但是耕作土壤的，是培育之手、引领之手，时刻准备着给予新支持、新增补，应对新困难。

园艺这个比喻特别能帮助我们加深理解，比较一下大批量种植和在自家园子里种植有机蔬菜的做法吧。某些幼苗迅速生长的条件，也许是需要多浇一点水；有的幼苗需要的浇水时间则不同；有的需要修剪；有的需要多加些护根物。我们看到，当不再大范围统一施肥和灌溉时，不再以整齐划一的生长为目标时，会有美好的结果出现；而当我们对教学及学生在课堂上思考的行动有更深的理解，并接受这个有机发展的过程时，也能如园丁一般感受到作物各放异彩带来的惊喜。

社区学校建设案例

让教育工作者共建思考文化

罗德 · 洛克
密歇根州克拉克斯顿社区学校学区教务长

最近我收到我们学区一位高中生的来信，信中他的评价简单直白：“我知道您致力于创建充满激情、热爱学习的教育氛围。我给您写信就是想告诉您，我觉得您对教育系统未来的愿景实在是太伟大了，我非常赞同您的想法。”每次收到这样一封来信，不管是来自学生、老师、家长还是校长的，我都不敢相信克拉克斯顿社区学校思考文化旅程才走过了四年而已。我见证了它的诞生和最初的蹒跚学步，听过它的牙牙学语，并看见了整个学区在思维方式、态度和文化上的改变。

在我的经验里，竞争、死记硬背、大量练习和选择题才是学校的常规状态，而合作、深度思考和理解则是反常的。在之前担任课程组组长的时候，我参观了几所正在进行思考文化改革的学校，有幸亲眼看到学生们思考的深度，老师们教学的努力和良好的学习环境。我感到这项工作非常的个性化，而且真正改变了老师们的观念和思维方式。在这些学校里，学生的标准化考试成绩非常好，但考试成绩却不是课程、专业训练、规划或教学的重心。相反，学生被要求用已有的知识进行思考，解决问题，有效沟通、协作、推理、总结，并考虑不同的观点，或在不同的观点间找到联系；因此对于他们来说，考试并不是什么难事。这些参观的经历让我深信，学会思考才是21世纪教育的真正目标。

在2010年秋季，我接受了密歇根州克拉克斯顿社区学校学区教务长的职务。我意识到，这是我让学区的教学事业更上一层楼的绝佳机会。当时我就清楚地知道，克拉克斯顿学区的学校必须成为思考文化的中心。在第一次面对全体教职员工发言的时候，我戴了一顶帽子，穿着工装靴和汗衫。我把大礼堂的灯光调暗，坐在舞台一角的聚光灯下，向他们讲述了我的理想，我想要让克拉克斯顿学区的老师和学生觉得学习是激动人心的。我的报告里有摇滚音乐、视频短片和儿童照片，这跟在场教职员工预期的报告完全不一样，我对教学的理想也是他们闻所未闻的。我向他们传达了一条清楚的信息，那就是，学习环境是我们工作的重中之重。那个早上，我戴上我的渔夫帽，向思考文化的深水里用力挥出我的鱼竿。

从那以后，这成为了我们共同的目标。我们想要所有人都加入进来，并付出努力，从区教委、家长到整个社区。在我和管理团队最初的几次会议里，我们确定了来年的目标和战略方向。我们想要变成什么样？如何实现目标？如何测量进展？这些会议非常重要，因为它们明确定义了我们的愿景，确定了切实可行的目标，制定了时间规划，也符合我们学区的执行能力。因为校长必须成为学校思考文化的带头人，在制定战略方向的共识时，我参考了他们的意见，这也能帮助他们更好地向员工表达他们的期待。

与此同时，我也为校长们制定了明确的期待。他们必须领导、参与并示范思考文化。只要是召集教师开会讨论思考文化问题，校长都会到场，而且积极参与。同时我也意识到，校长们有各自的性格和优势，所以领导风格也应该各异。我鼓励他们用有创意的方式在自己的学校创建思考文化，我们并没有标准化的操作流程，也不按照一个既定的清单来走。

我们思考文化旅程的下一步，是在校长和教委官员的带领下系统探索相关的概念。我们确定了一些能够帮助自己加深认识的书籍和材料，老师们每月都参加读书会、小组学习等活动，参加我们活动的老师越来越多。没过多久，很多人就都用起了思考程序。我在校区内外的学校里参观，对学习环境的理解也越来越深刻。

老师们很快就了解了思考文化的巨大威力，我们迈入了下一个阶段：在课堂上不断提倡思考。老师们不再只是要求学生在写作中增加细节或记忆历史事件，而是挑战学生的思考能力，帮助他们形成良好的思考性情和习惯。随着不断练习，学生们开始表现出良好的思考能力。他们不再急着强调自己的观点，也不再没头没脑地回答问题，而是仔细聆听以获得深度理解，并互相借鉴，互相学习。老师们注意到这些变化，就进一步进行强化，他们问学生更深刻的问题，要求他们为论点提供论据，并期待他们超越肤浅的论证。

我们还努力帮助家长理解思考文化。第一年年末，每个学校都有校园开放日，邀请家长来课堂参观，亲自体验学生学习方式的变化。在第二年，学校把传统的课程之夜活动改成了思考文化研修会。在这个过程中，我们让家长自己接触思考程序，给他们提供一些工具和建议，好让他们更好地支持我们的愿景。此外，我也努力把自己关于学习的愿景推广到校园以外的地方。我经常参与像商会会议之类的社会活动，与各界人士分享学生思考活动的视频。我跟他们分享我的教育哲学和学区的使命：为全球社会提供会思考，会学习并能做出积极贡献的世界公民。我向我们的社区成员介绍支持思考文化建设的各种研究资料，并解释为什么学会思考是21世纪学生必须学会的生存技能。

为了增强在学校系统内带来大规模变化的能力，我们的老师每月集合两次，每次活动两个小时。我们每年举行八次为时一天的专业学习研讨会，在活动中，我们把老师分散到跨学科小组中去，让他们各自分享学生思考活动的典范，并使用准则互相给予建设性的反馈，这对于思考文化的创建来说是非常珍贵和有效的活动。四年来，只要是员工会议，不管是校长、老师，还是校车司机、管理员或清洁工，我们都会使用思考程序。我们一起思考重大议题，检视文化元素，并用“理解地图”监控自己的思考。作为领导者，我们所做的示范体现了自己的价值观，所以我们十分注意自己使用的语言，分配时间的方式，使用的结构和策略，给出的反馈，布置的作业内容以及给学习者分组的方式等。

除了改变自己的学校系统之外，我们还致力于推进全球范围内教育机会的平等。我们认为，所有的孩子，不管其能力、社会地位或生活地区如何，都应该享受尽可能好的教育。为了实现这一理想，我们带着家长、校长和学校董事会的成员前往州府和华盛顿特区，与立法者分享我们的教育哲学。我们给政策制定者打电话、写信。我们相信，奋战在教育一线的自己才最明白政策对学校、孩子、社区和老师的影响，面对脱离现实的、惩罚性的政策和对标准化测试的过度关注，我们不能坐视不管，我们必须发声抗议，必须宣传正确的理念。

作为学区的教务长，我经常被人问到怎样来测量思考文化，怎么才知道它是否有用。坦白地说，其实这一点也不难。我常在学区走动，经常看到思考文化起作用的活生生的例子。贝丝·罗哲斯——我们的一位五年级老师，就是一个绝佳的例子。学年初，贝丝让学生接触了“句子—短语—字词”的思考程序。她让学生们听一首多莉·帕顿的歌，并让他们写下一些最能概括这首歌精髓的观点。之后，学生和小组伙伴还有全班同学分享他们的思考。我在一边观察着贝丝和学生们，我发现，教室里洋溢着一种沉着的自信。他们熟悉这个程序，并能够运用自如，思考的语言也随处可见。更重要的是，观察者不能区分哪些学生是优等生，哪些学生是学习困难者，每个学生都积极地贡献着自己的想法。

最近，一个此前还半信半疑的家长和我分享了自己女儿身上的变化：“思考文化真的改变了孩子对上学的态度。她的老师要求她非常深入地思考，她从来没有这么爱学习过。”一位名叫南茜·马哈尼的小学校长向我描述了思考文化对学生的影响：“当我们要求学生用程序把思考变得可视化的时候，他们都非常从容。班上的每一个孩子都觉得他们的观点很重要，他们对彼此的观点和看法都非常感兴趣。思考程序让孩子们可以用独特的创造性方式来表达自己。”

思考文化是革命性的，它改变了人们，改变了课堂和学校，也改变了思维、观点和信念。今天克拉克斯顿的老师和学生都感到焕然一新，思考文化的观念有机地生长着，相应的，我们的学习环境也发生了永远的变化。这种变化的深刻和强大是我始料未及的。我们的初衷就是改变教育，让孩子们学会思考和有效使用自己的脑子，让他们发现自己的聪明之处，并找到各自的位置，发现各自能做的贡献以及学会如何把自己的兴趣爱好变成他们一生的事业。我们正在讲述一个全新的学习故事，这只是克拉克斯顿创建思考文化之旅的开端，我们还有一辈子的路要走。

威尔小学建设案例
全校一起学习创建思考文化

亚当 · 舒尔
密歇根州布鲁姆菲尔德 · 希尔斯市威尔小学校长

作为一名教育工作者，我经常见证、参与，或者发起一些改变的进程，这其中蕴含着令人陶醉的能量，给人希望，但同时也让你隐约感到不安。但对于一所按照传统标准已经非常成功的学校来说，改变的动机又是什么呢？我们在哪些方面还可以改善？我们教育工作者和学生在学习和思考方面有哪些新的目标呢？我们如何把一些深信不疑的观念和这些新的做法、观点结合起来呢？

虽然原先并没有提出这些问题，但回头一想，正是这些问题激励着学校的工作小组不断前进。在筹划改变时，我们开始反思那些自己非常重视的已有做法、准则和程序。接着，我们开始寻找那些课堂上缺失的东西以及在哪些方面我们的观念会受到挑战。在我们的学校，专注更多的被理解为一种情绪，一种外显的特征，我们从来没有把专注理解为一种认知方面的努力。我们虽然提出了很多好问题，但却没有意识到可以利用不同类型的问题到达更深的思考和理解的维度。我们虽然重视学生的思考，但却没有给他们充分的自由去思考。简而言之，我们按部就班地进行教学，没能给学生提供一种在挣扎中学习成长的氛围，没能激发学生的潜能。在寻找一种新的富于挑战性的教学方法时，我们碰巧发现了哈佛零点计划的可视化思维项目，并开始学习和可视化思维息息相关的思考文化项目。

校长与老师共同学习，从上到下推广思考文化

在着手准备发起这一新的教学方法时，我试着把程序和教师专业的发展结合起来。我从来不会逼着老师去学习那些我自己不愿意学的东西，所以我觉得有必要和老师们一起学习、尝试，并证明思考程序是我们这样的成年学习者可以一起使用的。我模仿在一个培训会上看到的方法，使用了“3-2-1关联法”的思考程序来学习“鲜”这个概念，这是除了甜、酸、咸、苦之外的第五种味觉。结果这个程序用得一团糟，当时我以为是程序本身的问题，后来我才明白，是我的课程设计太糟糕了。使用“3-2-1关联法”程序必须激活已有知识，或使用比喻创造联系，而我使用该程序的方法很不恰当。在场的听众对“鲜”没有任何了解，也没有合适的比喻可以引导他们思考。“鲜”在烹饪中的作用如何？它与其他四种味觉如何互动？“鲜”是不是值得了解？而我跟员工们做的仅仅是一个独立的活动。我唯一的成功之处可能就是介绍和定义了“鲜”这个概念。

然而，这次不成功的经历也给我们带来了一些收获。过去两年，我们有的是这样的经历。通过分解使用思考程序的教学活动，我们的员工不断学习和成长，在校园里营造了思考的文化。我们开始研究自己的教学活动，而不是像以前一样仅仅贯彻别人的主张。我们很快发现，比起成功，我们从失误中学到的更多。我们要前进，只需满足两个条件：每个人都必须尝试使用程序，而且要汇报结果和发现。随着我们学会承担风险，克服对失误的恐惧，我们之间逐渐建立起了信任。

第一年是激动人心的一年，老师们分享了许多领悟和惊喜。一位老师不住赞叹说，课堂讨论从来没有这么丰富过。另一位老师发现，课堂讨论变得前所未有的丰富。学生们互相借鉴，学习彼此的观点，用礼貌的方式同意或否定彼此的观点，这全要归功于老师进行的示范。第三位

老师惊喜地发现，原来学生的思考是需要老师提供辅助的。这些程序为学生们打开了分享创意和观点的新途径，我们的教室和厅堂都见证了学生从简单完成课业到学会学习和思考的转变。通过信息丰富的家长会和课堂展示，家长们也认识到，学校不光是教知识，我们在教学生去领悟、去理解。我们做的事情是很有价值的，真正的学习就该是这样的，这样的学习才能带来实质性的改变。

作为学习内容的一部分，老师们会制作视频来展示思考程序的使用，在全校范围内进行分享和讨论。每个视频都包括一个介绍环节，强调老师藏在课程设计背后的思考，还有使用思考程序的目的是什么，课程的重点是什么以及可能遇到哪些困难。视频以老师的回顾和反思结尾，这些视频在教学能力培训会上播放，反响强烈，经常听到人们说某些片段应该作为范例保存下来，也有人对有待改进的地方提出疑问、建议和担忧，很多人发现，视频里的情景和他们自己的课堂十分相似，还有人对视频里老师关注的问题格外重视。看到我们取得的成绩，会议室里不禁洋溢起喜庆的氛围，一位老教师看了这些视频后，被里面的情绪和教学方法感动，竟然当着大家的面哭了起来。我的经验告诉我，让教师们互相学习，这永远是促进教师成长的最有效的办法。

突破教学舒适区，为学生创造无限可能

到第二年和第三年的时候，我们的重心从思考程序的使用转移到一些更深刻的思考上，我们的进展速度因此变慢了一些。我们问自己，我们这些作为思考者和协调者的成年人能为思考文化的创建做些什么？如果我们不经常性地示范什么叫作反思精神，我们怎么能指望学生去反思呢？我们使用了每月反思札记作为记录想法的一个途径，后来，我们发现这比我们预想的还要难一些。当一个老师来问我，她究竟要写哪些反思内容时，我感到相当震惊。很显然，如果我把要写的主题都告诉她了，

这个活动的意义也就不存在了，我要她做的是分享她自己的想法，而不是照搬我的想法。然而，感到糊涂和不适的不光是她一个人，甚至大部分老师都有这个问题。所以我还是提供了一个正式的框架，反思札记需要包括使用的思考程序和课堂的具体情境以及对这次经历的记录和反思。

一开始，大部分老师的反应都很短，体现出的反思也非常有限，我们陷入一种僵局，不满的情绪开始酝酿。如果说决定采取新教学方式时，我们已经跳出了堪萨斯市，那么当开始对自己的教学活动进行反思的时候，我们已经要脱离地球引力了。最简单的办法当然就是放弃写反思札记，但是这样我们就不能在成年人中间创建思考的文化了。如果我们没有勇气反思自己的教学，我们如何有颜面要求学生反思他们的学习呢？我们每个人和整个集体都必须以积极主动的姿态去迎接这个反思过程，只有这样，我们才能真正理解教学的意义，这是不容商量的。后来，我们提供了写作的建议和提示，也开了很多会议来商量写作的主题和内容。

有时候，当我们不能直观地看到一件事情的好处时，我们必须怀着信心，耐着性子去做这件事情，好处迟早会出现的。我多么希望自己可以说有一个重大的顿悟改变了老师们对反思自身教学的看法，但事实上，它其实是很多的小片段，信任的重建，时间的流逝，使我们可以再次回归自己作为老师的使命。这种分析性反思越走越远，直到有一天，一位老师终于忍不住说："为什么一定要我们按照这个框架来呢？我们想要自由地讨论我们的想法。"我真是再同意不过了。当我们一次又一次重复一个事情的时候，想要自己掌控这个事情，去探索功能和形式的关系，去奋力达到新的美学高度，这难道不是很正常的反应吗？

上周，在阅读一大堆反思材料时，一份两页的回应抓住了我的注意力：

看起来，我们做老师的很乐意设计思考程序，并努力为学生创建课

堂上的思考文化，但出了课堂怎么办呢？我们在和同事以及家长互动时，是否展现出了我们期待在学生身上找到的那些行为特质呢？我们在检查自己的教学方式和进度时，是否也体现出了这些行为特质呢？

- 我希望在老师身上看到什么？
- 我认为自己的哪些行为能够帮助他人创建思考文化？
- 如果老师自己不是思考者，他（她）如何能教学生学会思考？
- 在课堂上，我们是否表现得像个思考者？

这位老师用约翰·舒克的话总结她的反思：

“我的经验告诉我，要改变文化，不应该从改变人们的观念开始，而应该从改变他们的行为开始。通过改变行为来改变观念要比通过改变观念来改变行为容易得多。”

看了这位老师的反思后，我觉得自己应该仔细的和她谈谈，这可是一个好机会呀，我一定要问问她：“你为什么要这么说呢？”结果，她反问了我一个非常深刻的问题：“我们是教思考的老师，还是过着思考的生活的人？”我忙问她什么才叫过思考的生活。她说：“如果我们真的愿意成为一个思考的人，我们说话的方式以及倾听的方式都会变得不一样。在回答前，我们会停下来思考一下，而且会花时间思考我们的互动是否有效。”她接着又说：“我们会拿对学生的要求来要求自己。我们会制造一些创造性的、需要挣扎的机会，让我们可以更好地成长。”她的寥寥数语为我们描绘了思考文化应该有的样子，并且具体指出了文化力量在一个机构中的作用。我从来没有遇到过一个志得意满的好老师，她的这种不满足恰恰体现了我们所取得的进步。如果没有过去六年的学习，这段对话根本就不会发生。

保持进步，教学管理者的反思与沉淀

我们创建思考文化的历程包括项目启动、迈过的步子以及迈错了的步子，现在已经进入了第六个年头。正如每一个经历变化和发展之旅的人一样，我问自己，哪些做法可以保留？哪些必须抛弃？在教育领域，当缺乏驱动能量时，系统就会崩溃。这也是为什么很多“项目”都成了匆匆过客，许多的教育工作者都是一头雾水。创建思考的文化可不是一个项目，因为一听到“项目”，你就知道这里面根本没有任何思考。创建思考的文化是一种无限的追求和无上的使命感，这也是我们成为老师的初心。

在改变的道路上，沉淀下来的宝贵经验很多。对于我这么一个管理者来说，思考文化的创建改变了我听课和听课后反馈的方式。现在，所有活动都围绕着文化力量，课堂对话和教育工作者间的谈话都变得丰富多彩。在课堂上，我看到学生们努力思考一些了不起的观点。他们在创建联系，推理，观察，发现复杂性并提出重点，而且是全班一起在做这些事情。当思考变得可视化后，学习就自然而然地发生了。对学习的消极态度，对老师的过度依赖以及顺从的要求，这些都慢慢消失了。这些都成为了过去的回忆，我们对学校的看法也改变了，我们的思考从来没有如此丰富、如此有活力，当然也没有这样可视化。

特洛伊学区建设案例
创造建设思考文化的机会

阿兰 · 科尔
密歇根特洛伊市特洛伊学区可视化思维协调员

2010年开始，我所在的学区对思考文化的创建产生了兴趣。那时，全学区的教育官员都开始筹划使用《共同核心标准》。为了让学生具备《共同核心标准》所要求的深度思考和理解能力，我们到处寻找最优教育实践案例，学习并参考了许多材料。这些努力最后让我们找到了哈佛零计划，它围绕可视化思维和思考文化展开，包括一系列研究和发现。

在我们学校，创建思考文化的主意还有另一个好处。当时经济不景气，密歇根州大量削减教育经费。其结果是，特洛伊学区不得不删减了很多项目，“天赋异禀”项目就是受害者之一。当时我们都希望，以创建课堂思考文化为背景的可视化思维程序能够成为我们的一大办学特色，并且让课堂教学真正迈向21世纪。我们设置了一个教师教练的职位，目的是在可视化思维程序方面，持续为学区的三所小学提供多样化指导和协调统一的指挥。这个工作最后落到了我的头上，我的旅程就此开始了。

如何有效推行新的教学策略

我知道，新的策略和课程选择的引入会让老师们感到焦虑，所以我希望能让他们轻松接受思考文化的哲学和实践。我希望事情能够进展得顺利一些，我也希望思考程序为老师理解创建课堂思考文化的价值和可能性提供一些框架。我急切地把这些程序放到了自己给三所学校做的第一次报告里，并示范如何把它们和学区课程相结合。然而，我对未来教学的粗线条描述并没有在这些不太情愿的听众中达到我想要的效果：

- 一些老师只是很肤浅地在教学中使用这些程序。
- 其他老师觉得自己本来就在不自觉地使用这些策略了，所以就什么也没有做。
- 一些老师尝试了几次这些程序，然后就在他们的任务表上把可视化思维划掉了。
- 还有一些老师不停地抱怨，“我哪有时间弄这些呀”或“这些不适合我的学生吧”。

我意识到，自己只是像以前一样给这些老师们一套教学小技巧，而他们的反应也和以前一样。我需要做一些不一样的事情，我们的工作必须更加深入，我们必须达成共识。慢慢地，我们摸索出一个更加有效的方法，不仅能塑造思考文化的愿景，还能帮助老师持续学习。

全员努力，见证教育变革的过程

我们一致认识到，校长和学校领导层必须积极、持续地在员工大会上为全体同事描绘思考文化的哲学和实践的愿景。作为协调员，我没有能力代劳。虽然，学校领导层经常会要求我规划和参与这些会议，但其实他们自己才是最了解员工文化的，因而由他们来给自己的同仁做报告是最合适不过的。这些全校范围的会议为老师提供了重要机会，让他们能深入探索理解力和思考力对学习的关键意义，同时也为老师提供了一个完美的平台，来审视八大文化力量，探索类似如何让学生的思考可视化，如何帮助他们学习新的程序，如何分享成功和挑战这样的议题。

为了继续深化我们在全校做的工作，校长和教师领袖开始为我创造机会，来培训各年级的团队。这让我可以接触一线教师，并且就各年级特定的共同课程目标展开对话。教学团队一起制定计划，把思考程序、提问策略和支持性语言纳入每日教学计划中。团队成员各尽其责，又互相扶持。

这种小组的形式让我更好地倾听并回应老师们的诉求。例如，在一次讨论“颜色—符号—图像”程序的会议上，一位老师非常沮丧地说：“我真不知道怎么跟学生一起做这个。”听她这么说，我当场就跟她约了一个时间去拜访她的课堂，并在课上为她进行示范。

我发现，当我给这些小组进行指导的时候，我们对话的方向转变了，从“怎么做”慢慢转移，变成引导老师反思，回顾频繁使用思考程序对学生思考和课堂文化的累积式影响。因此，我们得以把重点放在自己的目标上，那就是创建思考和学习的文化，而不是思考程序和其他策略这些途径。结果是，老师们成了积极的学习者，而他们的评论也从“我没有时间搞这个”变成了“我的学生正在以我未曾想到的方式思考和回应！”

再进一步，让思考文化成为教学常规

在学年初，学区的一位校长向学校老师发起一个个人成长的挑战，要求老师选出两个程序，并在整个学年频繁地使用。老师们需要保留学生的作业样本，检查作业中体现的思考，并设计评价阶梯来指导反思和接下来的教学策略，通过这些方法，老师可以记录学生在思考和理解方面的成长。为了表示支持，校长从强制的职工会议里挤出时间，让我们每月和每个年级团队开一次会。

我们开始频繁地开会，不是讨论怎么使用思考程序，而是分析怎么让可视化思维程序和课程设计相结合。在哈佛-史密森尼的学生科学误解纪录片里，主持人说：“我们一直以为，只要老师教，学生就会学，但是学生可能并不这么想。”这句话引发了许多讨论，我们觉得需要一些策略来帮助自己了解学生的想法，从而更有效地评价和规划他们的学习。我们从《哈佛大学教育学院思维训练课》这本书里节选了关于课堂文化的内容，并用一些程序和准则作为讨论的框架，最终发现了思考程序增强学习过程的作用原理。

随着老师们频繁地使用各自选择的程序，我们每月聚会的主题开始变成课堂文化的改变。我们开始注意到，原先微妙的变化在课堂上到处开花，并发挥出惊人的力量。一位二年级老师欣喜地告诉我，她注意到，当学生获得新的学习机会时，他们互相说：“今天我们要思考什么呢？”她感到十分振奋，因为现在学生们会非常积极、主动地学习，已经不再是傻等老师来指挥了。其他老师也说，他们觉得现在上课时说得少，听得多了：“我听到学生主动解释自己的观点，而其他学生也会有礼貌地表示肯定或否定，而且会给出理由。”

为了更好地理解课堂上的这些变化，我们把注意力转向其他参加思考文化项目的老师。澳大利亚墨尔本的“学习故事”项目是我们重要的灵感来源。我们一起读了安德里亚 · 艾略特的故事《思考文化之旅》。安德里亚在她所在的学校创建了思考文化，这一经历让我们意识到，思考程序的使用是有不同阶段的。当我们学校的老师意识到，他们使用程序的水平已经到达“中级”发展阶段时，大家的热情就高涨了。更令他们欣慰的是，学生的态度和思维能力也得到了提高。当老师分享课堂上的所见所感时，很多老师都表示，那些以前很沉默的学生都开始参与课堂对话了。“我注意到，那些不太愿意发表自己观点的学生，现在更愿意表达自己了。”一个老师说道，“我想应该是听到周围人的思考，看到使用程序的学生的思考过程以及增多的参与课堂讨论的机会，使学生对自己的学习有了更多的认识。”

与此同时，学校领导层也创造机会，让老师们一起观看“观察学生思维”准则的演示（详见附录D）。每月都有一次早课前的“咖啡”会议，老师们自愿参加，分享课堂上的成功和挑战，并帮助彼此找到深化学生思考的策略。一位参加咖啡会议的老师用一句话总结了目前的历程：“这的确是一个起步缓慢，需要一点一滴积累的过程。通过这个过程，我们创建了一个由成年学习者和学生学习者构成的社群，在那里我们一起思考、分享、构筑深入而持久的思考和理解。”

继续旅程，让教育愿景成为现实

学校的这个计划是长期性的。我们不断对老师自身和学生思考能力的成长进行有组织的回顾和反思，为了达到这个目的，我们利用年级会议时间来研究学生思考的一些样本。我们使用一些准则，使我们的谈话始终围绕如何发现学生的思考以及怎样找到策略增加思考这两个主题。领导层为“论据论证”（参见附录I）思考方法设计的“评价阶梯”，以引导老师帮助学生深化思考。

我们迈出的另一大步，就是教师实验室负责的专业培训，通过让老师们观察其他老师上课的情形，以倡导思考的文化。这个活动从学区的每所小学选一名教师，让他们共同参与有组织的对话和课堂观察。参观的老师评论了热情的老师和专注的学生身上散发出的积极能量。活动结束后，老师们更加深刻地认识到，思考的文化远远不止这几个程序那么简单。

在我所在学区的几所小学里，思考文化的培养策略都有三个互相关联的成功因素：

- 校长制定愿景，并创造学习和成长的时间、空间，同时对教师和学生学习的各个层面保持浓厚的兴趣，并尽可能参与其中。
- 教师领袖与同事分享他们的原则和方法，并为员工提供一起学习、分享和成长的机会。
- 设置了一名教师教练，帮助主持一线对话，为老师们提供自身成长和领导力提升所必须的各种支持和学习机会。

最近我对这些原则再次感到信心满满，因为之前一位老师对思考文化态度消极，说思考文化耗时费力、毫无意义，但当她看到自己作为老师所取得的成长，还有学生思考能力的提高以及她课堂上的思考文化的各种表现时，也忍不住向同事表达了欣喜之情。我们必须有恒心，再加上认真的规划，这样，把思考文化带到课堂和学校中的愿景才会逐渐成为现实。

华盛顿国际学校建设案例

培养老师之间互相学习的能力

吉姆 · 瑞斯

华盛顿特区华盛顿国际学校教务处主任

在我们创建思考文化的过程中，学校发生了许多变化，可以用“没画完的油画”来形容，像一幅不断完善的作品，极具潜力。这个意象能够帮助我更好地支持老师的工作和指导整个过程。在过去几年，在使用框架和工具（如思考程序）来增强教学和深化理解力方面，我们经历了从无所适从，到兴趣浓厚，再到完美驾驭的过程。在这个过程中，我们也认识到，每个人接受新观念的时间都有所不同。结果就是，这副没画完的油画给后来者提供了参与和做贡献的机会。

我在其他学校提高教学质量的工作让我认识到，想要让任何变化持续有效，耐性和恒心都至关重要。思考文化的创建尤其如此，它绝不是简单地让人们在课程中使用一些新方法，或进行一些微调。过去的经历告诉我，新观点必须以一种有机的、接地气的方式来扎根，而且需要学校重要领导实质性的、公开的支持。

2007年，当华盛顿国际学校的新校长上任的时候，他下决心要让教师的职业发展更有活力也更连贯。然后，我们开始帮助老师学习一系列和发展思考还有学习能力相关的观点，尤其是那些和创建思考文化项目相关的部分，这为进一步发展提供了许多不同的入手点。换言之，我们把时间和精力花在了一些具有互补性的框架和工具上，而这为我们提供了一套共同的横跨年级和学科的专业语言，特别是思考程序，因为思考程序的使用，我们学校的小学、初中和高中部都获益匪浅。

我们帮助老师提高互相学习的能力，并鼓励他们与同事和家长分享关于这些观点的激情，这是我们的工作取得持久成功的重要原因之一。没过多久，我们的许多老师就开始积极主持校内的研讨会和校外的教育论坛了，一位做过多次报告的高中老师回顾说：

做报告也让我回顾和反思自己的教学方法。准备报告的时候，我会想哪些做法对自己有用，哪些效果不佳。会议上，与会者提出的问题和论证让我看到自己在课堂上做的教学决定以及我在思考习惯、思考程序和思考文化之间搭建的桥梁。会后的评价表也非常有启发性，因为总能看到一些意外的评论。一个与会者写道："我很欣赏你创造的安全的氛围，每个人都可以自由地参与。"我读到这个评论，感到非常欣慰，当然，我也在脑子里回忆会议情景，努力回顾自己到底做对了什么。所有的报告，无一例外，都让我变得更具有反思精神。

最近，在华盛顿国际学校，我们更加用心地记录学生和老师的思考、学习活动。科技促进了这一过程的发展，但更重要的是那些既懂得科技又了解思考文化创建原则和做法的技术协调员，他们引导老师深入思考教学的内容和目的，他们用声音和图像记录课堂内外真实的学习经历。

我们创建了一个在线视频频道，用来上传老师和学生沉浸在强效学习中以及反思学习过程的视频。一位技术协调员这样描写他的发现：

做记录可不光是在教室里摆上一台摄像机，然后把发生的事情都拍下来。记录更多的是一种过程，而不是结果，当老师主动发起记录活动时效果最好。仔细研究记录包含的因素，你会觉得它很像讲故事。它需要老师特别谨慎地使用时间和空间，并且乐意接受批评。

在校园内，思考文化的创建还有一个重要因素，那就是不同年级和学科的老师间的长期协作。过去几年，我们组织了许多个学习小组，这些小组每年都组织各种活动，以探讨在创建思考文化背景下教与学的新意义。老师们自己选择参加哪个小组的活动，小组每月至少会面两次，每次持续大约一个小时。每个小组都有自己的主题，每年的主题也会有所变化，小组成员的构成也不是一成不变的。在头两年，我自己带领所有的小组，我的目标是培养能够独立领导小组活动的教师领袖。现在已经是第四个年头了，大部分小组已变成老师自己组织，几乎不需要我的指导了。

刚开始，每个小组都有一个同样的目标，那就是建立小组内的信任，这样每个人都能畅所欲言，而不用担心别人的看法，因为小组的目的不是展示老师们的强项，而是去探讨哪些地方可以改进。大部分小组一开始专注的主题都是挖掘“教学中的问题”，即教学中存在的不足之处。这些问题成为小组讨论和调查的巨大动力，而以前，这种对话在我们学校并不是很常见的，可以说在大部分学校里都是如此，至少我的经验是这样的。一些准则的使用使讨论能够更加深入，思考程序的示范也加深了对课堂文化的探讨。例如，“观察—思考—怀疑”这个思考程序在各种学习情境中得到了灵活运用。

今年的一个学习小组就在使用一个观察准则来检查课堂的文化力量。他们自发分成了许多小组，互相听课并讨论他们在听课时的所见所闻和所学。小组的一个组长回顾说：“认可彼此的经历并理解彼此的挑战和成绩，这是我们同事情谊和信任的基础。简单使用一些观察的准则，就能帮助大家采取更开放的态度，让我们避免武断的评价。”

在几个月的互相听课之后，小组里逐渐产生了如下的观察：

1. 当有其他老师听课时，任课老师就会思考自己在课堂上的言行举止，这样任课老师对课堂上的思考的敏感性就提高了。

2. 有必要在脑子里收集各种有用的思维程序，因为备课或上课的过程中可能用到这些程序，但是这些思维程序的内容可以因时因地变化。

3. 记录我们的行为和观察到的他人的行为，这能够提高我们反省的能力。

4. 我们必须明确指出自己想要学生培养的思维方法和思维能力。

我们小学部的一个老师，他有数年带领学习小组和做报告的经历，他从大卫 · 珀金斯的一个会议发言中获得了灵感，这次会议是2010年4月份在华盛顿国际学校进行的。珀金斯在发言中把思考文化的培养和作曲的各个元素相比较 ：“思考的文化会慢慢演化，我们必须认识到，思考文化的扎根是需要时间的。虽然老师们一开始往往把思考程序作为课堂活动，但它们会逐渐变成常规的思维习惯。持续与教学、理解和可视化思维相关的观点交互，就会发现新的关联。随着曲子逐渐成形，老师上课的方式和学生学习的方式都会出现一个明显的变化。学习小组能够促进这种持续的互动。”

在华盛顿国际学校，虽然每年都会有新的挑战和挫折，但全校范围内随处可见的成功还是让我们非常兴奋。有的老师走了，新的老师又来了。每当优秀的老师离开我们学校时，我就感到不安和担心。但幸运的是，在招聘乐于接受这些观点的老师方面，我们比较有战略眼光，而且我们一开始就会给新老师很多学习机会。国际预科证书课程项目非常有挑战性，其中的许多科目内容非常密集，节奏极快，我们许多老师都抱怨，课堂上使用这些观点的时间十分有限。同样的，我们小学部的双语国际预科证书初期项目也是如此，老师们必须紧密协作，才能保证这些观点不会因为繁多的要求而被遗忘。这些挑战和困难总是有的，而且是不会消失的。我们必须认识并不断管理这种压力，而不是期望能够一次性地解决问题。

这许多年的经历让我认识到，这些观点最好的实践者是那些乐于挑战，并利用框架和工具带来更好学习状态的老师。而那些对这些观点麻木或有抵触情绪的人，大多只是想用课程安排的繁重为借口，来逃避考虑复杂理解在教学中的重要作用。好消息是，有抵触情绪的人一年比一年少 ；很多年前，我们已经达到了让大多数老师希望长期实践这些观点的阶段。这极大地改善了学校的整体氛围，并帮助我们加深和强化所创建的思考文化。当然了，新的挑战和挫折还会出现，这副油画永远也画不完，有时候，甚至会觉得一团糟，但上面的颜色却一直在变得更加丰富和艳丽。

悉尼学校建设案例
用"提问—行动"项目深化思考文化建设

马克 · 乔奇
澳大利亚悉尼爱玛纽学校和马沙达学院思考文化顾问

多年来，澳大利亚悉尼大都会区的两所学校，爱玛纽学校和马沙达学院，都致力于在课堂上培养浓厚的思考文化。两所学校都组织了以让学生的思维可视化为目标的教师专业学习小组，随着教师间协作的加深，随着学生逐渐学会思考和学习，许多老师都感到十分振奋和喜悦。同时，两所学校也都认识到，对于全校范围的思考文化建设来说，仅仅树立一些像思考程序之类的规范是远远不够的。他们开始问：我们还能做什么，来促使老师们多思考学生的学习并深化思考文化的建设呢？我们如何在两所学校提供丰富的、有意义的专业学习机会，来把思考文化推向下一个高度呢？

在和学校领导层一起思考这些问题的时候，我们想出了创建思考文化"提问—行动"项目小组的主意。我们知道，适合"提问—行动"的安全、友好的环境是成功的关键。为了实现这个目标，我们必须从两所学校的志愿者中选出"提问—行动"项目学习小组的成员。一年中我会和小组成员见三次面：第一次是在学年初，以开启这个项目；第二次是在中期，以检查进度；最后是在学年末，以分享学习到的经验教训。

在这三次会议之间，学校会通过持续进行的学习小组给予成员支持和帮助，我会亲自帮忙培训两所学校的小组组织者。

如何科学确立“提问—行动”项目小组

为了选出第一批近三十名志愿者，我们向两所学校的全体教师发出了下面这封邀请：

想要了解教学方面的新观点、新视角吗？想要在课堂上尝试一些新的活动吗？想要和各学科各年级的同事一起思考教学中的重点、难点和要点吗？想要和更广大的一线教师分享你的思考和领悟吗？如果你的回答是肯定的，欢迎你加入爱玛纽学校和马沙达学院今年的思考文化“提问—行动”项目小组。

我在前面提到过，两所学校的志愿者一年需要聚三次。第一次主要是由老师们自己选择一个觉得感兴趣的问题，但必须是在培养学生思考能力方面遇到的困惑。例如，爱玛纽学校的英文系主任大卫·坎波就感到压力巨大，一方面英文课内容繁多，感觉课堂时间都不够用了，另一方面，还要帮助学生准备特别重要的考试。而且他发现，高年级学生在阅读复杂文本时，对他有严重的依赖，尤其是在阅读莎士比亚的作品时。这种对他在专业上的严重依赖，让大卫觉得很不安，因为这会阻碍学生独立发展自己的专业能力。大卫最初的问题主要是关于怎样才能让学生变得更积极主动以及怎样才能在课堂上创造分享、互助的氛围。

说出了问题和困惑之后，与会者就找出一个或两个文化力量来对照自己的教学，或用它们设计一些能够促进思考的活动。像这样提出问题以及设计可行的活动，正是“提问—行动”项目的第一步。以大卫为例，他意识到自己必须为学生创造一些新的机会，并向他们传达一些新的期待，让他们在文学讨论时能沿着自己期待的方向走。结果，他应用了一个新的课堂活动，那就是让高年级学生课下阅读《哈姆雷特》，选出五条他们认为最能概括其精髓的话。在课上，学生分成小组，并开始解释这些句子在全剧中的重要性。

分阶段长期支持思考文化的教学意义

一开始规划的时候我们就知道，要让第一批志愿者老师们的教学进入一个新的层次，一学年三次的学习会议是不够的。虽然两所学校都有非常有能力的教务主任，但我们觉得还是有必要在每所学校都设立一支协调员团队，来引导“提问—行动”小组成员的小组学习。这些协调员不仅能推动该项目的学习进程，还能在学校范围内发展领导能力，也是学校内部和教学一线中反思式专业学习讨论的倡导者。基于小组成员在各自课堂上的教学活动，每两周这些协调员会带领各自小组成员使用准则和程序进行“提问—行动”方面的对话。

我和协调员们一起合作，使用程序帮助小组成员进行针对难题的头脑风暴，制定尝试性的方案，并且有针对性地反思组员设计的课堂活动。虽然各种技巧非常重要，更重要的是，他们必须对其他老师的学习之旅保持浓厚的兴趣。所以，我们经常一起磨练倾听的能力以及提出试探性、反思性问题的能力，帮助同事找到他们不曾想到的行动方案。

在每所学校，“提问—行动”项目的老师都被分成几个小组，每个小组都有自己的协调员。在一开始我们就约定，必须在有实际问题需要讨论和学习时才能开会，要极力避免空洞无意义的讨论。通常人们带到讨论会上的内容大致可以归为三类：教学中遇到的难题，正在制定中的计划以及学生的课业情况。协调员可以使用“描述性咨询”“调试”或“观察学生思维”等程序来指导每个环节。不管讨论的主题是什么，协调员都会为小组成员留出独立思考的时间，来思考会议主题和他们各自的“提问—行动”项目的关系。这样，虽然只是深入探索了某个老师的个别“案例”，但所有老师都能以此为鉴，来反思各自的“提问—行动”活动。

此外，学年中期的两校组员会议为我们提供了中期回顾的重要机会。我们创造条件让组员回顾他们最初的行动，重新聚焦他们提出的问题，并设计下一步计划。在这个时候，很多老师会因为他们所提问题里的各种障碍而垂头丧气："如果成绩不变，那我们还忙个什么？""家长跟我们想的可不一样，那么我们做这些事情的意义在哪里？""如果教育委员会不改变现状，我们又能做什么？"意识到这些问题成了我们前进道路上的阻碍，我们使用了"关注领域"和"影响力领域"这两个练习。组员把他们担忧的问题全都摆在了台面上，然后找到和他们的能力范围最接近的那些问题。通过让他们认识到哪些问题是自己力所能及的，组员们慢慢看到问题的突破口，并思考下一步该怎么走，这时围绕在他们周围的系统性挑战就暂时退到背景里去了。

和师生一起分享学习成果

最后一步就是庆祝学习成果，分享启发和洞见以及分析项目过程中小组发现的新问题。组员们带来可以代表自己"提问一行动"过程的各种资料，比如讨论的记录，学生的言论或学生思考的例子。检查这些资料为我们提供了新的机会来促进学校范围内的教师协作，让不同的"提问一行动"项目联系起来，并让在全校范围内创建思考文化时产生的一些新问题浮出水面。

随着我们第一年的努力走向尾声，我非常好奇，组员们是怎么在课堂上使用这些思考文化力量的。组员们往往从检查一种文化力量开始，但一旦开始和同事进行讨论、反思及各种活动，在结束时他们很可能就把注意力放在一种完全不同的文化力量上了。马沙达学院的克莱尔·格林纳帕老师主要关注的是独立学习和如何从错误中学习，她评论道：

原先我以为只是讨论机会，结果讨论得更多的反而是关系、互动和语言。我之前简单地认为，所谓关系就是和孩子们相处好，受到学生喜爱、尊重，或者让他们感到轻松舒适。现在我意识到，独立学习能力和主人翁意识不是我能给他们的。每个学生都必须认识自己，并发现他们内在的自主学习和自我引导的那股力量。当然，我可以通过和他们说法的方式，提问的结构，轻松开放的氛围以及我们一起创造的众多学习机会来帮助他们实现这种转变。

在和协调员一起回顾一年的努力时，我们发现，在一开始确定研究问题时，很多组员感到困难。但是我们又发现，重要的并不是找到一个正确的研究问题，而是找到一个能够促进行动和反思的研究问题。而且，组员们最初提出的那些问题，很有可能并不是他们真正关心的问题。通过迭代渐进的方式发现有价值的问题并采取行动，这也成了来年的“提问—行动项目”的研究对象。

“提问—行动”项目让老师们认识到在课堂上创造思考文化的重要教学目的，在此之前，很多老师可能认为，他们的目标仅仅是简单地实施程序。找到课堂思考文化大背景下的一些恼人问题，将文化力量用作探索教学难题的出发点，这让老师们真真切切地学习和掌握这些文化力量，而不是简单了解相关的一些信息。

六大思考文化建设案例的异同

这六个案例研究让我们看到，每所学校的思考文化之旅都是独特的，没有范式和模板可以套用。但与此同时，其中体现出的一些共同的主题却是别人可以学习借鉴的。在每一个案例里，领导者都敏锐地认识到了本章开篇提到的四类关注：愿景、工具、支持和成长。这些元素之间存在动态协作，而不是先后出现。尤其值得一提的是，领导者总是把创建思考文化这个大的目标记在心上，而且时常提醒周围的人不要忘记这个愿景。

虽然所有学校都是从使用思考程序开始的，这样老师们就可以立刻做一些具体的事情，但思考程序本身并不是目的。阿兰·科尔注意到，她一开始对思考程序的执着让许多老师偏离了思考文化的轨道，或导致他们只是肤浅地践行思考文化模式。于是，他们把注意力从工具移回到愿景上。马克·乔奇、艾伦·舒尔和吉姆·瑞斯则分享了如何让老师在思考程序的基础上更深入地探索文化力量。

这些案例还呈现了值得我们注意的另外四个主题：领导力、时间、记录和主人翁意识。

老师个人当然可以创造强有力的课堂思考文化；然而，要在学校范围推广思考文化，就需要领导力了。这种领导力通常分散在学校各部，这虽然有助于提高大家的主人翁意识，但一校之长还是应该有独特的作用。他们帮助老师在忙碌的工作和巨大的压力下保持初心和愿景。借用劳伦·切尔兹的话说，领导者让大对话的方向朝着思考文化走，并给老师们在这个空间探索的自由。同时，领导者也会借助家长和社会的力量，来扩展视野并获得更多改变的支持。

所有案例都体现了经年累月的努力，让我们看到时间的重要性。创建思考的文化可不是“我们今年要完成的目标”，而是一个个长期不断的过程。所以，我们不光要研究“如何开始”，更要探索“如何进入下一个阶段”，同时，我们也要为老师的学习和深入研究提供时间。其实，有时候可以从例行会议里挤出时间，有时候需要一些额外的时间，更有甚者，可能需要让老师们长期地、规律性地学习和反思。

努力收集信息，可以记录学生的成长，并增加信心，与此同时，这些努力也为学习提供了工具。罗德·洛克、亚当·舒尔和吉姆·瑞斯拍摄了老师们行动的过程，并与教育界分享，他们还将这一拍摄制作的过程分享了出来，这些视频让我们看到了学校里真实的教学情况。书面回顾和反思也能帮助老师自己认识课堂上发生的变化，威尔小学的老师们虽然一开始很排斥这种做法，但之后他们发现这是一个难得的工具。

最后，所有六个案例都展示了让老师掌握创建思考文化过程的重要性。这就意味着要倾听教师的声音，让他们互相指导，并提供机会培养教师中的领导人才。这样做会让我们的努力有一种有机的、自下而上的感觉，这能让老师们觉得充满信心和力量。绝对不能让老师们觉得“思考文化”是一种强加给他们的任务，老师们必须从内心深处接受思考的文化，并依靠它来提高自己的教学效果，帮助学生更好地学习。以此为起点，老师们才能在创建思考文化的道路上互相支持，推动和砥砺，思考的文化才能在学校里扎根，老师和学生的生活和学习才能真正改变。

CREATING
Cultures of
THINKING

附录

附录A 我对课堂学习活动的思考

附录B 反馈梯子模式

附录C 分析成功案例的操作细则：非常有效的学习机会

附录D “观察学生思维”操作细则

附录E 思考文化项目的六大原则

附录F 为思考文化奠定基础

附录G 在学校倡导思考的文化：自我评价

附录H 在课堂上培养思考的文化：自我评价

附录I 评价阶梯：用论据来论证

附录A 测测我对课堂学习活动的思考

日期：__________ 课时：__________ 科目：________________

用数字1、2和3为以下说法划分等级。

#1表示占用课堂时间最多的活动，#2表示占用时间第二多，#3表示最少。在这个节次中，课堂时间使用的状况如下……

	仔细观察、描述事物，注意细节，发现规律
	发展我们自己的解释、理论、猜测或理解
	用论据来支持思维，用事实和理由支撑我们的观点
	对研究课题表现出兴趣并提出疑问
	发现事物间的联系，发现研究对象与我们的世界和日常生活间的联系
	通过不同的视角看事物，赋予它们新的意义
	找出关键或核心观点，形成结论，或概括事物的本质
	深挖观点，化解疑难点、复杂性和挑战
	组织，利用并理解各种观点、信息、说明和经历
	反思和回顾我们所处的学习和理解阶段，决定下一步的方向
	使用新习得的知识来解决新问题或创造原创性内容
	回顾上节课的材料或学习进程
	针对当前话题进行阅读、收听节目或获取其他信息
	练习已经学会的技巧和程序

在课堂上，我是否努力思考了？（勾选一个）

没有　　一点点　　有一些　　很努力

作为一个学习者，如果要取得更好的学习效果，我应该这样做：

作为一个学习者，如果要取得更好的学习效果，老师应该这样做：

附录B “反馈梯子”法的应用方式

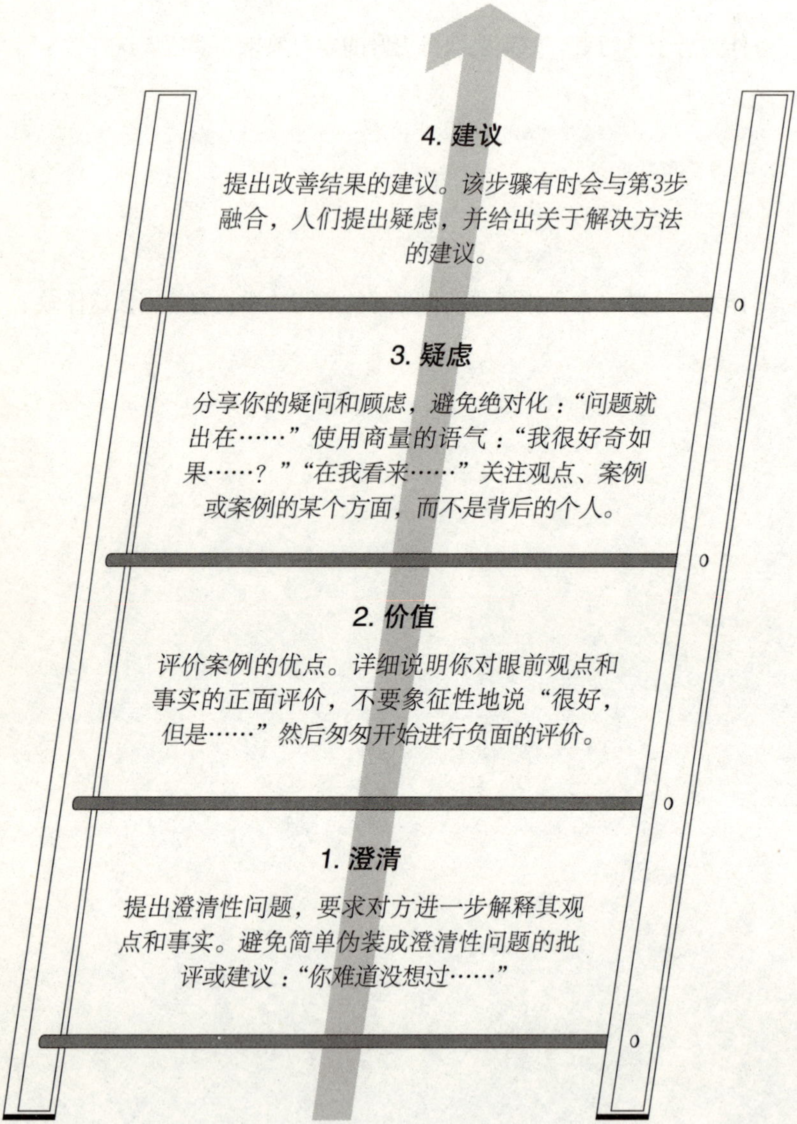

附录C　分析教学案例的操作细则：把握有效的学习机会

有效的学习机会

该细则为三到四人的小组设计，每人轮流发言时，其他人提问。小组可以利用细则中的提示和时间安排，因而不需要主持人。每一轮结束时，都需要有人记录发现，可以指定一人专门记录，也可以轮流担任。

1. 找出一个成功案例（1分钟）

在脑子里回顾过去一年的教学经历。从你自己的经历中，找出一个非常有效的学习机会的例子，在这个例子里，学生专注地学习和思考，并对话题有深刻的认识。简单地说，就是上完课后，你心里默默希望每堂课都能有这样的时刻。

2. 写出思考结果（5分钟）

把你对这个有效学习机会的思考写下来。你的计划是什么，发生了什么，你和学生的反应各是什么，写得越详细越好。这次经历和你的其他教学经历有何不同？具体指出这些特质、行为或元素。

完成第1和第2步后，组内每人轮流进行第3步到第6步。

3. 分享成功经验（4分钟）

每人轮流分享自己找出的强有效学习机会的例子。

4. 提出澄清性问题（1～2分钟）

听众针对发言人提到的例子提出澄清性问题。澄清性问题必须简短、明确，旨在找出该例子中缺失的细节和背景信息。一般而言，也就是三言两语就能解答的问题。

5. 提出探查性问题（3～5分钟）

听众针对例子提出探查性问题。探查性问题的作用是让发言人对例子进行反思、解释或获得更深刻的理解，好的探查性问题能够带来内省和洞见。

6. 记录标准（2～3分钟）

在提出的例子和问题的基础上，小组找到并记录该例子之所以成功的最关键条件或特征。随着小组成员轮流进行分享，这个单子会越来越长。在每人都参与一遍之后，小组最后总结一遍记录结果。

7. 思考应用方法（5分钟）

针对刚才找到并探讨过的所有强有效学习机会的重要特征和标准，小组一起思考其在教学实践中的具体使用方法。小组可以找出他们认为最有效的成功标准，并与其他同样进行了这个活动的小组分享所得。

附录D “观察学生思维（LAST）”法操作规则

角色

报告老师：分享案例，倾听讨论，最后提出反馈。

主持人：控制时间，在每个阶段开始时提出引导性问题，引导注意力。

记录员：记录小组讨论。

1. 报告案例 （5分钟）	• 报告老师提供任务相关的背景、目标和要求 • 提出对理解和阅读案例有益的澄清性问题
2. 阅读案例 （5～10分钟）	• 安静地阅读案例 • 记笔记，以便一会儿评论 • 按照细则的不同阶段将你的笔记归类
3. 描述案例 （5分钟）	• 你看到了什么？ • 提高大家对案例特征的认识 • 避免阐释，提出观察的结果即可
4. 猜测学生的思考 （10分钟）	• 案例中的哪些地方体现了学生的思考 • 案例的哪些层面让你获得了关于学生思考的洞见？ • 阐释案例的特色 • 联系不同的思维方式和类型
5. 针对案例提出问题 （10分钟）	• 这个案例启发你提出哪些问题 • 你的问题必须涉及广阔的层面和具体的细节 • 提出问题背后的问题，不要问：“这要花多少时间？”而是说：“这让我想到完成这类活动需要的时间。” • 注意：报告老师这个时候不需要回答这些问题
6. 讨论案例对教与学的实践意义（10分钟）	• 除了进一步扩展和培养学生的思考能力外，这个案例还有什么价值 • 向报告老师建议讨论实际可能性和替代方案 • 分析该案例在倡导学生思考方面的一般意义

7. 对讨论进行反馈（报告老师）（5分钟）	• 作为报告老师，在听其他老师讨论时你有哪些收获 • 与小组分享你觉得讨论中有意思的地方 • 对那些你觉得有必要回答的问题进行反馈 • 简单解释一下你下一步的计划
8. 对细则本身进行思考（5分钟）	• 整个过程是否顺利 • 总结一般发现 • 观察和上一次使用该细则相比，这一次的进步和变化 • 为下一次开会提出建议
9. 感谢报告老师、记录员和主持人	• 小组认可所有人的贡献 • 决定记录结果如何分享，使用和归档 • 为下一次开会决定角色

附录E 在教学中建设思考文化的六大原则

1. 技能是不够的，必须培养使用技能的性情。拥有思考技能和能力并不能保证良好的思考能力，我们必须有使用这些技能的性情。这意味着学校除了要培养学生的思考技能和能力外，还要使学生变得乐于思考，并对生活和学习中需要进行思考的场景变得更敏感。拥有了乐于思考的性情，学生才能在需要思考的时候更有效地进行思考活动。

2. 从本质上来说，思考力和理解力的培养是一项社会性工作，在具体的文化背景下发生，并依赖于群体和个体之间频繁的互动。为学生提供社会场景，创造表达自己的思想，倾听别人思想的机会，增强个体的思考能力。

3. 课堂文化潜移默化的教育功能。这种文化不仅为学习设定了基调，也决定了学习的内容和对象。课堂文化向学生传达什么是优秀的思考能力和良好的学习能力，这里传达的信息本身就是教育的重要内容，帮助学生学会如何学习和思考。

4. 作为教育者，我们必须努力让学生的思考过程可视化。只有让思考可视化，我们才能真正理解学生学习的内容和方法。一般而言，老师和其他学生，甚至学生自己，都对自己的思考过程缺乏直观的认识，因为思考经常是一种下意识、无意识的活动。通过使用框架、程序、试探性问题和记录，我们可以让学生的思维可视化，从而培养更优秀的思考和学习能力。

5. 良好的思维方式需要使用多种多样的资源，并借助外部工具来"下载"或"分发"个人的思考过程。通过纸、电脑、对话和其他方式记录媒介，我们得以释放脑容量，来从事更深层次和更新奇的思维活动，并保存我们的思维结果。

6. 想要课堂成为学生思考的地方，学校就必须成为老师思考的地方。

让学校成为一个专业群体，让对教学和思考的深刻复杂的讨论成为老师日常工作的重要部分，这为学生思考和学习能力的培养奠定了坚实的基础。

附录F　清单：为学校的思考文化建设奠定基础

以下清单可作为指南，指导学校领导层探讨培养思考文化的相关事宜。同时我们也知道，决策的时间和效力也受到其他因素的影响。一些学校可能需要等到下一个学年或者更迟的时候，因为在内部培养兴趣和奠定基础都是需要时间的。

完成	进行中	需更多时间和精力	
			作为学校领导层，我们正在深入探讨思考文化的问题，我们非常振奋，十分期待和老师一起努力，把学校变成培养思考文化的地方
			我们正积极造访课堂，并与老师们进行课堂文化方面的交谈，以期加深对课堂和校园文化的理解
			在工作会议和课堂上，我们都会不断尝试一些程序和准则
			作为学校员工，我们开始讨论学生作为思考者和学习者的角色以及我们应该向他们传达的信息
			我们已经在思考，创建思考文化这件事如何与学校其他项目、活动还有学校的办校理念对接，这样思考的文化就不仅仅是一项普通的任务了
			我们已经为这些观点在校内的继续推广和学习设计了方案，其中包括为老师留出专门的时间来分析学生作业，分享观点，阅读和探讨相关的文献资料

续表

完成	进行中	需更多时间和精力	
			我们已经找到了那些愿意尝试新方法的老师，他们愿意承担风险，能够无私分享和质疑自己的教学方法，他们对思考文化的建设很感兴趣，他们能够本着专业的精神与他人分享自己的观点
			我们已经决定了要在本校创建思考的文化，就算一开始一些老师、学生和家长可能有异议，我们也会坚持下去。我们认为这是一种长期发展的过程，而不是一蹴而就的捷径
			我们做了一些额外的背景调查，以便更好地了解别人是怎么创建思考文化的，包括阅读如《哈佛大学教育学院思维训练课》之类的书籍，观看和讨论视频，或参观学校
			我们已经为学生确定了一些具体的目标和可能的结果，我们希望能通过创建思考文化帮助达到这些目标。例如提高学生课堂讨论的参与度，帮助学生成为更加独立的学习者，培养学生的好奇心和自学能力，培养学生的反思能力和认知能力，或者其他类似的目标
			我们在全校讨论了创建思考文化的未来，并允许大家就创建思考文化的意义提出问题和疑虑
			我们和一所学校配对，在创建思考文化的过程中，我们两所学校之间可以互相参观，分享观点并交流进展情况

附录G　自我测评：在学校倡导思考的文化

对照清单中的描述，对自己进行评价，用1到5进行打分：

5 = 完全符合

4 = 基本符合

3 = 有时符合，有时不符合，视具体情况而定

2 = 不大符合

1 = 完全不符合

期待	评分
1. 我有意识地向互动对象（家长、老师、学生）表明，学校是重视思考并以思考为学习基础的地方	
2. 我为自己负责的下属设定专业学习和风险承担方面的期待，我让他们知道，他们的工作不仅仅是完成份内职责和让学生考出好成绩	
3. 我在作决策的时候，不管是独立决策还是集体决策，我总是以该决策、结果或操作对学生学习的影响为出发点。当该决策或活动不能对学校的首要任务，即帮助学生学习和成长有积极作用时，我会尽力避免在上面浪费时间和精力	
4. 当我看到学生在学习和思考上取得进步时，我会给予肯定、鼓励和奖励。我尊重老师在其中付出的努力，我强调，虽然成绩有重要的地方，但成绩绝不是衡量教育者成功与否的主要指标	

语言	评分
1. 我极少对别人使用笼统的评论（“做得好”“很好”“了不起”等），我总是使用具体、明确且有行动导向的反馈，以此引导未来的努力和行动	
2. 我使用商量的语气来邀请他人进入对话，比如“可能”“也许”“一种可能性是”“有的人会认为”或“一般是这样的，但也不尽然”	
3. 对课堂进行评论或参与讨论时，我尽量注意课堂上的思维进程，而不仅是正在进行的活动，我会这样说，“我注意到学生是真的在用论据来支持他们的论点”或者“我注意到你让学生学会了评估他们策略的有效性”	
4. 我使用包容性、集体性的语言，比如我总是说“我们”在学习什么或“我们的”探讨	

时间	评分
1. 不管是开会还是对话，我都会给大家时间来充分思考，从而保证双方都能有所准备	
2. 我知道每个人的时间都是宝贵的，所以我会让会议有明确的目的和重点，并保证按时开始和结束	
3. 我避免用观点轰炸听众，我会给他们足够的时间来消化	
4. 我监测自己说话的时间，从而不至于独占对话	

示范	评分
1. 虽然我不能亲自参加学校里的所有活动，但我的露面（就算是短暂的露面）也能让人们知道我在乎和珍视他们所做的事情。所以，我确保自己会参与各种项目、会议和活动，从而让人们知道我珍视他们的努力和学习	
2. 我展示了好奇心、激情和换个角度思考问题的意愿。我表现出对学校帮助学生思考和成长这一核心职责的重视，并让人们知道，我绝不满足于仅仅完成职责所需	

续表

3. 我知道，学校的老师们都在观察我的一举一动，他们希望了解我认为什么是有价值、有意义且重要的。所以，我会示范我想要在别人身上看见的那些行为和互动方式	
4. 我努力与职工和学生打成一片，而不是一个人独自坐在办公室里	

机会	**评分**
1. 开会时，我让人们关注重大事项、重要观点及手头任务和学校核心要务间有意义的关联	
2. 我为与我合作的人创造独立学习和成长的机会，让他们获得独立，不再依赖我	
3. 我创造机会收集工作相关的数据和论据，从而更好地理解我们的共同努力对实现学校职责的意义	
4. 我提供机会反思我们的进展以及在校内，我们的努力对学习情况的影响	

程序	**评分**
1. 我使用准则、思考程序或其他特定结构，帮助和我合作的人与团体组织他们的思维进程，以帮助我们更好地讨论、反思和解决问题	
2. 我已经反思了自己的工作方法和领导方式，如果发现自己有一些低效率的工作方式或结构，我会努力去改变它们	
3. 我十分擅长把程序、结构、系统、准则和特定的问题对接，这样我和同事就能更好地理解问题，也能更高效地处理信息	
4. 我经常检查所在领域的系统和程序，一有机会，我就会精简必须做的事情。这就意味着我们能够使用更高效的系统来完成重要的工作，老师们就不会因为工作而疲于奔命，他们就可以花更多精力来帮助学生学习了	

互动	评分
1. 在领导一个团队时，我确保每个成员都尊重其他人的思考。可以有批评或挑战，但必须针对观点，而不是针对个人	
2. 当人们把顾虑、需要和问题告诉我时，我努力从中协调并解决问题，而不是成为阻断信息的人。在他们眼里，我是一个跟他们一起为学生提供最好的教育的人	
3. 我们鼓励每个人进一步解释自己的反应，用理性来思考，而不是不满足于简单的回答或陈述。例如，可以使用“你为什么要这么说呢？”这样一个简单的程序	
4. 我倾听他人的声音，并对他人的思考有真实的好奇心和兴趣。我显然非常看重他们的思考	

环境	评分
1. 我工作空间里的陈列物向进入的人传达了关于学习和思考的积极信息。参观者很轻易地就能看出我们学校在学习方面珍视和在乎的东西	
2. 我会安排自己的工作空间以及使用的其他空间，以促进有意识的互动、合作和讨论。我确保空间能够对人们有所帮助，而不是妨碍人们的学习和思考	
3. 我墙上的陈列物会不断变化、更新，并启发思考，它们不是单纯的静态展示	
4. 我使用各种各样的方式，包括技术手段，记录和捕捉所在团队的成员的思维和决策过程	

附录H　自我测评：在课堂上培养思考的文化

对照清单中的描述，对自己进行评价，用1到5进行打分：

5 = 完全符合

4 = 基本符合

3 = 有时符合，有时不符合，视具体情况而定

2 = 不大符合

1 = 完全不符合

期待	评分
1. 我有意识地向学生表明，我的课堂是思考的课堂	
2. 就像我对学生的行为有要求一样，我对他们的学习和思考也有要求	
3. 我强调，课堂活动的结果在于思考和学习，而不仅是完成任务	
4. 课堂活动和课业的目的应该是培养理解力，而不仅仅是获得知识	
5. 我积极培养学生的独立性，这样他们就不至于完全依赖我来回答问题和指导活动	

语言	评分
1. 在教学中，我有意识地使用思考的语言，并和学生讨论需要使用“解析”“评价”“给出理由”“对比”“解释”这类字眼的思考活动	
2. 我极少对别人使用笼统的评论（“做得好”“很好”“了不起”等），我总是使用具体、明确且有行动导向的反馈，以此引导未来的努力和行动	
3. 我使用商量的语气，比如“可能”“也许”“一种可能性是”“有的人会认为”或“一般是这样的，但也不尽然”	
4. 我尽量注意课堂上的思维进程，而不仅是课堂活动，我会像这样说，“这里肖恩是在用论据来支持自己的论述”或者“简是在评估这个策略的效果”	
5. 我使用包容性、集体性的语言，比如我总是说“我们”在学习什么或“我们的”探讨	

时间	评分
1. 我为学生的提问和发言留出时间	
2. 我为学生提供空间，让他们可以在别人观点的基础上进行扩展、细化和发展	
3. 我避免对学生进行信息轰炸，我给他们充足的时间消化信息	
4. 在要学生回答之前，我会给时间让他们思考和组织想法	
5. 我监控自己说话的时间，避免独占对话	

示范	评分
1. 在课堂上，思考活动（包括我的以及学生的）不断得到展示	
2. 我向学生展示自己的好奇心、激情和兴趣点	
3. 我表现出开放的心态以及愿意换个角度看问题的态度	
4. 显然，我自己也在学习和承担风险，并对学习进行回顾和反思	
5. 学生通过寻找思考的合理性及相关的论据来展示思考的过程	

机会	评分
1. 在教学中，我确保为学生提供丰富的思考机会，学生也不只是简单地参与课堂活动或学习知识	
2. 我把学生的注意力集中到重大议题、重要观点以及我所教学科内外的重要联系上	
3. 我为学生提供大量的独立学习和思考的机会	
4. 为了激发学生思考，我会花很多心思挑选合适的话题和材料	
5. 我为学生提供机会，来回顾他们对某话题的思考和观点的变化	

程序	评分
1. 我使用思考程序和结构帮助学生组织思考	
2. 我灵活、自由、有效地使用思考程序来加深学生的理解	
3. 我擅长为每个程序寻找合适的材料，从而让学生获得更深的认识	
4. 在我的课堂上，思考程序已经成了一种行为习惯；也就是说，学生对这些程序如此熟悉，他们已经能够下意识地使用它们了	
5. 学生使用程序和结构来加深理解，并且将它们当成讨论的平台，而不是要完成的功课	

互动	评分
1. 我确保在自己的课堂上所有学生都尊重他人的思考。批评和挑战是可以的，但对象必须是观点，而不是人本身	
2. 我确保在自己的课堂上错误不仅仅是允许的，而且是受到鼓励的	
3. 我们鼓励学生进一步解释自己的反应，用理性来思考，而不是不满足于简单的回答或称述。例如，可以使用“你为什么要这么说呢？”这样一个简单的程序	
4. 我倾听学生的声音，并对他们的思考有真实的好奇心和兴趣。我显然非常看重他们的思考	
5. 小组讨论时，我会在一边旁听，并允许他们独立行动，而不是到处都横插一脚	

环境	评分
1. 我教室里的陈列物传达了关于学习和思考的积极信息，激励学生学习该科目，并帮助学生进入更宽广的思维世界	
2. 我会安排教室的空间，以促进有意识的互动、合作和讨论	
3. 我墙上的陈列物会不断变化、更新，并启发思考，它们不是单纯的静态展示	
4. 我使用各种各样的方式，包括技术手段，以记录和捕捉思考过程	
5. 参观者很容易就能看出，我在学习方面在乎和珍视的是什么	

附录I　评价阶梯分类：学生能力排序及对应辅助法

学生的发展程度		帮助学生攀登阶梯， 老师需要做的事情	
完全独立	能够持续使用各式文本和其他资源。提出疑问，使用合适的资源。恰当地使用论据。论证连贯有力。吸引他人支持自己的观点	**自我训练**	鼓励通过与成年人、同龄人谈话和写作来分享思考。推荐各式资源，供其寻找论据
有自觉性	理解用论据支撑论点的重要性。可能需要指导才能找到合适且有力的论据。会质疑论据的可信性。对书写论证环节和寻找论据方面的示范能作出反应	**辅助训练**	鼓励继续扩展思维、资源和反应，从而使论据思维成为一种思维习惯
发展中	在适当的提醒下，能够问“为什么”。能够提供一些简单的回答，但简单中也体现了一定的高级思维能力。使用自身经验作为论据。需要示范，才能正确反应。需要老师的提醒和抚慰	**支持**	用示范和建议支持学生，帮助他们扩展资源，提高写作能力。提供练习机会
依赖老师指导	无法独立形成论点。老师的提醒也只能带来有限的反应。非常依赖老师的帮助	**引导**	不断地持续地给予示范，使其适应使用“为什么这么说”的程序

“常青藤”书系—中青文教师用书总目录

	书名	书号	定价
	特别推荐——从优秀到卓越系列		
★	从优秀教师到卓越教师：极具影响力的日常教学策略（入选浙江省教师节用书）	9787515312378	33.80
★	从优秀教学到卓越教学：让学生专注学习的最实用教学指南	9787515324227	39.90
★	从优秀学校到卓越学校：他们的校长在哪些方面做得更好	9787515325637	33.80
★	卓越课堂管理（中国教育新闻网2015年度“影响教师的100本书”）	9787515331362	68.00
	名师新经典/教育名著		
★	马文·柯林斯的教育之道：通往卓越教育的路径（两度拒任美国教育部长的当代传奇教师。朱永新倾情作序，李希贵、哈佛大学幸福课沙哈尔、斯坦福大学德韦克教授力荐）	9787515355122	49.80
	如何当好一名学校中层：快速提升中层能力、成就优秀学校的31个高效策略	9787515346519	29.00
	像冠军一样教学：引领学生走向卓越的62个教学诀窍	9787515343488	49.00
	像冠军一样教学2：引领教师掌握62个教学诀窍的实操手册与教学资源	9787515352022	68.00
★	如何成为高效能教师（美国最畅销教师用书，销量超过350万册，教师培训第一书）	9787515301747	89.00
★	给教师的101条建议（第三版）(《中国教育报》“最佳图书”奖）	9787515342665	33.00
★	改善学生课堂表现的50个方法（入选《中国教育报》“影响教师的100本书”）	9787500693536	33.00
	改善学生课堂表现的50个方法操作指南：小技巧获得大改变	9787515334783	29.00
★	优秀教师一定要知道的17件事（美国当前最有影响教育畅销书作者全新力作）	9787515342726	23.00
	美国中小学世界历史读本 / 世界地理读本 / 艺术史读本	9787515317397等	106.00
	美国语文读本1-6	9787515314624等	252.70
	和优秀教师一起读苏霍姆林斯基	9787500698401	27.00
	快速破解60个日常教学难题	9787515339320	33.00
★	美国最好的中学是怎样的——让孩子成为学习高手的乐园	9787515344713	28.00
	建立以学习共同体为导向的师生关系：让教育的复杂问题变得简单	9787515353449	33.80
	教师成长/专业素养		
	从实习教师到优秀教师	9787515358673	39.90
	像领袖一样教学：改变学生命运，使学生变得更好（中国教育新闻网2015年度“影响教师的100本书”）	9787515355375	49.00
	你的第一年：新教师如何生存和发展	9787515351599	33.80
	教师精力管理：让教师高效教学，学生自主学习	9787515349169	28.00
	如何使学生成为优秀的思考者和学习者：哈佛大学教育学院课堂思考解决方案	9787515348155	39.80
	反思性教学：一个已被证明能让所有教师做到最好的培训项目（30周年纪念版）	9787515347837	49.00
★	凭什么让学生服你：极具影响力的日常教育策略（中国教育新闻网2017年度“影响教师的100本书”）	9787515347554	28.00
	运用积极心理学提高学生成绩（中国教育新闻网2017年度“影响教师的100本书”）	9787515345680	39.80

	书名	书号	定价
★	可见的学习与思维教学：让教学对学生可见，让学习对教师可见（中国教育报2017年度"教师最喜爱的100本书"）	9787515345000	29.80
	可见的学习与思维教学：成长型思维教学的54个教学资源：教学资源版	9787515354743	36.00
	教学是一段旅程：成长为卓越教师你一定要知道的事	9787515344478	39.00
	安奈特·布鲁肖写给教师的101首诗	9787515340982	35.00
	万人迷老师养成宝典学习指南	9787515340784	28.00
	中小学教师职业道德培训手册：师德的定义、养成与评估	9787515340777	32.00
	成为顶尖教师的10项修炼（中国教育新闻网2015年度"影响教师的100本书"）	9787515334066	35.00
★	T. E. T. 教师效能训练：一个已被证明能让所有年龄学生做到最好的培训项目（30周年纪念版）（中国教育新闻网2015年度"影响教师的100本书"）	9787515332284	39.00
	教学需要打破常规：全世界最受欢迎的创意教学法（中国教育新闻网2015年度"影响教师的100本书"）	9787515331591	33.00
	10天卓越教师自我培训（教育家安奈特·布鲁肖顶尖卓越教师培训教材）	9787515329925	29.00
	给幼儿教师的100个创意：幼儿园班级设计与管理 / 为幼升小做准备	9787515330310等	58.00
	给小学教师的100个创意：发展思维能力	9787515327402	29.00
	给中学教师的100个创意： 如何激发学生的天赋和特长 / 杰出的教学 / 快速改善学生课堂表现	9787515330723等	87.90
	以学生为中心的翻转教学11法	9787515328386	29.00
	如何使教师保持职业激情	9787515305868	29.00
★	如何培训高效能教师：来自全美权威教师培训项目的建议	9787515324685	32.00
	良好教学效果的12试金石：每天都需要专注的事情清单	9787515326283	29.90
★	让每个学生主动参与学习的37个技巧	9787515320526	28.00
	给教师的40堂培训课：教师学习与发展的最佳实操手册	9787515352787	39.90
	提高学生学习效率的9种教学方法	9787515310954	27.80
★	优秀教师的课堂艺术：唤醒快乐积极的教学技能手册	9787515342719	26.00
★	万人迷老师养成宝典（第2版）（入选《中国教育报》"2010年影响教师的100本书"）	9787515342702	29.00
	高效能教师的9个习惯	9787500699316	23.00
★	好老师可以避免的20个课堂错误（入选《中国教育报》"2010年影响教师的100本书"）	9787500688785	21.50
	课堂教学/课堂管理		
	课堂提问的技术与艺术	9787515358925	49.00
	如何在课堂上实现卓越的教与学	9787515358321	49.00
	基于学习风格的差异化教学	9787515358437	39.90
	如何在课堂上提问：好问题胜过好答案	9787515358253	39.00
	高度参与的课堂：提高学生专注力的沉浸式教学	9787515357522	39.90
	让学习变得有趣	9787515357782	39.00

书名	书号	定价
如何利用学校网络进行项目式学习和个性化学习	9787515357591	39.90
基于问题导向的互动式、启发式与探究式课堂教学法	9787515356792	49.00
如何在课堂中使用讨论：引导学生讨论式学习的60种课堂活动	9787515357027	38.00
如何在课堂中使用差异化教学	9787515357010	39.90
如何在课堂中培养成长型思维	9787515356754	39.90
每一位教师都是领导者：重新定义教学领导力	9787515356518	39.90
教室里的1-2-3魔法教学：美国广泛使用的从学前到八年级的有效课堂纪律管理	9787515355986	39.90
如何在课堂中使用布卢姆教育目标分类法	9787515355658	39.00
如何在课堂上使用学习评估	9787515355597	39.00
7天建立行之有效的课堂管理系统：以学生为中心的分层式正面管教	9787515355269	29.90
积极课堂：如何更好地解决课堂纪律与学生的冲突	9787515354590	38.00
设计智慧课堂：培养学生一生受用的学习习惯与思维方式	9787515352770	39.00
追求学习结果的88个经典教学设计：轻松打造学生积极参与的互动课堂	9787515353524	39.00
从备课开始的100个课堂活动设计：创造积极课堂环境和学习乐趣的教师工具包	9787515353432	33.80
老师怎么教，学生才能记得住	9787515353067	48.00
多维互动式课堂管理：50个行之有效的方法助你事半功倍	9787515353395	39.80
智能课堂设计清单：帮助教师建立一套规范程序和做事方法	9787515352985	49.90
提升学生小组合作学习的56个策略：让学生变得专注、自信、会学习	9787515352954	29.90
快速处理学生行为问题的52个方法：让学生变得自律、专注、爱学习	9787515352428	39.00
王牌教学法：罗恩·克拉克学校的创意课堂	9787515352145	39.80
让学生快速融入课堂的88个趣味游戏：让上课变得新颖、紧凑、有成效	9787515351889	39.00
★如何调动与激励学生：唤醒每个内在学习者（李希贵校长推荐全校教师研读）	9787515350448	39.80
合作学习技能35课：培养学生的协作能力和未来竞争力	9787515340524	45.00
基于课程标准的STEM教学设计：有趣有料有效的STEM跨学科培养教学方案	9787515349879	68.00
如何设计教学细节：好课堂是设计出来的	9787515349152	39.00
15秒课堂管理法：让上课变得有料、有趣、有秩序	9787515348490	33.80
混合式教学：技术工具辅助教学实操手册	9787515347073	39.80
从备课开始的50个创意教学法	9787515346618	29.00
中学生实现成绩突破的40个引导方法	9787515345192	33.00
给小学教师的100个简单的科学实验创意	9787515342481	39.00
老师如何提问，学生才会思考	9787515341217	33.80
教师如何提高学生小组合作学习效率	9787515340340	29.00
卓越教师的200条教学策略	9787515340401	35.00
中小学生执行力训练手册：教出高效、专注、有自信的学生	9787515335384	33.80

	书名	书号	定价
	从课堂开始的创客教育：培养每一位学生的创造能力	9787515342047	33.00
	提高学生学习专注力的8个方法：打造深度学习课堂	9787515333557	35.00
	改善学生学习态度的58个建议	9787515324067	25.00
★	全脑教学（中国教育新闻网2015年度“影响教师的100本书”）	9787515323169	38.00
★	全脑教学与成长型思维教学：提高学生学习力的92个课堂游戏	9787515349466	39.00
★	哈佛大学教育学院思维训练课	9787515325101	36.00
	完美结束一堂课的35个好创意	9787515325163	28.00
	如何更好地教学：优秀教师一定要知道的事（被英国教育界奉为圣经的教学用书）	9787515324609	36.00
	带着目的教与学	9787515323978	28.00
★	美国中小学生社会技能课程与活动（学前阶段/1-3年级/4-6年级/7-12年级）	9787515322537等	153.80
	彻底走出教学误区：开启轻松智能课堂管理的45个方法	9787515322285	28.00
	破解问题学生的行为密码：如何教好焦虑、逆反、孤僻、暴躁、早熟的学生	9787515322292	36.00
	13个教学难题解决手册	9787515320502	28.00
★	让学生爱上学习的165个课堂游戏	9787515319032	39.00
	美国学生游戏与素质训练手册：培养孩子合作、自尊、沟通、情商的103种教育游戏	9787515325156	36.00
	老师怎么说，学生才会听	9787515312057	28.00
	快乐教学：如何让学生积极与你互动（入选《中国教育报》“影响教师的100本书”）	9787500696087	29.00
★	老师怎么教，学生才会提问	9787515317410	29.00
★	快速改善课堂纪律的75个方法	9787515313665	28.00
★	教学可以很简单：高效能教师轻松教学7法	9787515314457	39.00
★	好老师应对课堂挑战的25个方法（《给教师的101条建议》作者新书）	9787500699378	25.00
★	好老师激励后进生的21个课堂技巧	9787515311838	23.80
★	开始和结束一堂课的50个好创意	9787515312071	29.80
	好老师因材施教的12个方法（美国著名教师伊莉莎白“好老师”三部曲）	9787500694847	22.00
★	如何打造高效能课堂（美国《学习》杂志“教师必选”奖，“激励教师组织”推荐书目）	9787500680666	29.00
	合理有据的教师评价：课堂评估衡量学生进步	9787515330815	29.00
	班主任工作/德育		
★	北京四中8班的教育奇迹	9787515321608	36.00
★	师德教育培训手册	9787515326627	29.80
	中小学教师职业道德培训手册：师德的定义、养成与评估	9787515340777	32.00
★	好老师征服后进生的14堂课（美国著名教师伊莉莎白“好老师”三部曲）	9787500693819	25.00
	优秀班主任的50条建议：师德教育感动读本（《中国教育报》专题推荐）	9787515305752	23.00
	学校管理/校长领导力		
	重新设计一所好学校：简单、合理、多样化地解构和重塑现有学习空间和学校环境	9787515356129	49.00

书名	书号	定价
让樱花绽放英华	9787515355603	79.00
学校管理者平衡时间和精力的21个方法	9787515349886	29.90
校长引导中层和教师思考的50个问题	9787515349176	29.00
如何定义、评估和改变学校文化	9787515340371	29.80
优秀校长一定要做的18件事（入选《中国教育报》"2009年影响教师的100本书"）	9787515342733	26.00
学科教学/教科研		
美国学生写作技能训练	9787515355979	39.90
《道德经》妙解、导读与分享（诵读版）	9787515351407	49.00
京沪穗江浙名校名师联手教你：如何写好中考作文	9787515356570	49.90
京沪穗江浙名校名师联手授课：如何写好高考作文	9787515356686	49.80
人大附中中考作文取胜之道	9787515345567	39.80
人大附中高考作文取胜之道	9787515320694	33.80
人大附中学生这样学语文：走近经典名著	9787515328959	33.80
四界语文（中国教育报2017年度"教师喜爱的100本书"）	9787515348483	49.00
让小学一年级孩子爱上阅读的40个方法	9787515307589	39.90
让学生爱上数学的48个游戏	9787515326207	26.00
轻松100 课教会孩子阅读英文	9787515338781	88.00
情商教育/心理咨询		
9节课，教你读懂孩子：妙解亲子教育、青春期教育、隔代教育难题	9787515351056	39.80
学生版盖洛普优势识别器（独一无二的优势测量工具）	9787515350387	169.00
与孩子好好说话（获"美国国家育儿出版物（NAPPA）金奖"，沟通圣经）	9787515350370	39.80
中小学心理教师的10项修炼	9787515309347	36.00
别和青春期的孩子较劲（增订版）（入选《中国教育报》"2009年影响教师的100本书"）	9787515343075	28.00
100条让孩子胜出的社交规则	9787515327648	28.00
守护孩子安全一定要知道的17个方法	9787515326405	32.00
幼儿园/学前教育		
美国儿童自然拼读启蒙课：至关重要的早期阅读训练系统	9787515351933	49.80
幼儿园30个大主题活动精选：让工作更轻松的整合技巧	9787515339627	39.80
美国幼儿教育活动大百科：3-6岁儿童学习与发展指南用书 科学 / 艺术 / 健康与语言 / 社会	9787515324265等	600.00
蒙台梭利早期教育法：3-6岁儿童发展指南（理论版）	9787515322544	29.80
蒙台梭利儿童教育手册：3-6岁儿童发展指南（实践版）	9787515307664	25.00
自由地学习：华德福的幼儿园教育	9787515328300	29.90
赞美你：奥巴马给女儿的信	9787515303222	19.90

	书名	书号	定价
	史上最接地气的幼儿书单	9787515329185	39.80
	教育主张/教育视野		
	培养改变世界的学习者：美国最好的教育给我们的启示	9787515356877	39.90
	教出阅读力	9787515352800	39.90
	为学生赋能：当学生自己掌控学习时，会发生什么	9787515352848	33.00
	如何用设计思维创意教学：风靡全球的创造力培养方法	9787515352367	39.80
	如何发现孩子：实践蒙台梭利解放天性的趣味游戏	9787515325750	32.00
	如何学习：用更短的时间达到更佳效果和更好成绩	9787515349084	49.00
	教师和家长共同培养卓越学生的10个策略	9787515331355	27.00
★	如何阅读：一个已被证实的低投入高回报的学习方法	9787515346847	39.00
★	芬兰教育全球第一的秘密（珍藏版）（《中国教育报》等主流媒体专题推荐）	9787515342610	28.00
	世界最好的教育给父母和教师的45堂必修课（《芬兰教育全球第一的秘密》2）	9787515342696	28.00
★	杰出青少年的7个习惯（精英版）（中小学图书馆推荐书目、中国青少年必读书目）	9787515342672	39.00
	杰出青少年的7个习惯（成长版）	9787515335155	29.00
★	杰出青少年的6个决定（领袖版）（中小学图书馆推荐书目、中国青少年必读书目、全国优秀出版物奖）	9787515342658	28.00
★	7个习惯教出优秀学生（第2版）（全球第一畅销书《高效能人士的七个习惯》教师版）	9787515342573	29.00
	学习的科学：如何学习得更好更快（入选中国教育网2016年度“影响教师的100本书”）	9787515341767	39.80
	杰出青少年构建内心世界的5个坐标（中国青少年成长公开课）	9787515314952	59.00
★	跳出教育的盒子（第2版）（美国中小学教学经典畅销书）	9787515344676	35.00
	夏烈教授给高中生的19场讲座（入选《中国教育报》“2013年最受教师欢迎的100本书”）	9787515318813	29.90
★	学习之道：美国公认经典学习书	9787515342641	39.00
★	翻转学习：如何更好地实践翻转课堂与慕课教学（中国教育新闻网2015年度“影响教师的100本书”）	9787515334837	32.00
★	翻转课堂与慕课教学：一场正在到来的教育变革	9787515328232	26.00
	翻转课堂与混合式教学：互联网+时代，教育变革的最佳解决方案	9787515349022	29.80
	翻转课堂与深度学习：人工智能时代，以学生为中心的智慧教学	9787515351582	29.80
★	奇迹学校：震撼美国教育界的教学传奇（中国教育新闻网2015年度“影响教师的100本书”）	9787515327044	36.00
★	学校是一段旅程：华德福教师1-8年级教学手记	9787515327945	32.00
★	高效能人士的七个习惯（30周年纪念版）（全球畅销书）	9787515350585	79.00